音楽論

白石美雪 編・著
横井雅子 著
宮澤淳一 著

まえがき

　音楽を言葉で論じる。それは果てしない挑戦だ。音楽はモノとして存在するわけではない。手を触れることも、眼で見ることもできない。しかし、「聴けばわかる」という心優しい言葉は、「音楽は音楽だ」というトートロジーにすぎず、饒舌な社会では虚しく響く。あらゆるメディアの構成要素として音楽が鳴り響く今、音楽家や音楽研究者ばかりでなく、あらゆる技術と学問を担う人びとが「音楽とは何か」、「音楽する、とはどういうことか」を考えるべき時代となったのである。

　こうした時代に音楽を論じることの難しさを認識し、できるだけ多様な切り口を提供しようと企てた。本書を音楽文化、現代音楽、世界音楽など異なる視点から音楽を論じてきた三名の著者による共著としたのはそのためである。どのような姿勢で音楽を扱っていくかという編者の基本的な考えを序章に記したので、まずは各章に先立って読んでほしい。どの章を誰が書いたのかは「目次」「あとがき」のほか本文中にも記載した。

　凡例に代えて、本全体の表記で統一した点について断っておく。人名は初出のみ、ファーストネームからファミリーネームまで記し、以後はファミリーネームとした。たとえば、初出では「ルートヴィッヒ・ヴァン・ベートーヴェン」、その後は「ベートーヴェン」という具合である。とくに必要がない限り、称号やミドルネームが長い場合は省略した。巻末の索引に原綴を付しているので、参考にしてほしい。引用したり、言及した書籍や論文等は本文中に（著者　出版年，頁）もしくは（著者　出版年）という形でデータを付した上で、巻末に文献一覧として一括して掲げた。文献の書き方については、音楽学分野で近年採用されているシカゴ・マニュアルを踏襲した。さらに事項索引も掲載したので、大いに活用してもらいたい。

本書を手にした人びとの立場は多岐にわたっていることだろう。一般の教養書として手にした社会人、音楽書にアンテナを張りめぐらしている音楽関係者、大学の音楽の教科書として指定された学生など、多様な読者が想定される。本書刊行の動機は、武蔵野美術大学通信教育課程で「音楽論」を受講する社会人学生のテキストを作ることにあった。それゆえ、基本となる音楽用語を説きながら、入門書としてのスタイルを保持し、章ごとに設定したテーマに沿って記述した。入門書としては分厚いが、多種多様な内容を論じている中身を読んでいただければ、これだけのヴォリュームが必要だったことも実感してもらえるだろう。

　『音楽論』と題した本書は果たして、音楽家や音楽関係者を超えた多くの人びとに、何かを示唆することができるだろうか。そのことが刊行にあたって、最も強く期待していることである。

白石美雪

目次

まえがき ［白石美雪］……… 3

序章 ［白石美雪］……… 7

第1章 音楽とは何か ［白石美雪］……… 19
 第1節 音楽はどこから来たのか 20
 第2節 音から音楽へ——音楽のシステム 29
 第3節 複数形の音楽——ジャンルの生成と混交 39

第2章 声 ……… 49
 第1節 声を出すことの意味、声の好み ［横井雅子］ 50
 第2節 声をめぐる文化、歌の場 ［横井雅子］ 55
 第3節 総合的パフォーマンスとしての歌芝居
            ［横井雅子、白石美雪］ 62

第3章 楽器 ［横井雅子］……… 79
 第1節 楽器の起源 80
 第2節 楽器をめぐる歴史と文化 90
 第3節 楽器と表現 107

第4章 音楽の伝え方 ……… 115
 第1節 記譜の体系化
   ——近代の五線記譜法について ［白石美雪］ 116
 第2節 音楽の伝承
   ——それぞれの事情を映し出す音楽の伝え方［横井雅子］ 133
 第3節 音楽の在り方を伝える楽譜 ［白石美雪］ 145

第5章 音楽とパフォーマンス ［宮澤淳一］……… 157
 第1節 パフォーマンスとは何か 158
 第2節 音楽作品とパフォーマンス 172
 第3節 パフォーマンス自体が音楽であること 183

第6章　聴取とメディア　［宮澤淳一］……… **191**
　　第1節　メディアとは何か　192
　　第2節　録音メディアの誕生・発達と現在　200
　　第3節　現代日本の音楽文化とミュージッキング　217

第7章　音楽と想像力 ……… **231**
　　第1節　音楽と「意味」　［宮澤淳一］　232
　　第2節　音楽と美術　［白石美雪］　241
　　第3節　舞台と音楽──歌舞伎の音世界　［横井雅子］　252

第8章　音楽を語る　［白石美雪］……… **263**
　　第1節　言葉で音楽を体験する　264
　　第2節　音楽をめぐる研究
　　　　　──古代の音楽理論から近現代の音楽学まで　276
　　第3節　音楽評論と音楽学の影響力　291

第9章　現代日本における音楽の諸相 ……… **301**
　　第1節　音楽をめぐる文化政策と企業メセナ　［白石美雪］　302
　　第2節　伝統芸能の現状　［横井雅子］　310
　　第3節　音楽産業の展開　［白石美雪、横井雅子］　319

あとがき　［白石美雪］……… 332

主要参考文献　335
事項索引　353
人名索引　373

序章

1. 私たちの日常生活と音楽

　現代に生きる私たちは、昔よりはるかに音楽を耳にする機会が多くなっている。好むと好まざるとにかかわらず、日常生活の隅々まで音楽が入り込んでいるからだ。

　この本を手にとったみなさんは音楽に関心があって、おそらく普段から聴いたり、演奏したり、作ったりしている人たちだろう。お気に入りの曲をiPodやスマートフォンでもち歩く習慣は世代を超えて広がっていて、今ではいつでもどこでも好きな音楽を聴くことができる。聴くだけではない。とくに音楽家を目指すわけでもなく、多くの人が演奏を楽しむ。大学ではヴォーカルやギターでバンドを組んでいる学生にもよく出会う。さらに長い時間をかけて練習をしなくても、電子機器を使えば比較的容易に音を出してセッションに参加できる。作曲することだって、パソコンのソフトがあればそう難しいことではない。

　このような「音楽する行為」は、聴くにしても、演奏するにしても、作るにしても、私たちに豊かな時間を与えてくれる。それだけで人生の喜びとなり、その先の行為を促す力ともなる。たとえば、絵画や彫刻を制作する人たちがアトリエで音楽を流したり、セノグラフィに関心のある人がオペラや演劇の音楽を楽しんだりするのは、知らず知らずのうちに創造力を刺激するからに違いない。

　自分はまるで音楽に関心がない、音楽を聴く趣味はないし、特段、音作りをする機会もないと思っている人たちでも、ごくあたりまえに生活しながら、「音楽」と触れ合わない日はない。たとえば、ある学生の1日を想像してみよう。朝、スマートフォンに仕込まれたウェイクアップ・メロディで目覚める。朝食を食べながらテレビをつけると、ドラマやニュース、コマーシャルでBGMが使われている。駅へ行ったら鳥のさえずりが録音で流され、電車ごとに異なる発車メロディが響いている。講義の始まりと終わりにはチャイムが鳴り、帰りに寄ったお店ではかなりの音量でスピーカーからずっと曲が流されていた。帰宅後にはテレビ、ラジオをつけたりしてリラックス。とくに意識しなくても、普通の日常生活の中で、私たちは数々の音楽を浴びるように聴いているのである。

ここで「あれ、ちょっと待って」と思った人もいるだろう。今、述べてきた例は「音楽」ではなくて「音」のことではないのか。テレビからきこえる、あるいはお店で鳴っているBGMはたしかに「音楽」かもしれない。だが、発車メロディやチャイム、鳥のさえずりは「音楽」じゃなくて「音」と言うべきではないのか。パソコンをたたけば操作音がして、洗濯機や炊飯器は操作が終わったことを報知音で伝えるように、これらの「音」は情報を伝えるだけなのだから、と。
　ここで「音楽」と「音」の違いを考えるために、この二つを私たちはどのように区別しているのかという問いを投げかけてみたい。武蔵野美術大学の「音楽Ⅰ」「音楽論Ⅰ」の講義では、ここ数年、「音楽」と「音」の区別について考えてもらうための小さなアンケートを実施している。次がその設問である。

アンケートの設問

> ＊下記の設問に答えなさい。
> 1. これから聴く八つの断片A～Hを聴いて、それが「音楽」だと思ったら○、「音楽」とは思わなかったら×、どちらともいえない場合には△と答えてください。そして、○×△をつけた理由をそれぞれ簡単に答えなさい。
> 2. いままでの問いと答えを踏まえて、あなたにとっての「音楽」の定義を述べなさい。

　音源を伏せたまま、八つの音響を断片的に聴いて、直感的に「音楽」だと思えば○、「音楽」だと思わなければ×、わからない場合には△を記してもらったあとに理由を書いてもらい、全部、聴き終わったところで、自分の書いた理由を見ながらよく考え、「音楽」を再定義してもらうのである。八つの音源は年度ごとに違うものを用意するが、伝統的な楽譜に書かれている曲のほか、現代作曲家のテープ音楽やサウンド・アートの作品を数点、そして時にはヒーリング系の自然音も取りまぜている。
　平成27年度のアンケートでは次のような音源を聴いてもらった。

平成27年度「音楽Ⅰ」アンケートの音源一覧

A	ジョン・ケージ　《ラジオの音楽》
B	スティーヴ・ライヒ　《きっと雨がふる》
C	ジョルジュ・リゲティ　《アトモスフェール》
D	ケン・イシイ＋チカゲ・イマイ　《Scapula（肩甲骨）》
E	『虫のシンフォニー』から〈渓谷沿いの虫たち／奥多摩湖・後山川沿い〉
F	アルヴォ・ペルト　《ベンジャミン・ブリテンへの追悼歌》
G	ブランドン・ラベル　《トポフォニー・オブ・ザ・テクスト》
H	JR東日本の発車メロディ

　受講生97人へのアンケート結果をみると、すべて×、つまり「すべて音楽ではない」と答えた人はいなかった。では、彼らが「音楽」をどのように定義したのか、意見をピックアップしてみよう。

　まず、○と×△がほぼ同数になった人たちの意見。「音に一定のテンポや強弱、和音、旋律があるもの」「フレーズ感、ハーモニー、リズムを感じるもの」「音が自立しつつも周りの音と調和して一つにまとまっているもの」など、音響の特徴から判断する意見が多く、「楽譜があるかどうか」「楽器でメロディが奏でられるかどうか」といった道具による判断、「快か不快か」「ストーリーや展開が感じられるもの」「聴いて楽しいもの」といった聴き手の感じ方による判断もあった。また、「表現のために組み立てられているもの」「デザインされたもの」という作者の意図に触れた回答も一定数、見られた。

　次にすべてが「音楽」だと思った人たちの意見。一つは音楽とは「人が何か意図して構成した音作品」「人為的な介入の欲求、つまり音を操作したいという人間の心理が働いたもの」で、作者の意図があればどのような音響であっても音楽だという考え方、もう一つは聴き手の受けとめ方に判断基準を置くもので、「聴いておもしろいとか興味をそそられたら音楽」「音楽は音の集まり。聴こうとする時点で音楽になる」といった意見が並んでいる。さらに穿った意見としては「聴いてくださいと言われて聴いた

ら音楽」というように、私がCDをかけて提示した時点でどんな音であれ、「音楽」だという意見もあった。これはどのような文脈でその音を聴いているのかという社会性が焦点となっている。

　整理してみると、ここでは音響の特徴、楽譜や楽器という道具、作者の意図性、聴き手の受けとめ方、社会性が判断の基準となっていた。「音楽」だと判断する視点は数多く存在する。このアンケートでわかってくるのは、どのようなポイントを重視するかによって答えが変わってくること、つまり「音楽」の定義は決して自明ではないということだ。たとえば、先ほど挙げた発車メロディやチャイムなど、日常生活の中での音現象は、いずれも聴こうと思って聴いたら「音楽」になると考えることもできる。どこまでが「音」でどこからが「音楽」なのか。両者はどのくらい重なっているのか、あるいは全く同じものなのか。

　さらに第1章で触れる「天体のハルモニア」のように聴覚で捉えることのできない、イマジネーションとしての音楽は果たして「音」、「音楽」なのか。これらは一人ひとりの読者が、ぜひともこの本を読みながら考えてもらいたい課題の一つである。この本では「音」と「音楽」、さらに「非－音」と「非－音楽」も含めて、これまでよりははるかに大きな範囲を考察の対象として取り上げようとしている。

　この『音楽論』を手がかりに、普段、なにげなく聴いている音楽と、なにげなく行っている音楽行為について、あらためてじっくり向き合ってほしい。音現象そのものを探求したり、音楽をめぐる人間と社会の関わりを考えてみたり、幅広い文化現象の中で音楽を捉えてみよう。聴いて楽しむことから一歩、その先へ足を踏み入れてみると、音楽という現象を掘り下げながら、太古から現在にいたるまでの歴史や、世界の地域で営まれている人びとの暮らしと結び合った、じつに広大な領域へと眼を向けることになる。それは音楽そのものを知ることであり、さまざまな音楽を営む人びとについて知ることであり、同時に私たち自身を知ることへと繋がっていくのである。

2. この本では音楽の「ジャンル」をどう扱うか

　美大での「音楽」の講義ではこれまで好きな音楽、よく聴いている音楽を尋ねるアンケートをしてきたが、当初はその答えにとまどった。音楽好きの学生たちは回答カードに余白がないほど細かい字で書いてくれるのだが、それがミュージシャンの名前だったり曲名だったり、エレクトロとかグリッチなど音楽の特徴を表す言葉だったり、ブラジル音楽とかインド音楽といった地域で示される呼称だったり、さまざまな種類のものがあって、しかも一人の回答の中にこれらが混在していることも少なくない。おそらく彼らは音楽を楽しむ時「ジャンル」によって選んではいない。つまり、音楽を「ジャンル」に分けて認識するのは決して一般的な感覚ではないのである。だが、音楽家や研究者、音楽業界の人を含む私たち音楽関係者はたいてい「ジャンル」を前提として音楽を理解している。

　ここで言う「ジャンル」とは、音楽のグルーピングのことである。たとえば、少し大きなCDショップでは、階ごとに棚ごとにCDやDVDを分けて収納している。Webストアでも同じだ。このとき、CDやDVDはそこに収録されている音楽に共通する何らかの特徴から、一つのグループにまとめられている。具体的にみていくと、2015年12月現在、タワーレコードのホームページには最初に「音楽」と「クラシック」が大別され、「音楽」の下位区分に、「J-POP」「ロック／ポップス」「ソウル／クラブ／ラップ」「カントリー／ブルース」「ジャズ」「ヒーリング／ニューエイジ」「ワールド／レゲエ」「サウンドトラック」「アニメ／キッズ／ゲーム」というキーワードが並んでいる。HMVだと、「J-POP」「ロック＆ポップス」「ダンス＆ソウル」「ジャズ」「クラシック」「ワールドミュージック」「サウンドトラック」といったあたりは共通だが、その他、「韓国・アジア」「イージーリスニング」といったキーワードが挙げられている。国名まで含まれていて、区分の基準はばらばらだが、ホームページを見ている人が好みの音楽にアクセスしやすいような言葉でグルーピングされている。

　このように音楽には数多くのグルーピングの方法があって便宜上、分けられているものの次々と変化するし、どちらに属するのかがわからない境界領域も存在している。クラシック音楽やポピュラー音楽、ジャズ、ロッ

ク、現代音楽というように、長い歴史的経緯の中で同じ性格の音楽をまとめて語るために使われてきたジャンルの区分もあるが、そのほか音楽産業が流通のために作り出して定着したもの、短い期間で名前が変わっていってしまうものもある。つまり、音楽をグループに分けて整理する方法は千差万別で、全く固定的ではない。

　ジャンルの生成と混交をめぐる議論については第1章第3節であらためて取り上げるが、それに先立って、ここでは次の一点を確認しておこう。本書では音楽のジャンルは仮想的なものであるという前提に立って、ことさらジャンルを区別することなく、さまざまな音楽を横断的な視点で論じる。これまで音楽について書かれた本では、特定のジャンルを選んで、歴史や理論を記述するスタイルが多かった。西洋音楽の歴史を古代から近代まで扱う本、世界の伝統音楽を紹介する本、『ロック・アルバム・ベスト100』など歴史的録音を紹介する本、宗教音楽の真髄を解き明かす本、西洋音楽史と日本音楽史を組み合わせた本。もっと対象を狭めて、ヴォルフガング・アマデウス・モーツァルトやヨハン・セバスチャン・バッハの音楽、ビートルズの音楽など、テーマを特定の音楽家に絞ったものもよくみられる。しかし、この『音楽論』ではジャンルと関わりなく、章ごとに設定したテーマに沿って、その都度、ふさわしい事例を選んでいく。したがって、ジャンルを絞らないだけでなく、逆にジャンルを網羅して均等に記述したり、体系的に概観したりする方法もとらない。特定の時代とか特定の国の音楽についてはよく触れられるのに、そのほかの時代や国についてはいっさい書かれていないという偏りが当然出てくる。だがそのことによって、特定の視点から横断的に音楽をみるという方法のおもしろさを、積極的に伝えたい。

　もちろん長い時間をかけて異なる環境で形成されてきた多様な音楽には、全く異なる考え方で成立している事例も少なくない。だが、それを「ジャンル」という枠組みから語るのではなく、より大きな視野の中で自由に語っていきたい。それは現代人が音楽と触れ合う日常的な感覚に近いはずだ。

3. 音楽に近づくためのツール

　音楽に関心のあるみなさんは、すでに音楽へのアクセス方法を一つや二つは獲得していることだろう。ネット環境さえあれば、自宅にいながらにして数々の音楽情報を入手できる。たとえば、多くの人が YouTube の動画サイトを活用している。聴いてみたいなと思った曲名、ミュージシャンや作曲家の名前で検索すればかなりの音源がヒットする。自分のガジェットに入れてもち歩きたければ、Amazon や Apple Store で MP3 のダウンロードを買うことができる。

　しかし、自分の好きなタイプの音楽、好きなミュージシャンの音楽へのアクセス方法はわかっても、これから出会う未知の音楽についてはよくわからない人もいるだろう。さらに音楽についてより深く学ぼうというみなさんにとって、どのようなところにどのような音楽との新たな出会いがあるのか、また、どのようなところに音楽の情報があって活用できるのかを知ることは重要だ。ここでいくつか紹介していこう。

　まず新しい音楽との出会いを求めて出かけよう。たとえばタワーレコードや HMV など、大きな CD ショップに入ったら、先に述べた「ジャンル」を意識しながら、いろんなフロアをめぐり歩いてみよう。そうすると、それぞれの「ジャンル」のフロアでは CD や DVD の並んでいる棚のまわりに小さなコーナーを作って売れ筋のミュージシャンを特集したり、クラシックなら記念年（生誕 100 年とか没後 200 年など）の作曲家の作品をまとめて紹介したり、演奏家や作曲家を追悼して CD や本を置いたりしている。そこで興味をもった CD を購入するのもいいし、店舗によっては再生装置とヘッドフォンを置いて、音源の一部を聴けるサービスもしている。

　LP が全盛の頃にはジャケットのデザインがよく話題になったが、CD でも優れたジャケットがある。ミュージシャンの写真を見て、その容姿やファッションで気になった CD をジャケ買いするのもいい。果たしてヴィジュアルから想像したような音楽が流れてくるかどうか、スリリングだけれど、いいものに出会った時の喜びは望外である。

　また、自分の好きな音楽がどの棚にどんな風に整理されているのか、そ

の周辺にはどんな音楽家の音源が並んでいるのかを知ることから始めて、好みの音楽を探るのも良い方法である。店員がお勧めの説明を書いた小さなカードが掲示されているのをよく目にする。1枚買ったら、それをよく吟味して音を聴き、ジャケットの説明を読んで、次の1枚を探す。まるでしりとりのように続ければ、やがて小さくても自分ならではのコレクションができあがるはずだ。

　さらに一歩、新しい出会いへと踏み出すために、今度は演奏会やイベントへ出かけよう。そこには自分の部屋でスピーカーから流れてくる音楽を聴くのとは全く異質な体験がある。演奏会は日常から切り離されて、もっぱら音楽体験をする特別な場だ。耳で音楽を聴くだけでなく、目でミュージシャンを見ながら、いっしょに聴いている聴衆の熱狂を肌で感じる。まさに五感をフルに働かせて楽しむことができる時空間なのである。

　生演奏の魅力を味わいながら、さらにその1回限りの音楽体験がどのように組み立てられているのか、考えてみるとおもしろい。演奏家がその日の選曲や演奏順に込めた想いやメッセージ、聴衆がそのプログラムに何を求めて集まっているのか。そもそもコンサートはどのようにして成り立っているのか。さらにポップスやクラシックはもちろん、世界各地の伝統音楽が今やステージにのせられ、演奏会仕立てで楽しまれているという不思議。こんな風に演奏会というメディアそのものについて考えることも重要である。

　こうしてCD、DVD、コンサート、イベントなどで触れた音楽について、私たちがその体験から発見したことをより深めようと思ったら、いくつものツールが存在する。身近なものとしては、新聞や雑誌に掲載されている演奏会批評がある。実際に聴いた演奏について、音楽を専門とする批評家がどう価値判断しているのかを読むと、自分の体験を言葉で補強できたり、時にはその内容に反発を感じて、もう一度、生演奏を聴いてみようという意欲が起きる。新聞には音楽家たちのインタヴューが掲載されることも多いので、彼らの想いを知ることができる。

　本を通して音楽へ導かれることもある。村上春樹の『1Q84』を読んでレオシュ・ヤナーチェクの《シンフォニエッタ》を、奥泉光の『シューマ

ンの指』を読んでロベルト・シューマンのピアノ曲を聴いてみたくなったり、谷崎潤一郎の『春琴抄』で初めて三味線音楽に興味をもったりする人がいるかもしれない。『吉田秀和全集』を初め、音楽をめぐる評論集も数多く出版されている。このように言葉を通して、音楽へと近づくのはじつにおもしろい。

　もう一つ、『音楽論』を学ぶみなさんにぜひ活用してほしいのが、各種の図書館、資料館である。図書館、資料館では、これまでに紹介してきたような音楽との出会いを深めてくれる書籍や音源、楽器、楽譜に触れることができる。
　東京とその近郊に住んでいるなら、国立国会図書館東京本館の音楽・映像資料室、東京藝術大学附属図書館および小泉文夫記念資料室、国立音楽大学附属図書館および楽器学資料館はとくに足を運ぶ価値のある施設である。
　国立国会図書館の東京本館にある音楽・映像資料室には昭和24年以降に国内で発売された録音資料（SP、EP、LP、CD）のうち、レコード会社から納められたものが60万枚所蔵されている。聴いてみたいものがあるかどうか、あらかじめ自宅のパソコンで検索して行けば、館内の所定の場所で聴くことができる。国内発売のものだけだが、古い時代の録音が聴け、とりわけ日本の歌謡曲や民謡が含まれている点が特徴と言える。さらに「歴史的音源」と名づけられた20世紀前半の音楽や演説についてはデジタル化が始まっている。音楽・映像資料室のほか、国立国会図書館では音楽書、音楽雑誌、音楽をテーマとした博士論文も読むことができ、部分的にはコピー可能（有料）なので、レポートのための調べ物には最適である。
　じつは国会図書館のように網羅的に揃ってはいないが、有名な曲であれば、都立図書館、区立図書館にも録音資料が収蔵されていることがある。「東京都立図書館」のホームページにある統合検索を使えば、意外に地元の公立図書館で希望の音楽が聴けるかもしれないので、ぜひ試してみよう。もちろん東京に限らず、全国の公立図書館もネットワークを生かして音楽資料の収集や提供をしているので、地域ならではの特色ある図書館の

活動にも注目してほしい。

　東京藝術大学附属図書館と国立音楽大学附属図書館は、あくまで当日利用ではあるが、音楽を学び研究する一般の人でも利用できる。こちらは国立国会図書館と同じく膨大な録音資料をもっていて、海外盤も含まれている。音楽書や音楽雑誌が各種揃っているので、調べ物に良い。さらに特徴的なのは楽譜が数多く収蔵されている点で、借りることはできないが、図書館で楽譜をじっくり調べることができる。

　東京藝術大学の上野キャンパスには小泉文夫記念資料室がある。ここでは日本の民族音楽学研究の先駆者だった故・小泉文夫氏が残した民族楽器と録音資料、蔵書をみることができる。開館日は限られていて事前予約が必要だが、世界各地の伝統音楽に興味のある人には勧めたい。国立音楽大学にも楽器学資料館が併設されていて、世界のさまざまな地域の楽器を調べることができる。開館日は週1日だが、楽器に興味のある人はぜひ訪ねてほしいところだ。

　関東以外の地域で、楽器をじかに見たい人に推薦したいのが、浜松市楽器博物館と大阪の国立民族学博物館である。浜松市楽器博物館は常設展だけでも1300点の楽器が展示されていて、ひと通り眺めるだけでもかなりの時間楽しめるが、企画展を随時行うほか、レクチャーコンサートが充実している。楽器について説明したあと、各楽器の名手たちが演奏を聴かせてくれる貴重な機会ばかりだ。この博物館の楽器を使った演奏のCDやDVDが制作、販売され、高い評価を得ている。楽器に関する刊行物もしっかりしている。

　国立民族学博物館は展示と研究を兼ねた大きな組織で、大学教育や社会活動とも連携をとってきた。ここには「音楽展示」のコーナーがあって、世界各地の太鼓、ゴング、チャルメラ、ギターを取り上げ、音と音楽が私たちとどのような関わりをもっているのかを考えるための実例が示されている。それぞれの地域展示にも楽器が含まれており、また、インフォメーション・ゾーンにあるビデオ・テークでは世界各地の人びとの生活や儀礼、芸能を収めた映像を見ることができ、地域の芸能に関わる音楽など、興味深い内容のものが含まれている。

そのほか関西では、大阪音楽大学に世界の楽器を集めた音楽博物館があり、世界各地の楽器を所蔵し展示すると同時に、世界の音楽についての研究、関西の洋楽受容史、関西の伝統音楽に関する研究・調査を行っている。ミュージアム・コンサートやワークショップが企画されていて、資料を調べると同時に生演奏や専門家のトークを聴くチャンスもある。

　ここで紹介したのは大きな図書館、資料館、博物館だが、さまざまな地域に音楽に関する資料を収蔵した施設があるので、『音楽論』を学ぶにあたって、自分の地域ではどんなところに資料があるのか、一度、探してみることを勧めたい。

　もちろん、ネットでも多種多様な情報が入手できる。有料のものも無料のものもある。検索すれば研究に役立つサイトが膨大に出てくるので、ここでは二つだけ紹介する。一つ目は無料で楽譜がダウンロードできるサイト、International Music Score Library Project「ペトルッチ楽譜ライブラリー」で、主にクラシック音楽の楽譜がある。日本語でも検索できるので、比較的容易に楽譜を入手できる。楽譜の無料ダウンロード・サイトはネット上に各種あるので、内容をよく確認しながら活用すると便利である。もう一つは Naxos Music Library である。これはライブラリーネット上にストックされている音源を定額で好きなだけ聴けるというもので、クラシック音楽の音源で過去に CD でリリースされたものが集められている。有名曲ならさまざまな演奏で聴き比べることができて嬉しい。

　新しい音楽との出会いを促し、音楽への興味をかきたててくれるツールを紹介してきたが、『音楽論』では各章で論じられた内容について理解を深めるための参考文献を巻末に挙げるので、積極的に活用してもらいたいと考えている。

〔白石美雪〕

第 1 章　音楽とは何か

第1節　音楽はどこから来たのか

　私たちは普段、音楽とはどんなものか、よく知っている。もはや説明の必要がないほど、自明のものだと思っている。ところが、ひとたび音楽を定義しようとすると、まるで水のように捉えどころがない。序章で紹介したように、学生たちが「音楽」と捉えた音響はさまざまであり、その理由も多岐にわたっていた。同じ大学に通う現代の若者でさえそうなのだから、時代や地域、民族が異なれば人びとの音楽観は全く異なってくる。

　私たちはこれから音楽をめぐる探求の旅へと出発する。本書全体の大きなテーマが「音楽とは何か」である。章ごとにさまざまな切り口で論じていくが、そのスタートにあたって、一つの問いを投げかけたい。音楽はどこから来たのか。シンプルで、しかも果てしない広がりをもつ問いである。ここでは再び迷路に踏み込まないよう、「音楽」の定義は脇に置いて、原初の音楽を想像するところから始めよう。

自然の音と生命の音

　私たちの祖先は原生林や草原、大海といった環境に囲まれ、木々を渡る風や燦々と降りそそぐ陽光、満ち引きする潮、川を流れる水に触れながら、自然と身近に暮らしていた。世界は音に溢れていて、自然の音とともに鳥の羽ばたきやさえずり、虫の羽音や蛙の鳴き声、あるいはクジラやイルカの声、狼の遠吠えとか馬や象の鳴き声など、空にも大地にも海にもありとあらゆる動物が放つ多種多様な音が響いていたはずである。

　それでも、人間は今よりはるかに、環境音をよく聴き分けていたに違いない。それらは動物が近づいてくる危険を知らせたり、天候の変化を教えてくれたり、獲物を捕まえるための手がかりとなったりした。つまり、音に対して鋭敏に反応し、正確に聴き分けることが生きていくことと密接に関わっていたのである。

しかも、先史時代には現代のような機械は存在しなかった。機械から生まれる音、たとえば汽車や車の走る音や工場の音は音量が大きいばかりでなく、持続的で変化に乏しい音響特性をもっている。工場でも道路でも家庭でも少しずつ機械が増えるにつれて、私たちを取り巻く音環境には持続的な機械音が浸透していった。都会では静かだと思うところで計測しても 50 デシベル程度の騒音は鳴っている。それは少し離れたところからきこえてくる交通の音、あるいは住宅街の家から漏れてくる空調機や家電機器の音だったりする。それらが重なり合って、現代の音環境は一つ一つの音がはっきりとしない状態を作り出している。

　これに対して、太古の世界に溢れている音は散発的で、常に変化していたのではないだろうか。いにしえの音環境を想像するために、たとえば、都会を離れて山地の高原へ行ってみよう。まわりに人家も工場も鉄道もない場所で耳をすますと、放牧の牛が鳴く声やカウベルばかりでなく、牛が草をはむ音までもきこえてくる。小川のせせらぎ、さわさわと風にゆれる草原、ぶんぶんと飛ぶハチなど、ささやかに犇（ひし）めいている音が一つ一つ、聴き分けられることに気づく。都会では常に鳴り続ける機械音にマスキングされてしまった小さな音が、機械音のない静けさの中でくっきりと輪郭を取り戻す。太古の世界は間違いなく、現代の都市よりこのような山地の音環境に近かったことだろう。

　カナダの作曲家マリー・シェーファーは、サウンドスケープの研究と調査の提唱者である。サウンドスケープ（音風景）とは、ランドスケープ（風景）という言葉に基づくシェーファーの造語で、人間が耳で捉えた音環境のことである。彼は前述のような音環境の違いをハイファイ、ローファイという言葉で区分する。ハイファイなサウンドスケープを「環境騒音レベルが低く、個々の音がはっきり聞き取れるサウンドスケープ」（シェーファー 2006, 109）、ローファイなサウンドスケープを「個々の音響信号が超過密の音の中に埋もれている」（同書, 110）状態としている。そして、「ローファイなサウンドスケープは、産業革命によりもたらされ、それに続く電気革命によって拡張された」（同書, 167）ことから自然や生命の音をくすませてしまったと主張し、古代から現代

にいたるまでの音環境の変容を神話や小説の記述など、種々のデータを駆使して論じている。

　自然や生命の音に満ち、それらの音響がよく人びとの耳に届くハイファイな音環境こそ、原初の音楽の母体だったと言える。

音を聴くことと音を発すること——身体と音楽

　豊穣な音に取り囲まれていた太古の人たちが、耳で捉えた音を再現しようとした試みこそ原初の音楽だったと考えることはできないだろうか。考古学的調査による楽器の発見は、その時代に営まれていた音楽についての想像をかきたてる。2009年8月6日付のイギリス科学誌『ネイチャー』には、ドイツのテュービンゲン大学の研究チームが発掘した後期旧石器時代の「フルート」の報告が掲載された。それはドイツ南西部のシェルクリンゲンにあるホーレ・フェルス洞窟の遺跡から発見された（Conrad ほか 2009, 737-40）。約3万5000年前のもので、マンモスの牙や鳥の骨で作られていて、動物の肉を食べたあと、残った骨に規則的な穴をあけて吹いたと見られている。ところが、2018年、ホーレ・フェルス洞窟に近いガイセンクレステル洞窟ですでに発見されていた笛が、「改良した限外濾過法」を用いた年代測定でホーレ・フェルス洞窟の笛よりもさらに古い4万3000年前のものであることがわかった。現在のところ、これが世界最古の笛となる。鳥や虫の鳴き声をいつも耳にしてきた人間が、身近な材料で笛を作って、それらの生物と同じく、自分たちも音を出してみようとしたのではないかと推測される。

　さらに、外界の音だけでなく、人間の体そのものが放つ音にも、原初の音楽をさぐる鍵がありそうだ。人の身体はいつでも動いている。心臓が脈打ち、呼吸も生きている限り、止まることはない。アメリカの作曲家ジョン・ケージが大学の無響室に入った時、自分の体から発せられる二つの音を聴いたというエピソードがある。その部屋は無音のはずなので不思議に思ってエンジニアに聴いたら、高い音はケージの神経系の器官が動いている音、低い音は循環器系の器官が動いている音だと教えられたという（Cage 1961, 8）。つまり、生きている限り、人の身体は動いていてさまざ

まな音を発している。太古においても、人は外界の音に反応するだけでなく、心臓の規則的な拍動や息を吸って息を吐く呼吸の複雑な繰り返しといった自分の内部の音にも敏感だったと思われる。

　舌や唇を鳴らし、喉を大きく開けるなど、口腔を動かすうちに音声を操るようになった人間は、語るとも歌うともしれない声をあげた。言語を獲得するプロセスと歌を獲得するプロセスはおそらく並行していたと考えられている（ウォーリンほか 2013，上巻 189-203）。また、両足で歩行すれば足先から脹脛（ふくらはぎ）、腿、足のつけ根、腰や上半身まで伝わる反復の動きが作られ、そこにリズムの刻みが生まれる。歩き方も決して均質ではないから、歩行がそのまま2拍子のリズムになったというほど単純ではないだろう。しかし、飛び跳ねたり、小走りに駆けたり、這いつくばったりする身体の動作は独特のリズムを作り出し、その動作とリズムは外界の出来事によって変化したはずだ。体の内外の音を聴き、身体そのものが繰り返し出来事に反応することで、音が音楽へと洗練されていったとしても不思議ではない。

　さらに、人は怖れや興奮、喜びや悲しみといった情動を表出するために、体を動かしながら声を発する。私たちの祖先、先史時代の人間もそうだったはずだ。そして言語や音楽の誕生に最も大きな役割を果たしたのは、社会的構造の発生だったと考えられる。単に発声するだけでなく、声をコントロールして諸々の感情など意味を伝達しようとする試行錯誤の中から、人びとのコミュニケーションが可能になった。

古代社会における音楽——日本神話とギリシャ神話

　社会ができれば、そこで音楽は他の文化的な事象と同じく、人びとのネットワークの中に位置づけられるはずだ。では、古代において、音楽はどのような存在だったのだろうか。多くの神話は古代の社会を背景に、この世にある物事の最初を根拠づける事物起源の発祥譚という側面をもつ。そこで、ここでは二つの神話に目を向けてみよう。

　日本神話はまさに音楽の発祥譚として構成されている。『古事記』（712年）や『日本書紀』（720年）で語られる日本神話はじつに音楽で満ち満ちている。幕末から明治にかけて活躍した国学者、小中村清矩は『歌舞音楽

略史』という音楽史を明治期にまとめているが、その記述が神話で始まっているのも、あながち国学者の我田引水というわけではなさそうだ（小中村 2000, 17-8）。

　小中村が最初に取り上げているのは、よく知られている天照大御神（あまてらすおおみかみ）の岩戸隠れの神話である。『古事記』では、太陽神である天照大御神は弟の須佐之男（すさのお）が高天原で乱暴をはたらいたことに対して、天之石屋戸（あめのいわやど）に隠れてしまう。すると、この世が闇夜になり、まがまがしいことが起こった。そこで、八百万（やおよろず）の神々が相談して一計を案じる。鏡や曲玉（まがたま）などを作り、賢木（さかき）に飾りつけ、天宇受売（あめのうずめ）が踊って、石屋戸の前で大騒ぎをする。ひっくり返した桶の上に乗って胸もあらわに背をそらし、腰を低くして足を踏みならす力強くエロティックな動作で踊ったのである。これには八百万の神々も大笑い。洞窟で聴いていた天照がその時言ったのが、「何の由にか、天宇受売は楽（えらきし）」、つまり「どうして天宇受売は楽しんでいるのか」という言葉である。そう言って様子を覗こうと石屋戸を開けたところを天手力男（あめのたぢからお）が引き出して、無事にこの世に陽光が戻るというストーリーである（青木ほか校注 1982, 50-5）。ここにある「楽」という文字は、単に楽しんでいるという

1-1.1　藤原貞幹模本制作「信西古楽図」より、「林邑楽」「新羅舞」「入壺舞」（東京藝術大学所蔵）

よりも、天宇受売ら神々の楽しい歌舞を意味していると読み取ってよい。

さて、天照大御神たちはその後、地上を支配しようと天上から神々を下らせるのだが、天下った天若日子は地上の神々に丸め込まれてしまった。そこで天上から射られた矢によって彼は死ぬ。天若日子の葬儀のため、地上の家族である神々はもちろん、サギやカワセミやスズメやサギまでが集まって葬儀をする。この様子を『古事記』は「日八日夜八夜以ち遊びき」と記している（同書、86-7）。この「遊」は葬儀の場面だから違和感があるかもしれないが、8日間続けての葬送の歌舞音曲があったということであり、それに鳥たちも加わったというわけだ。この神話は先に述べた鳥たちのさえずりと笛の関わりを想起させる。

このほか、古代の舞踊である隼人舞のしぐさの起源を海幸山幸の争いに求めた説話など、歌舞音曲の記述は枚挙にいとまがない。大騒ぎの踊りも葬送の「遊」も隼人舞もすべて音楽と結びついている。しかし、ここで注目したいのは、いずれも「音楽を奏でた」という記述ではないことだ。天宇受売による大騒ぎの踊りはたしかに音楽に満ちたシーンを想像させるが、そこでは声を出して唱えられる祝詞と桶を踏みならす舞い、笑い声が

平安時代の舞楽、雅楽、散楽ほかの様子を描いた全1巻の巻物。作者不詳だが巻末に「以少納言入道本信西追加入之別記」とあることから、一般的に「信西古楽図」と称される

第1節　音楽はどこから来たのか　25

混在している。天若日子の葬儀も隼人舞も同じだ。つまり、古代において、音楽は詩や舞いと結びついた形で存在していたのである。(1-1.1)

このような音楽の在り方は日本だけでなく、古代ギリシャにおいても同じだった。古代ギリシャ最大の詩人とされるホメロスの『イーリアス』と『オデュッセイア』は、「怒りを歌え、女神よ」(ホメーロス 1953，上巻9)、「女神よ、私にあの男の物語をして下さい」(ホメロス 1994，上巻11) という言葉で始まる。ホメロスが実在したのかどうかはギリシャ学者の永遠のテーマだが、これらの詩が独自の節回しをもっていて、書かれたものを読むというより、朗々と口頭で歌い上げられたものであることに異論はなかろう。

ここで語りかけれる女神はギリシャ語でムーサと書かれている。ギリシャの女神ムーサはそのままローマの女神となり、やがてヨーロッパ世界に広がった。英語で言うところのミューズである。現在の美術館や博物館はほとんどミュージアム、つまりミューズの神殿という言葉で呼ばれているのだから、21世紀にはムーサが全世界に偏在しているとも言える。

古代ギリシャのヘシオドスが記した『神統記』は、ギリシャの神々の系譜を綴ったものだが、ゼウスと記憶の女神ムネモシュネとの間に生ま

1-1.2 プレクシテレスによるレリーフ (B.C.330頃、アルカディア・マンティネイア) 竪琴をもつアポロンと2本管の笛アウロスを吹くマルシアスの音比べ(上) 6人のムーサ(中下) (Boardman, John. *Greek Sculpture: The Late Classical Period and Sculpture in Colonies and Overseas.* Thames and Hudson. 1995, P.63)

れたムーサを9人姉妹としている（ヘシオドス 1984, 17）。9人のうち、ヘシオドスが優美な言葉の持ち主として特記しているのはカリオペのみだが、ギリシャ人とローマ人が次々と神話を作り上げる過程で一人一人の女神たち、ムーサたちが司る役割が定まっていった。すなわち、歴史のクレイオ、叙情詩のエウテルペ、喜劇のタレイア、悲劇のメルポメネ、舞踏のテルプシコラ、恋愛詩のエラト、音楽と幾何学のポリュムニア、天文のウラニア、叙事詩のカリオペである。詩が分化して多様な学芸が発展していく過程としても興味をひかれるが、ホメロスにせよヘシオドスにせよ、そもそも単数のムーサあるいは複数のムーサたちに、詩の含んでいる言葉や音などのすべての要素、悲劇や喜劇から歴史や幾何学までを含めて託していたことがおもしろい。そこにこそ、古い時代の姿が現れているのである。近代になって分化した芸術を、「総合芸術」といった言葉を使いながら統合しようとする意識とは大きく異なる。そもそも口づてに歌い継がれる詩の中にすべてのものが織り込まれ、すべてのものがムーサという女神に託されていたのである（1-1.2）。

信仰の場を開く音・音楽

　神話の世界では神々と人間が同じ空間に生きているが、日常の暮らしの中では往々にして、異世界の神々と私たちを結ぶ役割を音・音楽が担ってきた。たとえば、日本神話のところで触れた葬送の歌舞音曲にも呪術的な側面があったし、現代でも恐山のいたこは苛高数珠（いらたかじゅず）を使いながら霊の口寄せをするが、時に梓弓や琴、打楽器で音を鳴らす。あるいは、ブラジルの民間信仰カンドンブレでも音楽が重要だ。アフリカの土着信仰がブラジルのバイーア州に伝わり、先住民の信仰も吸収しながら独特の発展を遂げたもので、オリシャという数多くの神々を信じている。儀式で聖職者らが踊りながらそれらの神々を自分の身に憑依させるときに用いられるのがアタバキと呼ばれる大きな太鼓で、通常、3個を同時にたたく。この音楽はサンバの音楽のルーツの一つともなった。

　このように古代から現代にいたるまで、世界の各地にいるシャーマンは神がかりして、超自然的なものと交流しながら託宣を行ってきた。そのと

き異界との往き来を可能にする力を与えてくれるのが音楽なのである。音楽がもっているところの超自然的な存在である神々との交信の力は、より芸術的に洗練された形で宗教の中に取り込まれていく。仏教の僧侶が唱える読経や念仏、声明(しょうみょう)、キリスト教の典礼などで用いられる聖歌はその例である。

　「音楽はどこから来たのか」という問いに対して、私たちは原初の音楽を想像し、太古に生きた人びとの音環境、詩や踊りなどの要素と一体だった古代の音楽、信仰の場を開く役割を担った音楽の在り方について考察してきた。音楽の起源への問いは18世紀から20世紀にかけて西欧において本格的に議論され、ジャン・ジャック・ルソーやハーバート・スペンサーの言語起源説やヴィルヘルム・ヴントの感情起源説、チャールズ・ロバート・ダーウィンの性衝動説、カール・シュトゥンプの信号起源説、カール・ビューヒャーの労働起源説、リチャード・ヴァラシェクのリズム衝動起源説などの仮説を生み出している。だが、じつは音楽の起源をめぐる議論はすでに古代ギリシャ時代にも行われていた。たとえばギリシャの唯物論哲学者、デモクリトスは人間には動物と同じく模倣衝動が備わっているとして、模倣起源説を唱えた。「クモには織物術と修繕術において、ツバメには建築術において、またハクチョウや夜鶯(ナイチンゲール)という甲高い声のものどもには、模倣における歌において」、人間は動物たちの弟子であると述べている（ディールス，クランツ 1998, Ⅱ-68, 154）。

　こうして音楽をめぐる思索が本格的に始まった古代には、音楽の体系化も始まる。次節ではシステムとしての音楽について考えていこう。

第2節　音から音楽へ——音楽のシステム

　社会の成立とともに人びとが詩、舞踊、音楽を共有するようになると、それらの芸術的な行為は即興的なものから構成されたものへと変化していく。文明化された諸民族は叙事詩や劇音楽、宗教儀式などの形態で芸術を発展させ継承してきたが、その初期において芸術を成り立たせているシステムへの意識が芽生えていたことは興味深い。ギリシャ、中国、インドなど長い歴史をもつ国々では、すでに古代において高度な音楽理論が発達し、音楽のシステムを解き明かしてきた。

　私たち現代人は、ともすると音楽を人間の心理や感情との結びつきで捉えがちである。アップテンポの曲を聴くと気分が高揚し、透明感のある声でゆったりと歌われる曲は癒されるといった具合だ。もちろん心理や感情との関わりは音楽のもっている重要な特性の一つだが、じつは心理や感情に作用する音楽の特性もまた、音楽を形作っているシステムに支えられている。ここではあらためて、システムという視点から音楽の本質に迫ってみよう。

世界の調和としての音楽——天体のハルモニア（ハルモニア・ムンディ）

　「天体のハルモニア」とは惑星の運行や地球との距離が調和した数比関係にあることから、天体が美しい秩序をもっている、すなわち調和した音楽を奏でているという考え方である。私たちの耳で聴き取ることはできないとされ、人間は生まれた時からいつも耳にしていて慣れてしまったから、あるいはあくまで神々の音楽であって人間の耳は凡俗だから、きこえないのだと説明されている。

　これを唱えた古代ギリシャの哲学者ピュタゴラスは紀元前6世紀、エーゲ海に浮かぶサモス島で生まれ、南イタリアにあるギリシャの植民都市クロトンで秘密結社を組織したという謎に満ちた人物である。彼とその信奉

者たちはあまりにも秘密主義にこだわり、手紙も原稿もいっさい自筆で書いたものは残っていない（ファーガソン 2011, 14）。しかし「万物には数がある」、つまり実在するすべてのものを成り立たせている諸原理に数があるという発想を、ピュタゴラス本人もしくはピュタゴラス派の人びとにもたらしたのが、ほかならぬ音楽における発見だったことは立証されている。

　ピュタゴラスは7本弦のリラを演奏したが、音の実験のためにカノンという単弦の楽器を発明したと伝えられている。弦の真ん中を押さえると、開放弦よりも1オクターブ上の音（最初の音をドとすると、その次に高いドの音）、3分の1の点を押さえると1オクターブと5度上の音（最初のドのすぐ上のソの次に高いソの音）、4分の1の点を押さえると前の音より4度上の音（最初のドより2オクターブ高いドの音）が鳴った。つまり、弦の長さの比が2対1、3対2、4対3になるとオクターブ、5度、4度の三つの協和音程になった。こうして弦を等分割した点を押さえることで、基音と協和する音が出ることを発見したのである（同書、90-3）。そして、音楽の美しさの背景に数比関係があるとすれば、宇宙や世界、自然にも同様の数比関係があるに違いないと考えた。神々が作り出した宇宙は美しく合理的な論理に従っていて、美しい秩序をなしている。これこそが「天体のハルモニア」なのである。

　さらに、ピュタゴラス派の理論を伝えた中世の理論書、ボエティウスの『音楽教程』によれば、彼らは音楽を3種類に分類した。私たちが音楽と呼んでいるものと同じく、現実に鳴り響く器楽である「道具の音楽（ムシカ・インストゥルメンターリス）」、精神と肉体が共鳴して発する音楽で耳にはきこえない「人間の音楽（ムシカ・フマーナ）」、そして宇宙そのものが発する「宇宙の音楽（ムシカ・ムンダーナ）」である。

　音楽の法則は耳で知覚できるものばかりでなく、知覚できない世界をも含めた領域を支配していると考えられた（ジェイムズ 1998, 53-4, 118）。

古代の音律——三分損益法とピュタゴラス音律

　ピュタゴラスの「天体のハルモニア」に象徴されるとおり、古代におい

て音楽のシステムは宇宙全体の秩序を含む広がりで捉えられ、理論として展開された。これはギリシャに限られたことではなかった。古代中国、戦国時代末期の秦の呂不韋が編纂した『呂氏春秋』には「仲夏紀」の「大楽」に「音楽の由りて来たるや遠し、度量より生じ、太一を本とす」（楠山 1996, 上巻118）という記述があり、これは音楽の起源が深遠で、度量つまり音律（音組織の内部の音を音高の振動数比によって相対的に規定する方法）の定めるところに生まれ、太一つまり宇宙原理に基づくものだということを意味している。

さらに、『呂氏春秋』の「季夏紀」の「音律」は「十二律」、つまり12の音の成り立ちを説明している（同書, 146-7）。これはピュタゴラスの弦楽器の弦の長さのように、おそらくは竹でできた管楽器の管の長さによって、音の高低の変化を説明した文章である。

> 黄鐘生林鐘、林鐘生太蔟、太蔟生南呂、南呂生姑洗、姑洗生應鐘、應鐘生蕤賓、蕤賓生大呂、大呂生夷則、夷則生夾鐘、夾鐘生無射、無射生仲呂。
>
> 黄鐘は林鐘を生じ、林鐘は太蔟を生じ、太蔟は南呂を生じ、南呂は姑洗を生じ、姑洗は応鐘を生じ、應鐘は蕤賓を生じ、蕤賓は大呂を生じ、大呂は夷則を生じ、夷則は夾鐘を生じ、夾鐘は無射を生じ、無射は仲呂を生ず。
>
> 三分所生、益之一分以上生、三分所生、去其一分以下生。
>
> 三分して生ずる所は、この一分を益して、以て上を生ず。
>
> 三分して生ずる所は、其の一分を去りて、以て下を生ず。
>
> 黄鐘、大呂、太蔟、夾鐘、姑洗、仲呂、蕤賓為上, 林鐘、夷則、南呂、無射、應鐘為下。
>
> 黄鐘、大呂、太蔟、夾鐘、姑洗、仲呂、蕤賓は、上と為す。林鐘、夷則、南呂、無射、応鐘は、下と為す。

まずは黄鐘から始まって、12の音律が次々と発生する関係性を述べている。次いで、「三分して生ずる所は、この一分を益して、以て上を生ず。三分して生ずる所は、その一分を去りて、以て下を生ず」という。現代の

音楽理論で解読すると、3分の1を益す、つまり管楽器の管の長さの3分の1を加えると4度低くなり、さらに3分の1を去る、つまりその長さの3分の1だけ短くすると5度高くなる。この方法を繰り返すことによって12の音律の体系を作っていく。こうして3分の1を益して作られた音、つまり（管の長い順に）黄鐘・大呂・太蔟・夾鐘・姑洗・仲呂・蕤賓を「上」の分類に、3分の1を損じて作られた音、つまり（管の長い順に）林鐘・夷則・南呂・無射・応鐘を「下」の分類に入れて、合計12の音律を定める。これを長さの順に並べ直すと、半音を含む西洋の音階と一致する。中国から日本へも伝わったこの方法は「三分損益法」と呼ばれ、ここから5音音階や7音音階が作られた。

　じつは三分損益法によって生じる音律は、オクターブと5度、4度によって作られたピュタゴラス音律と一致している。こうしたピュタゴラスの理論はメソポタミアの古代バビロニアの音楽観と理論（季節と音程の関係を論じている）を継承したものではないかと考えられている。そして呂不韋の『呂史春秋』は春秋戦国時代に百家争鳴した諸家の多様な学説を編纂したもので、百科全書のような書物である。つまり古代世界においては、ギリシャ、中国、メソポタミア、インドなどの国々に広く、宇宙と季節、社会の調和を音楽の調和と同一視する考え方があって、それらが調和して動いていくための多様な数に基づくシステムが探究されたと言えよう。したがって、音楽のシステムとはまさしく世界観の表現だったのである。

インドの古典音楽におけるシステム——ラーガとターラ

　このように音楽は多様なシステムによって支えられてきた。音楽に関わっている人たちが意識しているかどうかは別にして、古代から現代にいたるまで、一つもシステムのない音楽は皆無と言っていい。

　そこで、今度は具体的な音楽を例にとって、システムにはどのようなものがあるのかをみていきたい。初めに、インドの古典音楽のシステムに目を向けてみよう。インドの古典音楽とは王権や寺院によって庇護されてきた伝統音楽で、北インドのヒンドゥスターニー音楽と南インドのカルナータカ音楽という二つの系統に分かれて発展してきた。二つの系統は数々の異な

る音楽的特徴をもっているが、システムに着目してみると共通の部分がある。ラーガとターラはどちらでも使われている代表的なシステムである。

　まず、ラーガについて。これは一定の旋律型のことで、基本音列とその構成音、主要音、装飾音などを複合した概念である。これは西洋音楽の長音階や短音階のような音階とは違って、たとえば、基本となる音列が全く同じ音で構成されていても異なったラーガとして分類されているものがある。旋律生成規則を備えた旋律型なのである。ラーガ rāga はインドの古代語、サンスクリットで、英語のレッド red 、フランス語のルージュ rouge 、ラテン語のルベル ruber などと同じくインド・ヨーロッパ語族において古くから赤色を表すために使ってきた言葉だった。ヨーロッパでは、ここから口紅やルビーを表す言葉として派生していったが、インドでは彩ること、染めること、感じること、さらに愛情を示す言葉になり、やがて音楽の音階を表す言葉となったのである（Monier-Williams 1986, 872）。日本の寺院には愛染明王 Rāgarāja というインド起源の仏像が見られる。この「愛染」がラーガである。これは愛情などの感情が悟りへと繋がることを象徴したものである。この愛染明王は音楽の神仏として崇められているわけではないが、人間のもつ多彩な感情が調和と安定へといたる様子は、ラーガというものの本質を象徴していると言えよう。

　中世から近代にかけてラーガの母体となっている基本音列、タートの分類が行われてきたが、ヒンドゥスターニー音楽についてみると、現在「北インドで最もポピュラーな分類法」（デーヴァ 1994, 123）は以下の10種類である。これは19世紀後半にインドの音楽理論を整理したヴィシュヌ・ナーラーヤン・バートカンデーが考案した。この10種類のタートにつけられている名前はこのタートで奏でられる代表的なラーガからとられている。

　　ビラーワル　　Bilāval ／ ド・レ・ミ・ファ・ソ・ラ・シ
　　カマージ　　　Khamāj ／ ド・レ・ミ・ファ・ソ・ラ・シ♭
　　カーフィー　　Kāfī ／ ド・レ・ミ♭・ファ・ソ・ラ・シ♭
　　アーサーワリー　Āsāvarī ／ ド・レ・ミ♭・ファ・ソ・ラ♭・シ♭
　　バイラヴ　　　Bhairav ／ ド・レ♭・ミ・ファ・ソ・ラ♭・シ

第2節　音から音楽へ——音楽のシステム

バイラヴィー Bhairavī ／ド・レ♭・ミ♭・ファ・ソ・ラ♭・シ♭
カリヤーン　Kalyāṇ ／ド・レ・ミ・ファ♯・ソ・ラ・シ
マールワー　Mārvā ／ド・レ♭・ミ・ファ♯・ソ・ラ・シ
プールヴィー Pūrvī ／ド・レ♭・ミ・ファ♯・ソ・ラ♭・シ
トーディー　Toḍī ／ド・レ♭・ミ♭・ファ♯・ソ・ラ♭・シ

　ラーガはこれらのタートに基づき、その中の5音から9音を用いて旋律を生成していくのだが、定められた音の上行下行の型があり、固有の中心音、開始音、終止音をもっていて、音の修飾にも固有の方法がある。
　さらに、すべてのラーガは1日を四つに分けた時間帯（夜明け、昼、夕方、夜）のどれかに属している。時刻に応じたラーガが選ばれ、それぞれのラーガは太陽の位置、光の量と動きを反映する特徴が与えられている。たとえば夜明けのラーガは闇と光が交錯する時間帯にふさわしく、半音が多用されて不安定に揺れ動く旋律が紡がれる。また、季節や気候と結びつけられたラーガもある。
　次に、時間の流れを作り上げるシステムであるターラについて。もともとは拍手という意味の言葉で、拍節とリズムの組織を指している。一種の拍節法だが、西洋音楽の拍子のように曲全体が基本的に2拍子、3拍子、4拍子などのリズムサイクルでできているのではなく、さまざまな拍数を組み合わせたユニットが周期的に繰り返されていくのが特徴である。ヒンドゥスターニー音楽でよく使われているターラを例に挙げると、ティーン・タールは4拍＋4拍＋4拍＋4拍による16拍が一つのユニットであり、ジャプ・タールは2拍＋3拍＋2拍＋3拍の10拍、ルーパク・タールは3拍＋2拍＋2拍の7拍が一つのユニットとなる（同書, 118-33）。
　実際の演奏ではラーガとターラに基づいて、即興が展開されていく。主となる演奏者、たとえばシタールの演奏者が季節や時間帯、その場にふさわしいラーガとターラを選んで主題の楽想を提示し、タブラ奏者などの伴奏者がこれを聴き分けて演奏を始め、互いに競い合うようにして複雑な装飾やリズムを刻みながら盛り上げていくのである。

近代の西洋音楽におけるシステム——音律、調性と音階、拍子とリズム

今度は私たちにとってより身近な近代の西洋音楽のシステムにはどのようなものがあるのか、具体的にみていこう。まず、音律について。古代ギリシャで考案されたピュタゴラス音律は近代の芸術音楽ではもはや用いられていない。ピュタゴラス音律は先に説明したとおり、5度の音程が最も協和するように作られていて、古代のように単旋律の音楽、つまり1本のメロディを歌う（奏でる）時には美しく響いた。しかし、ルネサンス時代になってメロディを和音で伴奏したり、合唱のように複数の声部を同時に歌ったりする多声音楽が生まれると、ピュタゴラス音律のままでは振動数比の複雑な音程、つまり不協和な音程が頻繁に鳴ってしまうことになる（1-2.1）。そこで工夫されたのが純正律や中全音律という、新たな音律である。純正律は5度（完全5度）と3度（長短3度）が協和するように組み合わせて用いた音律で、一つの調性（長調、短調）の音階だけでできている音楽を演奏する時によく使われる和音が協和するように作られている。ただし、隣り合った音どうしの音程、つまり全音（2度）に広いものと狭いものができてしまうので、メロディを

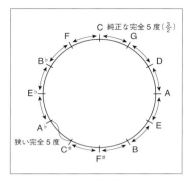

1-2.1　ピュタゴラス音律

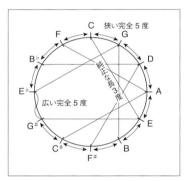

1-2.2　中全音律

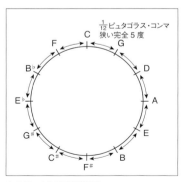

1-2.3　12等分平均率
（久保田慶一編『キーワード150 音楽通論』アルテスパブリッシング、2009年、14-5、18頁）

第2節　音から音楽へ——音楽のシステム　*35*

奏でるときれいには響かない。また、ヴァリエーションとして、5度が少し濁った響きになるものの、3度が協和することを基準に作られた中全音律も誕生した。ところが、これも1曲の中で複数の調性が交代していく転調が頻繁に行われるようになると、不都合が出てくる。きれいに響く調もあるが、それ以外の調は極めて汚く響き、全体として不協和な音程が多くなってしまうのである（1-2.2）。さらにウィーン古典派の時代には中全音律を巧みに調整したウェル・テンペラメント（不均等平均律とも呼ばれる）という音律も用いられた。

　古代から今日にいたるまで、さまざまな音律を作り出す試みが行われてきた中で、近代において一般化したのが12等分平均律である（1-2.3）。12等分平均律は1オクターブに含まれる半音がすべて均等の振動数比でできていて、均質な響きを作り出す。これはピュタゴラス音律におけるピュタゴラス・コンマ（純正5度を積み重ねていった音とオクターブとの間にできる差）やシントニック・コンマ（純正3度とピュタゴラス音律の長3度との差）を調整することによって、うなりを発生する音程をなくしたものである。17世紀頃から提唱されて使われ始めたと考えられているが、広く用いられるようになったのは19世紀から20世紀にかけての時期で、意外にその歴史は新しい。1曲の中で次々と調が移っていく音楽が増えてきたことによって、どのような調であっても均質な響きが得られる平均律が重宝されるにいたったのである。

　次に挙げたいのが調性と音階である。調性とはさまざまな要素が複合した有機的なシステムで、17世紀から19世紀末までの西洋音楽の根幹をなしてきた。具体的には長調、短調という音組織や音階、和音の機能に基づく和声法、さらにフレーズの構造などが含まれている。

　たとえば、調性には長調と短調の2種類がある。長調 major は長音階 major scale に基づく調で、短調 minor は短音階 minor scale に基づく調を意味している。音階に「長」と「短」があるのは不思議だが、明治時代に音楽用語が翻訳された際、major を「長」、minor を「短」と訳した。ちなみに中国では major は「大」、minor は「小」と訳されていて、こちらのほうが原語のニュアンスに近いかもしれない。具体的にはこの二つの音階、長

音階と短音階は含まれる音どうしの高さの関係、つまり音程関係が異なっている（1-2.4）。どの高さの音から始めても、ここで示した、それぞれの音程関係によって音を並べれば、長調、短調の基本となる音階を作ることができる。これらの音を「音階固有音」という。ハ長調はドから、イ短調はラからスタートして、五線譜の線と間に音符を並べていくと、この音程関係ができる。ハ長調とイ短調以外は音階固有音に必ず♯や♭のついた音が含まれる。音階のどこかの音に必ず♯や♭の記号をつけないと、全・全・半・全・全・全・半という長音階の音程関係、あるいは全・半・全・全・半・全・全という短音階の音程関係にならないのである。一般に長音階には明るく楽しい響き、短音階には暗く悲しい響きが感じられると言われる。もっとも、そうした印象は人それぞれだろう。

　もう一つ、リズムに関するシステムである拍節構造について、簡単に説明しておきたい。拍節構造とは、時間を一定の間隔で刻む拍に、一定の周期でアクセントをつけることによって、音楽のリズムの基礎となる枠組みを与えるものである。4分の4拍子といえば4分音符4拍で、4分の3拍子といえば4分音符3拍で、2分の2拍子といえば2分音符2拍でひとまとまりとなり、最初の拍にアクセントがつく。大きく3種類に分類され、2拍子、3拍子、4拍子は単純拍子、3拍のまとまりが複数含まれている6拍子、9拍子、12拍子は複合拍子、5拍子、7拍子、10拍子などを変拍子という。こうした拍節構造の枠組みがあることで、あえて強拍をずらすシ

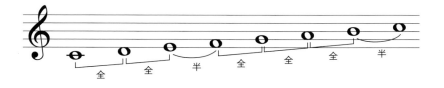

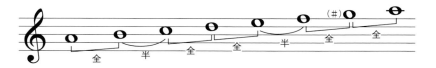

1-2.4　ハ長調（上）とイ短調（下）の音階

ンコペーションや弱拍から始めるアウフタクト、異なる拍節構造をもったリズムを重ねるポリリズムといった手法が可能になり、音楽の時間展開が豊かなものとなる。

音楽をシステムから理解すること

　これまで論じてきた音楽のシステムは、古代においても近現代においても、音楽理論として言語で書き記されてきたものである。あるものは具体的な音楽実践を重ねていく中で抽出されて概念化されたシステムであり、また、あるものは哲学的な思索において発見され、音楽の現場へとフィードバックされたシステムである。つまり、音楽実践とは異なる次元において、抽象化、概念化された言葉で論じられてきた、あくまで理論なのであり、音楽の現場で行われている創作や演奏とぴたりと一致するわけではない。試しにこのようなシステムを前提にして、個々の曲を実際に聴いてみると、すぐに例外がみつかるはずだ。

　それにもかかわらず、音楽をシステムから理解することは重要な意味をもっている。第一に、作曲や演奏という音楽実践はそれらを支えているシステムからの逸脱やズレによって、個々の独自性をみせる。つまりシステムをしっかり理解することによって、今、ここで行われている音楽のおもしろさ、ユニークさをより深く体験することができるのである。第二に、数々の音楽実践を貫いて一つの共通のシステムが認められるということは、それらの演奏がいかに独自性を発揮していたとしても、奏でられた音楽が一つのグループに属することを示している。システムの働き方を分析することで、音楽を合理的に分類することが可能になる。

　第三の、最も重要な意味は、音楽のシステムから、その音楽を生み出した共同体の世界観を読み解くことができることだ。古代ギリシャ、中国、インドについて詳しく論じたように、音楽のシステムには不可避的に人びとの世界観が投影されている。音楽理論が同時代の理論家によって語られたものであるなら、一層、その傾向は強められることだろう。なぜなら、音楽のシステムを読み解く言葉そのものも、同じ世界観のもとで語られているのだから。

第 3 節　複数形の音楽——ジャンルの生成と混交

　私たちは普段、クラシック音楽とポピュラー音楽という言葉をなにげなく使っている。クラシック音楽といえばヨハン・セバスティアン・バッハやヴォルフガング・アマデウス・モーツァルトやルートヴィヒ・ヴァン・ベートーヴェンといった作曲家の名前が脳裏に浮かび、ポピュラー音楽といえばビル・エヴァンスやビートルズからワン・ダイレクション、さらには AKB48 などの音楽を思い出すかもしれない。だが、あらためてクラシック音楽とポピュラー音楽の違いを問われると、答えるのは簡単ではない。
　これは通常の音楽シーンで一般的に通用している「ジャンル」である。序章で触れたように、少し大きな CD ショップに行くと、音楽は棚ごとにジャンル分けされ、共通の特徴をもった音楽の CD や DVD がまとめられている。このように情報を分類する行為は CD やレコードよりも図書のほうが早く始まった。アメリカのメルヴィル・デューイが始めた十進分類法（DDC）は、1928 年に日本版の分類法 NDC として改良され、現在では日本のほとんどの図書館がこれで分類している。図書館の本の背表紙に貼られた、あの数字である。音楽は 760 という 3 桁で始まり、760 音楽、761 音楽の一般理論. 音楽学、762 音楽史. 各国の音楽、763 楽器. 器楽、764 器楽合奏、765 宗教音楽. 聖楽、766 劇音楽、767 声楽、768 邦楽、769 舞踊. バレエとなっている。さらに小数点以下の枝番号があって、現在は新訂第 10 版が用いられている。
　たとえば、NDC の分類の中で「クラシック」という言葉を探してみると、カタカナの「クラシック」は出てこない。小数点以下の枝番号まで下りていくと 762.05 が「15-18 世紀：ルネサンス. バロック. 古典」となっていて、ここでは「クラシック」の翻訳を古典派という狭い意味で解釈している。つまり、18 世紀終わりから 19 世紀初めにかけての、ウィーンを拠点として活躍した作曲家たち、具体的にはフランツ・ヨーゼフ・ハイドン、

モーツァルト、ベートーヴェンらの音楽を指しているのである。しかし、最初に触れたように「ポピュラー音楽」と対置される「クラシック音楽」という言葉が指しているのは古典派の音楽ばかりではない。CDショップでも16〜17世紀のバロック音楽、19世紀のイタリア・オペラやドイツの交響詩、20世紀から21世紀の現代音楽までもが「クラシック音楽」のジャンルにまとめられている。NDCの分類法は本をある秩序で本棚のどこか一か所に並べなければ意味をなさない図書館の宿命を背負ってきたのだが、ネット時代になると分類のもつ検索の役割は低下する。そこへ音楽産業の流通など他の要因も絡み合い、情報の分類はどんどん変化してきたのである。

そこで、ここでは音楽のジャンルとはどのようにして成立するのか、ジャンルと音楽実践との関係はどうなっているのか、そもそも音楽のジャンルとはどのようなものなのかを考えていきたい。

クラシック音楽／ポピュラー音楽の成立

最初にクラシック音楽とポピュラー音楽の二分法を掘り下げてみよう。クラシック音楽は英語で classical music、つまり訳せば「古典の音楽」である。類似語である classic にも「一流の」「典型的な」という意味があるが、クラシカル音楽でなくクラシック音楽というのは和製英語だと言われる。ポピュラー音楽は英語でもそのまま popular music、つまり「大衆の音楽」となる。しかし、バッハやモーツァルト、ベートーヴェンはいつから古典になったのだろうか。古典というと、古い時代に作られたものであり、多くの人たちが認めた価値のあるもの、すなわち規範的なものという含意をもっている。したがって、これらの作曲家たちの音楽も生前には決して古典と考えられてはいなかった。何度となく演奏され、広く聴かれる価値があると認められたのちに、ようやく一つの曲は古典となるに違いない。だから、たとえばモーツァルトによって作られたばかりの曲が不特定多数の人たちに聴かれていたとすれば、当時はそれらこそが大衆音楽だったと考えるべきではないだろうか。モーツァルトのオペラ《フィガロの結婚》のプラハ初演は大成功で、コントルダンスやドイツ舞曲に編曲されて

多くの人たちがその音楽で踊り、メロディを口ずさんでいた。もちろん当時の狭い共同体の中の「大衆」ではあるものの、まさに不特定多数の人びとが愛好する「大衆の音楽」になっていたことは疑いようもない。

　それでは、音楽は作曲されたのち、どのようにして古典となるのだろう。文学や宗教の書にも洋の東西を問わず、「古典」と呼ばれるものがある。書かれた時点から筆写を繰り返しつつ時代を経て、多くの人に読まれる価値があるという規範性を帯びた時から、その書は古典として受け継がれていくことになる。文学や宗教の書ではすでに古代や中世においても、古典は存在していた。それに対して、音楽の歴史において「古典」という価値が生まれたのは近代のヨーロッパにおいてだったと考えられる。というのも、古代、中世、近世にはヨーロッパでも古い時代の音楽を聴く習慣がそもそもなかったからだ。ヨーロッパの作曲家は先人たちの曲の楽譜を見ながら、音楽の書き方を学んで習得したわけだが、古い音楽が楽譜の形で蓄積されてそのまま再現されたわけではない。教会においても宮廷においても、音楽はいつでも現実の用途に合わせて、その都度、作られるものであり、自ら作曲して楽団を統率するために優れた音楽家が楽長として雇われていた。

　ところが、19世紀前半にはヨーロッパの都市で過去の作品を復活して演奏することが行われるようになる。有名なのはバッハの《マタイ受難曲》の復活演奏である。これは1727年にドイツのライプツィヒにある聖トーマス教会で初演された大作で、新約聖書「マタイによる福音書」により、レチタティーヴォ、アリア、コラールといった音楽のスタイルを駆使して、イエスの受難の予言から最期の晩餐、イエスの捕縛、さらにピラトの裁判、十字架への磔、墓への埋葬までを物語として表現したものである。バッハの宗教曲の中でも人気があって、今日、よく取り上げられる名曲である。しかし、じつは初演されたのち、およそ1世紀の間、この作品はすっかり忘れ去られていた。それを1829年にフェリックス・メンデルスゾーンが一部をカットしたり、楽器編成を当時のオーケストラに合わせたりといった手を加えながら、復活演奏したのである。広告には「100年ぶりの復活演奏」という言葉が使われ、当時の聴衆が古いものをよみが

えらせて聴くことに関心をもっていた状況をうかがわせる。こうして《マタイ受難曲》は今日にいたるまで、「古典」として価値を認められることになった。モーツァルトの《フィガロの結婚》にしてもベートーヴェンの交響曲第9番ニ短調にしても、バッハ同様、何度となく演奏されることによって広く愛好され、古典としての地位を獲得したと言えよう。

　さらに詳しく調べてみると、「クラシック音楽」と「ポピュラー音楽」を現在のような意味で対置するようになったのは、1860年頃からだったという。吉成順は『〈クラシック〉と〈ポピュラー〉——公開演奏会と近代音楽文化の成立』で、ドイツにおける教養主義的演奏会の成立と展開、ロンドンやパリにおける娯楽的演奏会の広がりを前提として、二つのカテゴリーがどのように使われてきたかを新聞の演奏会広告や批評を調査して詳細に論じている。彼の調査によればclassical musicの初出は1795年、popular musicの初出は1781年にさかのぼるが、いずれも私たちが使っている意味とは異なっていた。どちらもまとまった数の用例が出てくるのは1830年代から40年代にかけての時期だが、クラシカルとポピュラーという言葉のもつ複数の意味の間でさまざまな用例がみられる。1850年代終わりにpopular musicが「理解しやすい」「新しい」「民衆向き」の音楽カテゴリーとして成立したことによって、古典として選ばれた作曲家に加えて、popular music以外のものを含むclassical musicというカテゴリーが明確になったという（吉成 2014, 262-90）。ポピュラーではないものとは、「理解しやすくない」すなわち理解するのに知識を必要とするもの、「新しくない」すなわち流行が過ぎ去ったもの、「民衆向きではない」すなわち通好みのものといった性格をもった音楽を意味していて、私たちが現在、クラシック音楽と呼んでいるジャンルの条件とほぼ重なっていると言っていい。

　このようにクラシック音楽とポピュラー音楽というジャンルは、18世紀終わりから19世紀前半の音楽実践における歴史的な変化、新しい用語の登場、数々の用例による意味の洗練とカテゴリー化というプロセスを経て、ゆっくりと成立したのである。

ジャンルは固定されない――ジャンルの仮想性

こうしたクラシック音楽とポピュラー音楽というジャンルの成立と変遷からわかることは、ジャンルとそれに分類される音楽は決して固定的ではないということだ。つまり、ジャンルとカテゴリーは仮想的なものであって、時代や社会の変化とともに人びとの意識が変わればジャンルに含まれる音楽も変化していく。新たなジャンルのカテゴリーが生まれ、ほかのジャンルと混交し、時にはジャンルそのものがなくなってしまうことすら起こる。たとえば「歌謡曲」というカテゴリーで、みなさんが思い浮かべるのはどんな音楽だろうか。小柳ルミ子、郷ひろみ、西城秀樹、そして高3トリオ(森昌子、桜田淳子、山口百恵)などが浮かび、美空ひばりや都はるみ、北島三郎らの演歌とは異なるものというイメージが1970年代にはあった。しかし、明治時代にさかのぼってみると、歌謡曲という言葉は欧米の芸術歌曲を指す翻訳語として使われていた。つまりフランツ・シューベルトやシューマン、フーゴ・ヴォルフらのリート(歌曲)を指していたのである。また、1970年代前半には荒井由実(のちの松任谷由実)や井上陽水らを総称するニューミュージックというカテゴリーが生まれる。ニューミュージックは日本のロックとフォークをまとめたものとして、当時の歌謡曲と一線を画したジャンルだった。ところが、1990年代にJポップというカテゴリーが登場すると、歌謡曲もニューミュージックも日本のロックもフォークもひっくるめて、このJポップが日本のポピュラー音楽一般を総括するジャンルとなる。やがて歌謡曲とかニューミュージックといったカテゴリーは古びて、使われることが少なくなり、もはやジャンルそのものの意義は低下していると言っていい。

このように音楽のジャンルは生成、変容、混交、消滅を繰り返している。もちろん何らかの共通点に基づいて音楽はグルーピングされるのだが、どの特徴に着目してカテゴリー化するかによって、何種類ものジャンル分けが可能なのである。

ジャンルの生成――ジャンルを規定するルール

しかし、ジャンルがたとえ仮想的なものだったとしても、音楽の現場、

つまり音楽家や聴衆、音楽産業に携わる人たちにとっては特定の音楽実践と結びついたグルーピングとして、現実的に機能していることは間違いない。そこで個々のジャンルがどのような音楽を指しているのかを定義して、音楽の見取り図を作ろうとする試みはあとをたたない。ところが、ジャンルの一義的な定義は決して成功することはない。その理由を、増田聡は「歴史的ジャンル観念と共時的ジャンル観念の摩擦や矛盾」から説明している（増田 2006, 60-1）。ジャンル観念は音楽実践から生まれ、それと固有の関係を結んできた歴史をもつのだが、その関係は現時点における共時的な分類と往々にして齟齬をきたすというわけだ。

　ブラジル生まれのイタリア人音楽学者、フランコ・ファブリはどのようなルールでジャンルが成立するのかに着目して、音楽におけるジャンル論を展開した。彼によると、音楽のジャンルとは「（現実の、あるいは可能な）数々の音楽的出来事の集合で、そのふるまいが一定の、社会的に受け入れられたルールの集合によってコントロールされるもの」である。ファブリはあくまで異分野にまたがるアプローチが必要とされるジャンル分析の複雑さを示すための試みだと述べた上で、五つの典型的なルールを掲げて概説している。増田も前掲書でファブリの同論文からこの五つのルールを引用して論じているが、ここでは原文に基づいてまとめたい。ちなみにファブリは謙虚にも、これらの五つのルールが包括的であることを願っているが、必ずしもこれですべてだとは言い切れないとしている。

（1）形式的・技術的ルール
（2）意味論的ルール
（3）行動ルール
（4）社会的・イデオロギー的ルール
（5）経済的・法的ルール

　（1）はそれまでの音楽学において唯一、考察するに値すると考えられてきたルールで、あらゆる音楽ジャンルにおいて主要な役割を果たしている。このルールのもとではジャンル、様式、形式は同義語と捉えられ、具

体的には音楽の形式、演奏技法や楽器の特性、音楽家の能力などに言及する規則である。(2) はロマン・ヤコブソンが言語学の研究の中で指摘したコミュニケーションの機能、つまり指示対象に関わる、感情的、命令的、交感的、メタ言語学的、詩的な機能に関わる規則である。(3) はミュージシャン、オーケストラの団員、セッションする演奏家、および聴衆の行動に関する規則で、心理学から微視的社会学にいたるまで幅広い方法でアプローチできる。(4) はジャンルを規定するコミュニティの構造変化や社会的機能、内的な社会的構造、あるいはこれらの音楽を好む階層、グループ、世代をめぐる規則である。(5) は著作権やプロモーションの方法などに関する規則で、しばしばイデオロギーの秘匿を対象とする (Fabbri 1981)。

　ファブリのジャンル論でおもしろいのは、多岐にわたる角度からジャンルを規定するルールに切り込んでいることだ。ここで彼はポピュラー音楽だけでなく、あらゆる音楽実践を対象として想定しているのだが、音楽現場のさまざまなシーンでジャンルが現に機能してきたのは、そもそもジャンルのルール自体が位相の異なる集合からなっていて、シーンごとにその音楽と関わる人びとがその場にふさわしいルールを選び取っているからなのだと気づかせてくれる。

世界各地の伝統音楽——ジャンルの混交
　ここまではクラシック音楽とポピュラー音楽、それらの下位区分を例に論じてきたが、このほかの音楽ジャンルとして忘れてはならないのが、世界各地で営まれている伝統音楽である。ジャンルの生成と混交はあらゆる音楽で起こっている現象であって、世界各地の伝統音楽も例外ではない。

　音楽を初めとする文化的な行為は本来、ローカルなものだった。部族や民族、地域などのまとまりで構成された共同体の中で、自然現象や人びとの生活、社会の在り方などと深く関わり合いながら、人びとが行為を反復することで特色のある音楽が誕生する。したがって、特定の音楽文化が特定の地域に限定されていた時代にはほとんどジャンルが意識されることはなかっただろう。ところが、人びとの移動や社会の変動など、音楽を取り

巻く状況が変わることによって、ある土地で生まれた音楽の形や内容が変化したり、外部から入ってきた音楽と融合したり、地域と切り離されて商品化されることまで起こってくる。すると、外部の目にさらされることによって、音楽はカテゴリー化され、ジャンルに分類されることになる。

　暮らしの中で受け継がれてきた伝統音楽というと、つい私たちは純粋培養のように原型を保持している音楽を想像してしまう。しかし、じつはどんな社会のどんな音楽であっても、程度の差はあれ、時とともに変容するという点に違いはない。時にはそれが極めて人為的、政治的に行われることもある。有名なのはバリ島のケチャである。両手を挙げてゆらゆら動かしながら、「チャッ、チャッ」という掛け声で精緻なリズムを刻み、複雑な声部を織り上げる男性合唱は強烈で、一見、民族が伝承してきた音楽劇のようだ。しかも、物語はインドの古典文学『ラーマーヤナ』から取られたストーリーで、いかにもバリ島に古くからある芸能にみえる。ところが、実際にはヴァルター・シュピースというドイツ人画家が1930年代にこの地へやってきて、その助言によって、サンギャン（1-3.1）という祈祷の音楽から観光客向けの音楽劇として作り上げられたのがケチャなのである。意外にも作られてから1世紀にも満たない新しい芸能であり、しかもオランダの植民地でイスラム教が多数だったインドネシアで、少数派

1-3.1　サンギャン・ドゥダリ。何百種類もあるサンギャンの一つ。少女がトランス状態で躍る
(*Dance and Drama in Bali*, 1939年　撮影：ヴァルター・シュピース)

のヒンドゥー教徒が多い地域だったバリ島という特殊な背景のもとで、ドイツ人の尽力によって生まれた。その背景には植民地における政治情勢があって、外部に対しては現地の民衆の文化を大切にする開かれた植民地政策を印象づけ、同時に内部でふつふつと湧き上がりつつあった独立運動から人びとの気持ちをそらす効果をねらっていたという。（伊藤 2002, 115-22）

　ケチャは古くから受け継がれてきた伝統芸能を解体、変質させた出来事として言及されることもあるが、じつはあらゆる音楽で起こっている出来事の一例にすぎない。インドの映画音楽などを聴くと、インドの古典音楽を欧米のポピュラー音楽が浸食して、大衆的でノリのよい音楽に仕上げられている。日本の民謡も実際は西洋流の楽譜に書き改める時に改変され、私たちが知っている民謡と現地で歌い継がれている民謡が違っていることは珍しくない。したがって前向きに、つまり変化や変容を前提に音楽文化をあらためて考えることで、その変化のダイナミズムを明らかにしようという研究が、ようやく学者たちの間でも増えてきた。

　なお、伝統音楽や民俗音楽という概念をさらに包括的に捉える立場から、「世界音楽」という概念が提起されていることも注目しておきたい。昔からの音楽も、改変された音楽も、新しく作られた音楽も、古今東西を問わず、すべて同列に世界音楽と呼ぶわけである。たしかに誤りのない包括概念とも言えるが、ここまで概念を広げると「音楽一般」と同義になってしまい、やはりジャンルに分類する必要に戻ってきてしまうのではないだろうか。

　ここまで、音楽の分類としてのジャンルが仮想的なものであり、音楽実践と一対一で対応するものではないということ、一定のルールの集合によって作り出されることを論じてきた。ジャンルと音楽実践は微妙なバランスを取りつつ、結びついては離れる。つまり、ジャンルはいつも多様な音楽の間で揺れ動いているのである。　　　　　　　　　　　　［白石美雪］

第 2 章 声

第 1 節　声を出すことの意味、声の好み

　第 2 章と第 3 章ではそれぞれ「声」と「楽器」をテーマに論じる。実際に演奏される際には声と楽器はさまざまに関連づけられるが、ここでは個々に章を分け、それぞれのもつ音楽的・社会的意味に目を向けよう。「声」に焦点をあてた第 2 章では、声のメカニズムや技法、声を用いる場、声を生かした歌芝居について、節を分けて考察する。

　声自体は多くの動物に備わった機能であり、コミュニケーションの重要な手段として用いられる点も共通している。では、ヒトにとって声を出すとはどのようなことなのか。

　このことを考えるにあたって、川田順造の著作から引用したい。

　「声で伝えられるものの内容、声を発する者の社会的地位、声を発する資格、発信者と受信者相互の関係など、声が社会のなかで担わせられている文化的属性によって、ことばづかいだけでなく、声そのものの発し方も異なってくる。第一に大声か小声か（音量）、声が高いか低いか（音高）、抑揚に富んでいるか一本調子か（音域）、速いか遅いか（テンポ）、同じリズムか、旋律が繰り返されるか（定型性）などの観点から検討する必要がある。第二に、直接問題にする声の使い方だけを見るのではなく、それが、その社会での声の使い方全体のなかに、どのような位置を占めているのかを見なければならない」。（川田 2004, 77-8）

　引用した箇所の前段はある程度、他の動物の声を出す行為と重なっているが、音域よりあとになるにしたがってヒト固有の特徴、つまりは文化的な側面が出てくることが理解できる。それとともに、比喩的な意味での「声」という意味合いも加わってくる。

　視覚的な情報が重要度を増した今日、言葉も文字を通して視覚的に取り込まれる機会が多いという人も少なくないだろう。ひと言もしゃべらないけれど、まる一日、文字だけで他人と繋がっていたということもあるかも

しれない。しかし、ヒトの声は驚くべき力をもったツールであり、声こそが人間らしさを象徴すると言っても過言ではない。そして音楽も、その声の多様な可能性を活用してきたものである。

声のメカニズム

　発声とは、肺からの呼気によって声帯が振動することで得られるが、それ自体は音としては小さいもので、声帯の上下にある胸腔、咽頭や口腔、鼻腔、頭蓋腔などが振動して共鳴が起こることで大きくなる。これらの共鳴腔は、口唇、下顎(あご)、頬、舌を動かしたり、また口蓋垂(こうがいすい)を動かしたり、上下の歯の開き具合を調整したりすることで口腔の形態に変化がもたらされ、共鳴の在り方が変わって各種の言葉の音が得られる（2-1.1）。

　人それぞれの声の特徴を形作るのは、これらに加えて声帯の長さや幅・厚み、声帯から体外に音が放出されるまでに通る諸器官の形質的な特徴である。親子兄弟の声が似たり、同じような体型の人の声質が近いのは、発声器官の形質が似通っていることに起因する。

　普通の人の声帯でも音域は2オクターブにまたがり、3オクターブやそれ以上出せる人もいるのだが、話す時の音域は大きく変化せず、1オクターブ以上にまたがることはほとんどない。歌う時は声に関係する器官が連繋プレーを行い、普段は出していない音域をも可能にするが、そ

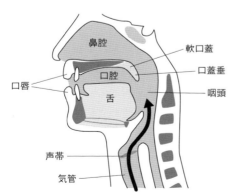

2-1.1　発声の仕組み

れを実現できるのは目のまわりの筋肉を除けば咽頭の一帯に最も神経が集まっている人体の構造と関係があるだろう。とりわけ発声器官の中で最も形を変えやすく、自在に動かすことができるのは口であり、その中でも舌は極めて多様な動きを可能にする複雑な筋組織をもっている。歌う際には話す時以上に微妙で正確なコントロールが求められ、諸器官の協同作業のタイミングが正しく一致しなくてはならない。しかも、その多くが意志の力で直接動かすというよりは、出てくる音を頭の中で意識することで間接的に動かす、あるいは動かすプロセスのプログラミングを意識的に再生する方法をとることになる。

　この驚異的とも言える連繋プレーをさらにバージョンアップさせたような歌の例を世界の中に求めることができるが、その一例として鹿児島県奄美群島の島唄を取り上げよう。

　島唄というと、沖縄民謡の別称と思っている人も多いようだが、もともとは奄美で集落ごとに歌われていた民謡を指す言葉であった。奄美の島唄は裏声の独特な使い方に特徴がある。この奄美の島唄を地元で歌っていて、ポピュラー音楽の歌手としてメジャーで成功した元ちとせや中孝介、RIKKIがいるが、その声を思い出すとわかりやすいかもしれない。声楽では「声が裏返る」といって裏声には一般的にネガティヴなイメージがもたれる。音域を広く使う演歌などでも裏声は「逃げの声」と避けられる場合が多い。しかし、声の高さを調節する役割を果たす喉の筋肉である輪状甲状筋は裏声の発声と密接に関連していると言われ、これを独特のテクニックとして利用しているのが奄美の島唄なのである。

　一般的には、地声と裏声ははっきりと異なって認識されるが、奄美の島唄では地声から裏声への移行が自然に行われ、本来は2種類であるはずの声区が巧みに変化することで実現する。裏声を瞬間的に込めるコブシの一種とも言える「グィン」という技法が言葉や音の変わり目に織り込まれることによって、変化に富んだうら悲しいような表現をもたらし、奄美の島唄と認識することが可能になる。

　この独特な発声の由来についてはいくつかの説が唱えられているが定かではない。音楽的に考えて最も妥当性がありそうな説は、音域を広げ、多

彩な音色変化の効果を得るために発達させたというものだが、その他に、ノロ（祝女）やツカサ（司）と呼ばれる神女の神がかり的な発声が起源という説、険しい山あいの地形での生活の中でコミュニケーションの手段として用いられたという説があり、長谷川秀樹によると、急峻な山岳が海のすぐ近くに迫る平野の乏しい地形が見られる地中海沿岸地域に独特の声の文化がみられるという。また、薩摩藩の圧政下で為政者に悟られないような方法で思いのたけを歌うためだったという説などもある。

奄美の島唄のように、ある種の歌を聴いて地域性を感じることがあるが、音階やリズム、楽曲構成といった音楽の構造だけではなく、声の出し方によってそれを認識できることもある。また、声には好みがあり、それが地域性と結びつくこともある。

濁った声への執着

俗に「天使の歌声」という表現がある。変声期前の少年たちの合唱の歌声、幼さの残る少女の歌声などを形容する際によく使われる表現だ。多くの場合、高く澄んだ声での歌唱を指す。「癒しの」という形容詞が商品価値をもつ現代において、「天使の歌声」は万人受けする強力なツールであろう。

そこには、「澄んだ声＝美しい声である」という暗黙の了解事項が潜んではいないだろうか。その対極として、濁った声は悪声、だみ声と形容され、よい印象をもたれることが少ない。にもかかわらず、濁った声を使った個性的な歌の領域が存在している。

日本でよく知られている例ではまず浪曲（浪花節）が筆頭に挙がるだろう。演じる人物像に応じて声を使い分けはするものの、義太夫節で使われる声もだみ声がかなり多いと言える。興味深い例としては、ポップスで売れなかったために声を潰して演歌で売り出して成功を収めた森進一のケースもある。じつは浪曲でも喉から血が出るまで唸って声を作ったという類の芸談は少なからずあり、「美声が出る喉を捨てる」という共通点を見てとることができる。日本以外で有名な例としては、歌のフラメンコ、カンテ・フラメンコがこれにあたり、歌い手の男女を問わずガラガラ声で力強

く歌い上げる。お隣の韓国の唱劇のパンソリ、モンゴルの「一人二重唱」と称されるホーミーの低音部でも濁った声を用いる。最近の例ではポピュラー音楽で破滅型のヘヴィメタルの一種、デスメタルで多用される「デスヴォイス」もこの種の発声に分けられる。

　浪曲、演歌、カンテ・フラメンコ、パンソリはいずれも苦労の多い人生を歩んだ人物像が歌われることが多く、そうした生活感情と声質が重ね合わされている部分がある。パンソリの歌い手を目指す人も民謡、とりわけパンソリの修業の場として知られる智異山（チリ）の滝の轟音に伍して声を出して鍛えるというが、そのプロセスで独特のかすれ声になる。デスヴォイスも屈折したネガティヴな感情を表現する際に用いられるため、「あえて美しくない声を用いている」という理解が成り立つであろう。しかしいずれにしても、そうした個性のある声が、澄んだ声には決して表現し得ない感情の襞のようなものをすくい取っているから、おもしろみも増すのではないだろうか。

　一方、これらと異なるのがホーミーであろう。ホーミーはモンゴルだけでなく、アルタイ山脈周辺民族にみられる喉歌の一種で、呼び名も地域によって異なっている。その起源について正確なことはわかっていないが、自然の音をまねて描写しようとしたとも言われ、アニミズムやシャーマニズムとの結びつきが考えられている。また近年では、家畜の授乳を促進させるための音楽の一つとしての側面も知られるようになった。

　ホーミーではバグパイプの持続低音であるドローンのように一定の低い基音を出しながら、その周波数の整数倍の周波数の音、すなわち倍音の共鳴音（高いほう）を響かせる。低い基音が濁っただみ声なのである。発声に際しては、喉を緊張させ、同時に腹筋や首、顎に力を入れて口はやや横に開き、舌の先を軟口蓋の奥のほうに伸ばし、舌によって口腔の空間を二つに分ける。こうして喉を詰めた声を出して共鳴させると倍音が繊細な口笛のような響きできこえる。周波数が低いほうが倍音を多く含むため、一般に男性のほうがホーミーは向いているとされている。

　極めて特殊な発声法ではあるが、自然との関わりの中で生まれてきたと考えられていることから、基音のだみ声は苦しい生活感情やネガティヴな

感情とは関係がないと考えることができる。大橋力らの科学的な研究により、ホーミーには人の耳の可聴域を超える超高周波音が含まれ、これが基幹脳の血流を促進し、人がリラックスしている状態を示す脳波である α 波を出させ、免疫活性を上昇させたり、心身を癒したりする効果（ハイパーソニック・エフェクト）をもたらすことが確認されている。（大橋 2003）

「悪声」と評されるだみ声が生み出した驚異の二重唱は意外な効果さえ生んでいるが、この例は少し特殊としても、人は清澄なものだけに魅力を感じるわけではないことがわかる。日本の音楽で出会うことのできるいくつもの濁った個性のある声もまた、人の心を捉えるツールなのである。

第2節　声をめぐる文化、歌の場

声を出すこと、声をめぐる嗜好を論じたところで、実際に声がどのように使われているかを見ていくことにしよう。言葉にわずかに抑揚とリズムをつけただけのシンプルな形から、声のもつ独特の力を生かして宗教や儀礼に取り込まれるケース、声のパフォーマンスが集積された芝居まで、古今東西、声のあらゆる音楽的な可能性が追求されてきた。そのいくつかを取り上げる。

語り・唱えから唄・歌へ

古代や中世からの音楽や芸能が比較的もとの形を保って伝承されてきた日本では、中世の語りもの音楽である「平家」が現代にまで受け継がれてきた。中世以来、「平家」の名で呼ばれ、今日でも伝承者はこの名で呼び習わすこのジャンルは、平曲や平家琵琶の名でも知られているが、残念ながら伝承者はごくわずかで、この貴重な芸能が残り得るのか、見通しは明るいとは言えない。

12世紀末ないし13世紀に成立したとみられる平家は、源平の合戦で滅

2-2.1　尾崎家本《平家正節》小秘事〈祇園精舎〉冒頭と 2-3 頁
（写真提供：一般社団法人荻野検校顕彰会）

びた平氏一族の鎮魂を目的として語られるようになったもので、仏教の布教も兼ねていたと考えられている。『徒然草』によれば、天台座主慈鎮のもとで信濃前司行長が平家物語を作り、東国生まれの盲目の僧、生仏に語らせたのが始まりとされる。それ以前から宗教行為として読経と琵琶を結びつけた盲僧琵琶があったが、その技術を受け継いだのが平家である。平家自体は『平家物語』という長大な軍記物語の弾き語りであり、宗教音楽ではないが、その旋律型には「講式」と呼ばれる声明との関連性が指摘され、また、『平家物語』の文言にも宗教的な意味合いをもつものが含まれるなど、先行の盲僧琵琶の影響が感じられる。鎌倉時代以降も、南北朝時代、室町時代にかけて流行した平家は後発のさまざまな音楽や芸能に大きな影響を与える存在となった。

18世紀後半に楽譜にあたる譜本《平家正節》(2-2.1)が編纂され、詞章の右に「墨譜」と呼ばれる記号をつけることによって音楽的な要素が示されている。平家では『平家物語』の区切りのよい箇所を章のようなまとまりとして区切って演奏する。その音楽は、声と琵琶のパートで成り立ち、琵琶は声のパートの合いの手として演奏され、また前奏、間奏、後奏の形で器楽としてまとまった部分を奏するため、声と重なることはない。声のパートは、本来の語りに近い節をもたない部分、語りと歌の中間とも言える朗誦的な部分、一文字の母音を引き延ばして複数の音をあてるメリスマ的な声の技法を聴かせる詠唱的な部分の三つから成り立っている。これらを分析すると、平家の影響が指摘されている声明の講式や経典の内容をわかりやすく節づけした説教と似通った部分を見ることができる。実際に聴いてみると、淡々と語る箇所、基音とその4度上の音の間を往き来しながら比較的単調に歌う箇所、そして声の技法を聴かせる箇所と、一つの文章の中でも語りの言葉が音楽化していく様子をたどるようで興味深い。

説教と関連のある芸能が、義太夫節を語りとして用いる文楽に代表される人形浄瑠璃である。義太夫では太棹三味線が使われるが、そもそも三味線は平家琵琶を引き継ぐ形で近世に定着するようになった楽器で、ここにも平家との関わりをみることができる。

文楽で用いられる義太夫は、楽器を伴奏にストーリーを語り聴かせるこ

とが主眼だった平家と異なり、言葉を発しない人形による芝居の音響的な部分を一手に担っている。初期の比較的シンプルだった人形芝居の頃には三味線も太棹ではなく、演奏技法も単純だったと考えられているが、人形が人に近い大きさをもち、リアリティを追求する三人遣いになると、舞台機構も複雑になり、それに伴い、三味線も大型化して豊かな音量を発するようになる。太夫の声も繊細な表現から豪胆な人物像までを受け持つようになり、口もとだけでなく、顔全体、さらには上半身までも動員した誇張された感情表現が取り込まれた。義太夫は「情を語る」としばしば形容されるが、人間の情だけでなく、情景をも含めての意味合いであり、その表現の幅は広い。後述するように、言葉のままであるナレーションやセリフと、旋律がついている部分を繋ぐ仕組みがあり、やはり言葉が音楽へと移行するように組み立てられているのである。文楽とその音楽である義太夫については「第2章第3節　総合的パフォーマンスとしての歌芝居」で詳しくみる。

祈りの声

　1990年代の前半、スペインでシロス修道院のグレゴリオ聖歌2枚組CDがヒットチャートのトップに躍り出て、それから数か月の間で25万枚を売り上げるという珍しい出来事があった。この現象が世界的に飛び火して、同種のディスクの売れ行きが世界中で絶好調になったというが、突然売れ始めた理由はともかく、それ以前からグレゴリオ聖歌には「癒し効果」があるとされてじわじわと人気を集めていた。この出来事もその延長線上にあると考えてよいだろう。

　「癒しの音楽」ブーム以前から日本の声明も宗教的な場を離れたところで広く聴かれるようになっている。そのきっかけとなったのが国立劇場が開場した1966年に声明公演を始めたことである。宗教的儀礼の音楽をその場から切り離すこのようなスタイルで音楽だけを鑑賞することについては批判的な眼差しを向ける人もいないわけではないが、キリスト教の音楽を非キリスト教圏の日本のコンサートホールで鑑賞するのと同じように、声明も盛んに非仏教圏の国々での公演を行い、音楽芸術として鑑賞される

ようになっている。

　多くの宗教・信仰において祈りは音楽と結びついている。「音楽」と言うにはやや素朴だが、音楽に近い抑揚とリズムをもって祈りが唱えられるというケースもある。しかもその祈りは、場合によっては祈っている本人や聴いている人びとが意味を理解していないことすらある。カトリックにおけるラテン語や、仏教の梵語（サンスクリット語）や漢語は、教養のない人びとにとってはまさに「唱えごと」だったに違いない。それが神秘的に響き、天上の世界へと人の精神を誘うのは、そうした言葉が音の衣をまとったからではないだろうか。

　おそらく祈りの言葉は人の歴史の早い段階で音楽と結びついたと考えることができる。人が生きていく中で、人の叡智の及ばない自然の摂理があり、その摂理の前で人は感謝し、乞い願い、畏れるしかなかった。なんとかよい方向に進むようにと人びとは集まって祈りの声を合わせ祭祀を行った。超越した存在（たとえば神）と交流する、すなわち神がかる——トランスに入ることを目指して祈りは音楽に近づき、時に身体動作をも伴った。こうした現象の例は第1章1節の終わりでも触れたが、おそらく世界各地で見られたことだろう。

　宗教儀礼の中に音楽を積極的に取り込んだのはキリスト教である。旧約聖書の、たとえば詩編を読むと、さまざまな楽器を用い、声高らかに（音楽的に）神を賛美せよと繰り返し命じている。一方、これと対極的な姿勢をとるのがイスラームと言われる。イスラームは概して音楽に対して否定的であるとされるからだ。このことはイスラームの聖典であるコーランの中に直接的に書かれているわけではないが、ムハンマドに啓示が下る以前、すなわちイスラームが成立する以前の吟遊詩人でシャーマン的行為も行ったとみられる広義の音楽家を非難する箇所はあり、ここに理由を求めることができるかもしれない。

　音楽を排除しているとされるイスラームではあるが、日に5回の祈りの時間を告げる呼びかけのアザーン（adhān、azān）は芸術的に訓練された声によるもので、単なる呼びかけ以上の声のテクニックが駆使されている。アザーンは礼拝前に行われるため、いくらか音楽的になることが許容

されたとも言えるが、礼拝中では表現はぐっと地味になる。もう一つの声の芸術は、礼拝中のコーランの朗誦のキラーア qirā'ah である。そもそもコーランは「読まれるべきもの」「声に出して朗誦されるべきもの」と位置づけられており、朗誦が必須とされてきた。イスラーム圏でコーラン学校があり、コーランの朗誦大会が開かれたりするのは、こうした背景に基づいている。

　モスクの丸天井に響くキラーアは、西洋音楽で用いる半音より狭い音程である微分音や自由リズムが用いられることもあって、極めて幻想的なものである。アザーンほど声の技巧が用いられないが、異界へと誘(いざな)われる声であることには違いない。キラーアにはさまざまな流派があるが、宗教者たちはより音楽的な旋法を使用せず、旋律的な朗誦になることを常に避け、朗読調になるように指導している。このことはアザーンでも同じである。裏を返せば、キラーアはそれほど音楽に近づきやすいものであるとも言える。「聖典を読む」行為が音楽に近づくことを警戒するばかりでなく、世俗の音楽さえも忌避しようとする宗教学者さえいるが、それは音楽がどれほど人の心を捉えるかをよくわかっているからこその態度であろう。

嘆きと歌

　死者との別れの儀礼は、地域性や民族性が表面に出やすい機会である。このことは、自分とゆかりのない地方の葬儀に出てみるとわかりやすい。直接に宗教的な儀礼ではない部分で、そこの人びとが守り継いできたこだわりが見えてくるのである。

　大事故や災害で家族を失った外国の人びとの様子がニュースで伝えられた際に、大声をあげて泣き叫ぶ様子が映し出されることがあるが、このように悲しみを表面化させることは多くの日本人にとって異質に感じられることの一つだろう。

　「泣き歌」は表面化した悲しみが音楽的な形に昇華したものである。日本本土ではあまり馴染みのない習慣だが、南西諸島（大隅諸島、トカラ列島、奄美群島、沖縄諸島、宮古列島、大東諸島、八重山列島）にはこの風習が豊かにあったことを酒井正子の著作は伝えている。「遺体を前にし

た突発的、一回的な行為であり、近親者以外は耳にする機会がほとんどない。さらには死のケガレと直結したタブー性ゆえに、記録はきわめてむずかしい」（酒井 2005, 10）ため、この種の音楽の研究は困難であり、稀少でもある。筆者自身は泣き歌を実際に聴いたことはなく、中欧や東欧の限られた録音や映像を通して知っているにすぎないが、人に聴かせるのでなく、死者に歌いかけるそれは当然ながら日常的な歌とはかなり様相が異なっている。しゃくりあげながら泣き歌ううちに気持ちがいっそう高揚し、自分を置いて先立った死者を恨むような言葉が出てくることさえある。しかし、感情的なようでありながら、それは明らかに話し言葉とは異なるリズムや抑揚で彩られ、単なる語りかけではない。筆者の聴いた例は、亡くなったばかりの死者に歌いかける泣き歌ではなく、死者を送り出してから年月が経ってお墓に向かって泣き語るものであった。幾度となく泣き歌ったことによって定型化したとも考えられるが、音楽的な形にしようとすることで感情がいくらかコントロールされ、語るべき内容も整理され、それにより長く歌いかけることが可能になっているように感じられた。限られたメディアによる限られた数の例をもって一般化することはできないが、嘆きの声を音楽化することのある種の効用の一つがここに垣間見える。一方で、亡くなったばかりの人に対する慟哭は突発的なものであり、自由度が高いとされている。

　人が自宅で亡くなることが滅多になくなり、管理された病院で最期の時を迎え、葬儀から火葬までが業者の手に委ねられて進行する現代の弔いのスタイルにおいては、感情が表現される場も限られ、思いのたけを声に出し、言葉にして発するのは難しいかもしれない。南西諸島に限らず、世界のさまざまな土地で死者に歌いかけてきた習慣も少しずつ形を変えていくのであろうか。

オノマトペから唱歌へ

　日本語は擬音語、擬声語が豊かな言語とされる。世界のあらゆる言葉の中でそれらが最も多いとさえ言われる。ギリシャ語に由来する「オノマトペ」という言葉でも知られるが、擬音語、擬声語は日本語の言語感覚と

強く結びついており、これ抜きに日常的に話すことは難しいだろう。擬音語、擬声語はある特定の音を聞き做し、言語化したものであるが、この「音を言語化する」ことを日本では楽器のリズムや旋律を記憶し、伝える手段に結びつけた。日本語のもつ言語感覚を巧みに応用したと考えることができる。このことを唱歌と呼んでいる。同じ字を「しょうか」と読む言葉のほうが今では一般的に知られるようになっているが、こちらは明治以降に小学校の教育用に作られた歌の曲を指している。唱歌は平安時代には「さうが」として使われていた（ここでは「唱歌」は「しょうが」の意味で用いる）。唱歌は雅楽で用いられるようになって以降、太鼓や三味線など、時代やジャンルを超えて広く応用されてきた。呼び名は「口太鼓」、「口三味線」と変わるが、いずれにしても、楽器音に言葉の音（文字）をあてて歌って覚え、伝える方法である。雅楽の笙の場合には楽器音というよりは記譜の文字そのものを唱えるが、多くの楽器ではその楽器音を擬音的に唱えるものであり、日常的に音を言語化してきた日本語では使用者が実感をもちやすく、非常に有効な方法である。

　音を言語化した声でありながら楽器をイメージし、伝承もする役割を担ってきた唱歌は人の肉体から発する声と物質である楽器を直接的に結びつける存在で、実はさまざまな形で、しかも日本以外の地域でも現在まで受け継がれている。これについては「第4章第2節　音楽の伝承——それぞれの事情を映し出す音楽の伝え方」の中の「音楽の身体化——唱えて覚える音楽」で詳しく触れることにしよう。

第3節　総合的パフォーマンスとしての歌芝居

　ここまで声そのものとその意味や好み、声によって生まれる歌の場について考察してきた。さらに声は演劇的なものと結びつくことによって歌芝居を構成する。第3節ではそれぞれ独特な性格をもつ声が総合的パフォー

マンスの中で担う役割に注目し、韓国のパンソリ、日本の文楽、西欧のオペラについて論じたい。

韓国の芸能の声とパンソリ

　日本の隣国でありながら韓国はとくに感性の面で違いを感じさせる国である。とりわけ音楽においてそのような点が目立つが、リズム面と音色面に韓国らしい特徴がよく現れる。ここでは声の音色、すなわち声色、声音に焦点をあててみよう。

　日本における韓国音楽研究の草分けとも言える草野妙子の著書に、全羅道民謡が以下のような表現で説明されている。

　「全羅道の民謡は一般に低く太い声で歌われ、やわらかくも抑揚の幅が激しく、劇的な優美さがある」（草野 1984, 130-1）。

　「やわらかい」と「抑揚の幅が激しい」、「劇的」と「優美さ」、と矛盾するような形容が並んでいるが、韓国の音楽をいくらか聴いている人であれば思いあたる特徴ではないかと思う。静と動、穏やかさと激しさという両極的な面が同居し、互いを引き立てながら、劇的な表情に丸みを加えているのが韓国の音楽だと思うが、このような特質は声、あるいはその声を使ったさまざまな芸能の中にも典型的に現れてくる。

　たとえば、日本でおそらく最もよく知られているであろう民謡《アリラン》は、実際には北朝鮮地域も含め、朝鮮半島全体に多種多様な曲があって一つではないのだが、知名度の高いのは京畿道地方のものである。大らかな3拍子のこの曲を、合唱団や声楽家ではなく、一般の人びとが歌う際には、出だしの最下音はやや野太いどっしりとした声で発せられ、最後の音が延ばされる時には、その手前でヴィブラートのように揺らすというような歌い方がしばしばなされる。そこに一定した音を見出すことは難しく、一つの音であっても膨らまされたり波打ったり、部分的に艶やざらつきが加えられたりし、常に表情を変えていく。そうした中に対照的な表現が隣り合っているのを見つけることはさほど難しいことではない。

　あるいは、今も韓国社会の中に生き続ける巫俗儀礼の「クッ」。信仰の形態でありながら一種のパフォーマンスとして成り立っている側面があ

り、それゆえにさまざまな韓国芸能のルーツをここに求めることができるとしばしば言われるが、この儀礼を取り仕切るムーダンと呼ばれる巫女の口を借りて、降りてきた神や死者の霊がお告げをしたり、メッセージを述べたりするというものである。この時、神や死者の霊の言葉は歌と語りの中間的なスタイルをとり、ムーダンは死者になり代わって演じたりもするため、パフォーマンス性が高くなるのである。この世の愛する者たちに向かって切々と訴え、嘆き、説得するムーダンの声には、先に述べた多様な表情が入り混じり、その場にあって一心に耳を傾ける人びとの心をぐいっと引きつける。ムーダンはまた人びとに娯楽を提供する存在でもあり、この語りの巧者の豊かな感情表現の類例は日本にはほとんど見出すことができないタイプのものであるが、これを崔吉城（チェキルソン）は「日常会話→説話→哭→ノップリ（託宣）→巫歌（音楽）の変化がかなり密接に、連続的に起こっている」ものと説明し、一つの連続した声の表現の在り様であることを示唆している（崔 2003, 107）。ムーダンがクッにおいて演じるという点は、唱劇と言われるパンソリに近い関係にあると言えようが、そのパンソリを詳しく見る前に、庶民たちのために演じられる芝居について少し触れておこう。

　村のマダン（広場）で演じられてきた芝居としては、かつての放浪芸人集団であった男寺党（ナムサダン）が担った人形劇、あるいは仮面劇が挙げられる。とりわけ仮面劇は三国時代（新羅、高句麗、百済）の書にも記載があるとされ、身分制度が徹底されていった朝鮮時代（1392〜1910）に広く流行したものである。伝統的なヒエラルキーの底辺に位置づけられた庶民が、支配層で特権階級である両班（ヤンバン）や僧侶などの愚かしいさまをからかって描き、いわば溜飲を下げる役割を果たしていたもので、「劇」と称しつつ、演じ、歌い、踊る総合的パフォーマンスと言えるジャンルである。地方ごとに特色ある仮面劇が伝承されており、黄海道の鳳山仮面劇（ポンサンタルチュム）、慶尚北道の河回別神グッ仮面劇（ビョルシンタルノリ／ハフェ）などが有名である。河回別神グッ仮面劇は名称に「クッ」の語が含まれていることから察せられるように、巫俗儀礼のクッと仮面劇が結びついた興味深い例で、先に述べたムーダンの娯楽的な側面がより顕著な形で現れたものと言えよう。いずれの場合も、身体動作を含め、大ら

かでエネルギッシュ、毒のある風刺が効いていながらも笑いのツボをはずさないという共通点が見られ、音楽の表情とはまた別の意味での両極的な面が現れているところが興味深い。

　庶民のほかに両班(ヤンバン)、僧侶、儒学者、芸妓にあたる妓生(キーセン)などのキャラクターが登場する仮面劇は、複数の演じ手がストーリーと役柄に応じて演じ分けるものであり、仮面や衣装によってもそのキャラクターの性格や属性が視覚化されるが、これと対照的な芝居がパンソリである。

　パンソリは一人の歌い手がプクと呼ばれる太鼓の伴奏だけで長編の物語を歌い語るもので、扇一つを手に動作を交えるものの、芝居としては究極の簡素なスタイルをとったものである。太鼓奏者はプクを打つだけでなく、チュイムセという名の合いの手を時に交え、ソリックンと呼ばれる歌い手も太鼓奏者とコミュニケーションをとるような形をとるため、実際には会話ではないものの、やりとりがなされているように見えることもある。とはいえ、ソリックンが物語の筋書と背景がわかるように語り、各登場人物のキャラクターとその置かれた状況や感情を的確に演じ分け、太鼓奏者だけでなく時に聴衆からのチュイムセを受けながらその反応を判断して展開させるのが基本であり、極めて高度な芸である。人心をつかむための高度な技を身につける難しさは、イム・グォンテク監督の映画『風の丘を越えて　西便制(ソビョンジェ)』(1993年)の中に描き出されている。

　ソリックンは叙述的な語りのアニリ、歌のチャン、身ぶりのノルムセを使い分けながら長大な話を演じていた。現在も伝えられているのは《春香(チュニャンヂョン)歌》など五つの演目だが、通して演じるとそれぞれが7〜8時間もかかるとされ、現在ではいくつかの場面を抜粋して上演するのが一般的になっている。この唱劇のルーツははっきりとはしないが、巫俗のクッと関わりがあるとみられている。ソリックンの名人が世襲のムーダンの家系から輩出したこともその根拠の一つとなっているが、何よりもムーダンの語りと歌と「演技」がパフォーマンスとして人びとに親しまれてきたものであり、その発声がパンソリに通じる点が証左と言えるだろう。

　第2章第1節「濁った声への執着」にも記したが、パンソリの歌い手の声の鍛え方は独特であり、また過酷でもある。滝の轟音に伍して声を張

り上げ、喉から出血するのも厭わないという。実際、これは声帯を傷める行為にほかならないのだが、そうして得られるのが胸を締めつけられるような鬼気迫る、ハスキーで少し太いソリックン独特の声なのである。その声は人の情にまつわる面を表現するためだけのものとも言い切れないように思う。

　パンソリのパンは「場」という意味だが、固定した場所というよりは、何かが起こって展開する場といった意味合いをもつ。ソリは「歌」というよりは「音」、「声音」のニュアンスをもつ言葉で、それは人の声音のみを指すのではなく、自然界の音のすべてが含まれるものだという。《春香歌》の〈獄中歌〉ではさまざまな年齢・性別の幽霊の声、ふくろうの声を歌い分ける部分があるが、こうした側面があるからこそソリなのであり、ソリという名称で呼ばない他の歌曲との違いがここにあるように思われる。

　歌い手と太鼓奏者が一人ずつというシンプル極まりないこの芸能は、巫俗に由来すると考えられているものの、それが発展していくにしたがい、パンソリの各曲の中に歌われた庶民たちのみならず、幅広い階層に受け入れられるようになっていった。19世紀には裕福な薬房の息子である申在孝（シンジェヒョ）がパンソリを取りまとめ、パトロンともなったこともあり、上流階級の関心を呼ぶようにもなった。儒教的な教訓が盛り込まれた説話や、中国の故事が読み込まれたのがその表れと言えようが、庶民と特権階級の双方の心を捉えるほど、名人とされたソリックンが登場し、その巧みさがパンソリを芸術として昇華させたとみなすこともできるだろう。

　映画『風の丘を越えて　西便制』は、いっとき人びとの関心が薄れていたパンソリへの興味を掘り起こし、一種の「パンソリ・ルネサンス」がもたらされたという。シンプルゆえに奥深いソリックンの芸は、苦境を乗り越える人への時代を超えた共感を呼び起こすことに成功している。

文楽――人形のリアリティと語りの非現実の結びつき
　「人形劇」という言葉から連想される子ども向けのメルヘンな世界と縁遠いのが日本の人形浄瑠璃、とりわけその中の一派で代表的な存在の文楽ではないだろうか。生身の人間以上に人間らしいと形容される人形による

芝居は、実際の人とそうたいして違わない大きさの人形を、大の大人が三人がかりで遣うという、世界的に見ても極めて珍しい上演形態を有している。「出遣い」の際には首と右手を遣う主遣いが顔を見せているのに（場合によっては左手を遣う左遣い、足担当の足遣いも顔を見せることがある）、観ているうちに人形遣いの存在を忘れて人形だけが見えてくるから不思議だ。動作はリアルでありながら、人間では表現し得ない独特の情感が体温をもたない人形から発せられる。文楽では太夫、三味線、人形遣いを三業と呼び、それぞれの技がぶつかり合いながら調和することを三業一体というが、それが達成された瞬間、人形遣いの姿は観客の視界から消えるのである。文楽以外にも各地に残る人形浄瑠璃と合わせて、これほど芸術性の高い人形劇は世界でもほかにないだろう。

そもそも「浄瑠璃」とは、民間の説話も取り入れながら15世紀に成立した浄瑠璃姫の悲恋の物語が起源で、これをもとに生まれた多様な語り物の演目の総称である。これが、西宮（兵庫県）を拠点としていた操り人形の語りとなって、身体表現を伴う演劇となった。伝来からまだ日の浅い三味線が慶長年間（1596～1615）にこれと結びつくことで音楽表現の幅を広げ、1684年に竹本義太夫が大坂の道頓堀に人形浄瑠璃の竹本座を興したのがこのジャンルの始まりである。こうした経緯からもわかるように、文楽に代表される人形浄瑠璃の本場は大阪であり、太夫の言葉遣いも基本的に大阪アクセントである。出し物の多くは江戸時代の上方の人間模様を描いたものであり、大阪言葉特有の、角がとれて、かつエネルギッシュな口跡の語りだからこそ、それらしくきこえるのである。

筆者が文楽を見始めて日が浅い頃、大阪道頓堀にあった朝日座で近松門左衛門の《心中宵庚申》（2-3.1、2-3.2）を観たことがあった。昔の芝居小屋の色合いを濃厚に残した朝日座の庶民的な雰囲気が新鮮に感じられたが、何よりも東京の国立劇場小劇場との違いを感じたのは観客の向き合い方であった。東京では、イヤホンガイドを利用するほか、プログラムに挟んで売られている床本集（その公演で太夫が語る文言だけが印刷されたパンフレット）を見ながら観劇する人が多く、しっかりと「観る」色彩が強いのに対し、朝日座の観客は芝居を楽しみに来たという風情が感じられ

2-3.1 《心中宵庚申》道行思ひの短夜（みちゆきおもいのみじかよ）。お千代：3代目吉田簑助、八百屋半兵衛：3代目桐竹勘十郎、平成20年5月公演、国立劇場小劇場（写真提供：国立劇場）

2-3.2 《心中宵庚申》道行思ひの短夜。舞台上手「床」。道行などではこのように複数の太夫、三味線弾きが合奏することがある　平成20年5月公演、国立劇場小劇場（写真提供：国立劇場）

た。《心中宵庚申》は、八百屋の養子である半兵衛と、姑に気に入られずに離縁された女房のお千代が、添い遂げることができないことを悲観して、宵庚申の夜に心中するというストーリーなのだが、この時お千代は妊娠しており、いよいよ心中という段になってお腹の子の供養をしたいと涙を流す。この場面に来た時、隣に座っていた身重の女性客がさめざめと泣いているのに気づいた。見ればまわりの多くの女性客が舞台にすっかり入り込んで涙を流しているではないか。さらに驚いたのは、〈道行思ひの短夜〉という心中の場面が終わり休憩に入ると、先ほどまで涙を流していた観客が「ほな、お茶でも飲みまひょか」とあっけらかんとした表情に戻っていることだった。演じられるいっときだけ舞台に身を委ね、いにしえの物語に思いを重ねることができるのは、大阪の言葉で語られる大阪生まれの芝居ならではだろう。濃密な関わりと芝居の楽しみ方を垣間見たような気がしたものである。

　リアリティにこだわる人形に対して、文楽の音楽である義太夫は情景描写やナレーションにあたる部分と登場人物たちの会話を、にぎやかな景事や道行の場面を除いたほとんどの場合、一人の太夫が三味線一人を伴った切り詰めた人数で語り分けることになる。

　義太夫の語り手である太夫と三味線弾きは舞台の向かって右側（上手）の「床」と呼ばれる場所で演奏する（2-3.3）。通常は一人が曲の一段ずつを分担して演奏し、終わると床を回転させて引っ込むと同時に、次の段の太夫と三味線が登場する仕掛けになっている。すべての音楽が舞台上で奏でられる歌舞伎と違い、文楽では舞台からはみ出た形の床から言葉や音がきこえてくるわけだが、慣れてくると音が舞台上の人形と一体化し、観客は劇の世界に引き込まれていく。太夫の声はいわゆる「しおから声」で、この渋い声で娘も演じるのに、ちゃんと娘にきこえる不思議さがある。太夫と三味線と人形の三業の中では太夫が格上という暗黙の了解事項がある。これは「見せる」よりもまず「聴かせる」ことが優位であることを示している。文楽ではしばしば歌舞伎と共通のストーリーが演じられるが、歌舞伎に比べて通俗性に徹し得ない面があるのは、こうした関係性が生み出す独特のストイックな雰囲気のせいでもあろう。

その語りである義太夫を詳しく見てみよう。

義太夫では登場人物たちのセリフを語り分ける部分は詞(ことば)と呼ばれ、写実的である。旋律をつけず、一字一音でテンポよくさくさくと進むため、聴き取りやすい部分である。詞の中にも三味線を伴わない「詞」と、三味線にリズミカルに乗る「詞ノリ」などがある。

一方、旋律を伴って歌う部分は地(じ)、または地合(じあ)いと呼ばれる。この地の中には、義太夫独自に作られた旋律である「地」と、先行芸能や他の浄瑠璃、民謡や俗謡などから旋律を借用した「節(ふし)」などがあり、三味線を伴って旋律の美しさを聴かせる場所であるため、一字多音であることが多い。

特徴的なのは色(いろ)と呼ばれる部分で、西洋音楽のレチタティーヴォという叙唱のように、言葉の抑揚を強調しながら、特定の音高はもたずに大きな抑揚をつけるようにして語り歌う、いわば中間的な表現で、詞に比べれば旋律がかっているし、地にしては旋律的でない部分である。これが地と詞の橋渡しのような役割を果たすことで、義太夫の表現を柔軟で自然なものとしている。

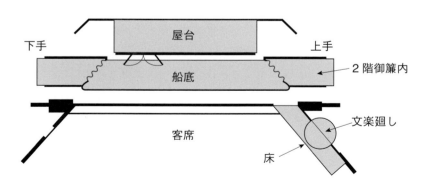

2-3.3　舞台平面図
屋台にセットが組まれ、人形遣いは船底で人形を操る。そのため船底は舞台より低くなっている。義太夫節は上手の床で語られる

太夫はこのような部分を語るに際して、言葉の発音や発声といった声そのものの使い方、登場人物のキャラクターや心情、場面に応じての語り分け、それらを巧みに移行させながらトータルに成り立たせる術を駆使しなくてはならないが、それらすべては「音遣い」と総称される。音遣いには個人差があり、それが太夫ごとの個性となり、また独特の味わいへと繋がるのである。
　感情表現という意味では、非常に繊細な部分もあれば、笑い、泣きはむしろ誇張され、口だけでなく顔全体で語られ、さらには上半身の動きまで伴うこともある。たった一人の太夫が長い物語を語り歌いながら単調さに陥ることなくドラマを支えることができるのは、こうしたメリハリがつけられているからであろう。
　身分や立場の違い、老若男女を演じ分け、その時々の心情を表す——さまざまに登場する個性、あるいは事情のあるキャラクターを、こうした表現の型を駆使しながら表情豊かに、場の雰囲気を作りながら太夫は語っていくが、人形に視線をやる観客にはこれが人形から発せられる声として受けとめられる必要があり、同じストーリーを語るといっても、一段と高度な技術を求められるところであろう。叙情的な歌が登場してくることもままあり、縦横かつ繊細に音色とテンポとリズムを弾き分ける太棹三味線も加わって、義太夫は演劇的要素と音楽的要素の両面を兼ね備え、音楽的にも一段と複雑さを増した声の芸術として絶大な人気を博したのである。その人気の高さは、人形浄瑠璃でヒットした作品を、人気に陰りの出ていた歌舞伎にそっくり取り込んだことで歌舞伎が息を吹き返したという18世紀中頃のエピソードからも理解できるだろう。
　文楽は人形浄瑠璃芝居のいわば正統的代表とされているが、日本各地に民俗芸能としての人形浄瑠璃が残されている。人形が三人遣いでなく一人であるものもあり、文楽より素朴な表現であったりするが、それらの存在はもの言わぬ人形を人の語りによって演じさせるという形態の人形芝居が幅広く愛好されたことの証左である。　　　　　　　　　　［横井雅子］

歌い演じる声を楽しむ——オペラの醍醐味

　ドイツの映画監督ヴェルナー・ヘルツォークの代表作に『フィツカラルド』（1982年）という、オペラにちなんだ映画がある。舞台は19世紀末の南米で、ほとんど無一文の主人公はテノール歌手として歴史的に有名なエンリコ・カルーソーの歌声に感激して、オペラハウスの建築を夢みる。その資金を稼ぐため、アマゾン川奥地にゴム園を作ろうと、何百トンもの巨大な船を山越えさせてしまう暴挙をなしとげる。そのあと、神を恐れた先住民が船を主人公もろとも川に流してしまったことから、オペラハウスの夢は儚く消え去るが、最後に船を売って得たお金でオペラの一座を雇い、一夜限りの船上オペラに酔いしれる。究極の夢想家による究極の妄想というべきストーリーだが、オペラ愛好家なら、この主人公の常軌を逸した行動を一笑に付すことはできまい。人びとは何よりオペラ歌手の発する声の快楽に魅せられて、劇場に通うのである。

　オペラはヨーロッパ発祥の歌芝居の代表格である。その本質は、現実ではないと認識しながらも、いつのまにか現実だと信じ込ませ、人びとを擬似体験へと差し向けることにある。ミシェル・ポワザはプッチーニの《蝶々夫人》の最終幕、ヒロインを演じるマリア・カラスの歌う〈ある晴れた日に〉に涙を流すのは、その直後に彼女が自害することを歌詞から理解するためではなく、その声に圧倒され、その物質的な衝動に本能が反応するからであることに触れている（Poizat 1992, 31-2）。つまり、疑似体験を引き起こすための唯一無二の武器は声なのである。20世紀初頭に活躍したウィーンの作曲家アルバン・ベルクも、オペラを「他のあらゆるものの中でも最も人間の声に仕え、人間の声にふさわしい権利をもたらすことを運命づけられた音楽形式」と呼んでいる（Berg 1937, 252-4）。

　それでは、焦点となる「オペラにおける声」はどのような声なのだろうか。初めてオペラに接した人は、普段の話し声とも長唄や浄瑠璃での唄い声とも異なる独特の発声に驚かされるに違いない。歌手たちは胸式呼吸ではなく、横隔膜を上げ下げする腹式呼吸で声を出す。ものすごく高い音域で装飾的なメロディを歌ったり、客席の大空間に響き渡る肉厚の音声を放ったり、腹式呼吸をすることによって、声の威力を最大限、引き出すの

である。

　声の技法、すなわち歌唱法は時代や国によって変化してきた。そもそもオペラの始まりは 16 世紀末のイタリアにさかのぼる。バロック時代の胎動が始まった頃、フィレンツェの貴族が芸術家や学者らによるカメラータという集まりを作り、古代ギリシャの演劇を復興しようという運動を巻き起こした。彼らが古代の悲劇ではおそらく台詞(せりふ)を歌い、その間に心理状態や状況を説明する合唱が入ったのだろうと考えたことから、「歌う演劇」としてのオペラが誕生したのである。現存する最古のオペラは 1600 年のヤコポ・ペーリとジュリオ・カッチーニの《エウリディーチェ》であり、1607 年には今日でも上演されるクラウディオ・モンテヴェルディの《オルフェオ》が作曲されている。

　当時、イタリアで生まれた伝統的な歌唱法がベル・カント唱法である。ベル・カントとはイタリア語で「美しい歌」の意味。どの音域でも同質の美しい声を出すことができ、息を整えることによって滑らかな表現が可能になり、華やかな技巧的フレーズを自在に歌いこなす歌唱法である。本来、カストラートの歌唱法を指していた言葉を語源とする。カストラートとは変声期より前に去勢することにより、高音域の声を残している男性高音歌手のことである。ベルギーの映画監督ジェラール・コルビオの映画『カストラート』の主人公として描かれた通称ファリネッリは、18 世紀に実在したカルロ・ブロスキという歌手で、彼の声は 3 オクターブ半をカバーしたと伝えられている。現代ではカウンターテナーと呼ばれる男性高音歌手がいて、裏声で高い音域のメロディを歌うが、カストラートは裏声ではないので、声の質はまるで異なるものだったらしい。

　カストラートは 16 世紀から 20 世紀初頭まで存在していたが、最も活躍したのはバロック時代である。その歌声はヨーロッパ各地の宮廷で上演されるオペラになくてはならないものだったと言われる。カストラートはゲオルク・フリードリヒ・ヘンデルやアントニオ・ヴィヴァルディなどの当代一流の作曲家による歌劇に出演したが、オペラでの役柄は声の音域に該当する女性役に加えて、英雄などの男性役も歌っている。18 世紀にはテノールやバスといった低い声が下品で耳障りだとする価値観があって、オ

ペラでは女性でも男性でも中心人物は高い声で歌うのが良いとされた。

　実際、本来の性別と登場人物の性別を一致させることは求められていなかった。王侯貴族は大人の男性の厚い胸郭をもち、幅広い音域で輝かしい響きを放つことができるカストラートの声を「天使の歌声」と絶賛した。彼らは華麗な技法を駆使して装飾的な音型を歌う。その声を味わう楽しみは何ものにも代えがたかった。先に触れたファリネッリのほかにも、ポルポリーノやカッファレッリといったスーパースターが誕生している。しかし、フランス革命を経て、ナポレオンが去勢を旧体制の遺物として禁じたことにより、カストラートそのものが消えていき、作曲家たちも次第に高い声で技巧を凝らした装飾的な歌を書くことよりも、どれだけ情感を伝える歌が書けるかということに関心が移っていく。カストラートの歌唱法、すなわちベル・カント唱法はその後、台頭してきた女性歌手たちによって引き継がれて新たな段階を迎え、ジョアキーノ・ロッシーニ、ガエターノ・ドニゼッティ、ヴィンチェンツォ・ベッリーニらによる19世紀イタリアのプリ・マドンナ・オペラで、華やかな見せ場を提供することになった。こうして古典派、ロマン派のオペラではヒロインをソプラノのプリ・マドンナが、ヒロインの恋人や英雄、父親、恋敵などの役をテノールやバス、バリトンが歌うようになった。

　日本でも上演される機会の多いオペラの一つに、モーツァルトの《フィガロの結婚》がある（2-3.4、2-3.5）。伯爵家に仕える従僕フィガロが伯爵夫人の小間使いと結婚する1日を描いたオペラ・ブッファ（喜歌劇）の傑作である。封建的な初夜権を復活して、花嫁のスザンナを誘惑しようとする伯爵を懲らしめるため、伯爵夫人とスザンナ、フィガロが一計を案じるのだが、いたずらものの小姓が邪魔したり、フィガロがスザンナを疑ったりと入り組んだ筋書になっている。最後は伯爵が夫人に許しを乞い、夫人が愛をもって応えたのち、輝かしい喜びの合唱で幕となる。ここでは語りによる対話、レチタティーヴォ、アリア、重唱などを組み合わせながら、テンポよく物語が展開する。たとえば、スザンナと落ち合う約束を取りつけてほくそ笑んでいた伯爵が、フィガロに「勝ちよ」とささやいたスザンナの言葉をききつけて、めらめらと怒りを燃え上がらせるシーン。もしか

2-3.4 《フィガロの結婚》藤原歌劇団、2012年3月、東京文化会館
（写真提供：日本オペラ振興会、撮影：池上直哉）

2-3.5 ホールオペラ®公演「フィガロの結婚2008」より
（写真提供：サントリーホール、撮影：池上直哉）

したら騙されたのかという疑念をつぶやく部分はレチタティーヴォ、その
あと荒々しい音楽にのせて使用人への怒りを歌う部分はアリアとなる。レ
チタティーヴォは話すテンポで言葉を歌う叙唱的な部分で、短い中に多く
の情報を盛り込み、歌詞によって物語を先へと進めていく役割をもつ。ア
リアになると、一転してリズムもメロディも音楽的になり、声そのものを
楽しませる。このように、アリアや重唱に番号をふって、その間をレチタ
ティーヴォで結ぶ形式は「番号オペラ」と呼ばれている。

　《フィガロの結婚》では、敵役の伯爵はバリトン、スザンナと伯爵夫人
はソプラノ、主人公のフィガロはバスの歌手に割りあてられているが、伯
爵の小姓ケルビーノはメゾ・ソプラノ歌手が歌うことになっている。ケル
ビーノは思春期の少年という設定で〈恋とはどんなものかしら〉といった
初々しいカンツォーナを歌う。つまり、女性歌手が男性役を歌う、いわゆ
る「ズボン役」だ。カストラートの場合と同じく、実際の性別とは異なる
配役だが、ここでは声変わり前の少年ということで、じつはメゾ・ソプラ
ノの声域がテノールよりもイメージに近い。

　歌とドラマが一体化していく流れはモーツァルト以降、一段と大きく
なっていく。オペラに人間ドラマを求めたジュゼッペ・ヴェルディの歌劇
は一体化の頂点に位置づけられるだろう。たとえば晩年の《オテロ》を考
えてみよう。「番号オペラ」の形式を放棄し、ドラマと音楽が完全に一つ
となって、陰謀と嫉妬に翻弄される登場人物たちの心理を鮮明に描き出
す。猜疑心に苛まれるオテロの苦しみ、死の予感に震えるデズデモナの痛
切な〈柳の歌〉など、オーケストラの楽想に支えられた歌唱によって、登
場人物の情感が溢れ出し、怒涛のように押し寄せてくると、もはや冷静に
声の技巧を楽しむことなどできなくなってしまう。台詞や歌詞よりもはる
かに感情をストレートに伝えるのが、ヴェルディを演じる歌手の歌であ
り、声そのものなのである。

　ところで、400年を超えるオペラの歴史の中で、繰り返し議論されてき
たのが言葉と音楽をめぐる問題である。リヒャルト・シュトラウスは最後
のオペラ《カプリッチョ》で、「言葉が先か、音楽が先か」という問いを
テーマにしている。物語の舞台となっている1755年のパリは、ちょうど

フランス・オペラとイタリア・オペラの間で起こったブフォン論争の真っただ中にあった。当時、ジョヴァンニ・バッティスタ・ペルゴレージの《奥様女中》のパリ上演を受けて、哲学者のルソーが和声に重点を置いたジャン＝フィリップ・ラモーのオペラを不自然なものと断じたのである。この論争に端を発して、表現力が高いのはイタリア語かフランス語か、言葉の意味を忠実に伝えるのは語りかレチタティーヴォか、など、オペラにおける言葉と音楽の関わりは形を変えながらその後もずっと論じられていく。言葉で表現されるドラマが重要なのか、それとも歌とオーケストラによって表現される音楽が重要なのかを争ったグルック・ピッチンニ論争も、歴史上、有名である。

　1960年頃、作家で民族学者のミシェル・レリスは「かくも遠くに求めたもの」という短いエッセイで、オペラを「見世物としての要素と音楽と純粋なドラマとが観客の感情に訴えかけようと協働する、そんな演劇的表現」だと述べている（レリス 2014, 239-40）。根っからのオペラ愛好家だった彼はオペラに「祝祭的な雰囲気の中で味わう」純粋に美的な楽しみを見出した。これを痛烈に批判したのが文化人類学者のクロード・レヴィ＝ストロースである。歌手の声の質や所作、演出や舞台装置、筋の展開にもっぱら関心を向けているレリスを、「これほど瑣末なことにこれほどの重要性を与えた例はたぶんない」と切って捨てた上で、自分にとってのオペラは大きな冒険だと述べる。「私は一艘の船に乗り込む。マストや帆、ロープなどの代わりに艤装されているのは、この航海を目的地まで無事に導くために作曲家が必要とする楽器や声楽のパートである」。オペラは「地上の事物から遠く離れた、まるで大海原の真っただ中にいるような、音の世界に私を運んでくれる」。したがって自分の乗る船が、詩も音楽も台無しにしてしまう演出や装置の耐え難い重さで沈んでしまうことがわかっているから、「私はもうオペラ劇場には行かない」と断言する（レヴィ＝ストロース 2005, 127-8）。つまり、レヴィ＝ストロースにとって、オペラは音楽だけで十分だという話になる。オペラにおける演劇と音楽の優位性をめぐる二人の議論は、20世紀におけるグルック・ピッチンニ論争の再燃とも言えそうだ。

バロック時代から今日にいたるまで、オペラはリアリティを度外視した、非日常の世界を現出する歌芝居であった。音楽が先か、言葉（ドラマ）が先か。どちらにしてもオペラは歌い演じる声において実現される。20世紀後半には「歌い演じる声」そのものを解体する前衛的な試みまで登場したが、裏を返せば、オペラにおいて声の存在がいかに根源的なものであるかを示している。

　オペラを聴きながら声そのものの美しさや歌の技巧に酔いしれるのもいいし、声で演じられるドラマの悲劇性に涙するのもいい。ヘッドフォンだけで音楽を再生するのもいいし、ディスプレイで動画として見るのもいい。いずれにしても、そこでは発声や技巧の訓練を積んで鍛え上げられた歌手たちの、澄んだ響きをもつ声そのものが主役なのである。［白石美雪］

第 3 章　楽器

第1節　楽器の起源

　およそ打楽器奏者と呼ばれる人は、音の出そうなものをまずたたいてみるという。台所にあまたある道具も例外ではない。そして「これ！」と感じる音が得られると、その道具はすぐさま楽器として採用されることになる。

　つまり、楽器とは最初から音楽演奏用に製造されたものだけとは限らないのだ。結果的に音楽に用いられれば楽器と見なすことができるし、実際、そうして楽器に「昇格」したものもある。その一方で、普通は楽器と見なされるものが音楽的行為以外の場面で用いられ、別の意味をもった道具として意識されているケースもある。ここではまず、日常生活の中の道具と楽器の関わりをみてみよう。

暮らしの中の道具と「楽器」

　まずウォッシュボード（musical）washboard を例として挙げよう。要するに洗濯板で、ブリキ製の洗濯板を金属製の栓抜きや指ぬき、あるいは鋼線のブラシでこすったりたたいたりしてリズムを強調するものだ。ただし、もともとの洗濯板は木製で、鳴りをよくするために金属が用いられるようになったのだが、形状は洗濯板そのものだ。これにほかのこまごまとした鳴り物がつけられて「よろずリズム伴奏屋」のようになったものもある。20世紀前半にアメリカの大衆音楽で使われるようになったが、音が出るもので手っ取り早く伴奏をつけたかったという状況が思い浮かぶ。

　ウォッシュボードのおもしろいところは、もともと音を出すことを意図した道具でなかった点にある。そのような道具で洗濯板より身近なのがスプーンだ。たいていの家にあるものなので、その気になれば誰でも転用できる。2本のスプーンの丸い背どうしがぶつかるように組み合わせて柄の部分を握り、膝に打ちつけたり、もう一方の手で打って奏するが、これ

を敏速かつ軽やかに行うのは意外に難しい。アイリッシュ音楽でよく見かけるが、じつはいろいろな地域の人びとが使っているのは、やはり身近な道具だからだろう。トルコのコンヤからシリフケ地方周辺では、木製のスプーンのカシュク kasık を踊り手がもって軽やかにリズムを刻む舞踊カシュク・オユヌ kasık oyunu がよく知られている。

　今度は逆に楽器が音楽を奏でるのとは別の目的をもった道具として意識されている例を挙げたい。よく知られているのは、アフリカのトーキングドラム（太鼓言葉）である。人類学者の川田順造の研究により広く知られるところとなったトーキングドラムは、無文字社会を営む西アフリカの人

3-1.1　ビリンバウ（浜松市楽器博物館蔵）

3-1.2　カポエイラとビリンバウ（写真提供：CCJ カポエイラ協会）

第 1 節　楽器の起源　*81*

びとが歴史や伝承を伝え、遠隔地へのメッセージ伝達手段としても用いられてきた。張力を変えられるように皮を張った太鼓か、木を刳り抜いた音高の異なる二つの太鼓を使い、言葉の音高と韻律を表現することで成り立つ方法だ。もちろん、この方法を編み出した地域の人びとは太鼓を音楽的行為の中でも用いているので、トーキングドラムも楽器には違いないが、この時は音楽的行為をしているという意識は希薄であろう。

　このように、楽器の中には日常生活と深い関わりをもち、時に暮らしの道具が楽器として定着したものもある。その一例として、同じくアフリカに由来するビリンバウ berinbau をみてみよう（3-1.1）。ビリンバウはブラジルの格闘技カポエイラ（3-1.2）の伴奏に用いられる楽弓の一種である。そもそも格闘技に伴奏が入るところもユニークだ。楽弓とは狩猟用の弓の弦（つる）を転用した楽器で、古今さまざまな地域で見られる。ビリンバウはブラジルに奴隷として連れていかれたアフリカのアンゴラ周辺の人びとがもち込んだと考えられている。共鳴体として瓢箪がつけられ、弦（時に共鳴体）を棒で打つというじつにシンプルな楽器だが、今ではブラジルを象徴する楽器の一つに数えられるほど、当地では親しまれている。

音具と法器

　もともと音を出す意図で作られた道具は「楽器」と定義することができ

3-1.3　長崎市崇福寺の魚板

るが、その中で音楽的行為とは別の形で用いられるものを「音具」と呼ぶこともある。先に述べたビリンバウもブラジルでは「音具」である。もっと身近なところでは木魚、鐘などがこの「音具」にあたるが、こうした仏教系の鳴物は「法器」という別の呼び方もされる。誰もが知っているだろう木魚は割れ目を有するスリット・ドラムの一種と見なせるし、そのほか、金属のお椀型のりん、金剛鈴、法螺貝、鈸（一種のシンバル）などは比較的、目にする機会がある法器だ。音具や楽器という呼び方以外に法器という特別な表現があるのは、取りも直さず日常とは異なる、宗教儀式に用いる特別な道具だからだ。法器はこの種の音具だけでなく、仏教で用いるさまざまな用具を指す言葉で、そこにこれら音具も含まれている。音を出す以外の意味合いももたされているため、その名称や形、音について調べてみるととても興味深い。

　最も馴染み深い木魚をみてみよう。そもそも大型の鈴のような形をしたあの道具をなぜ木魚と呼ぶのだろうか。禅寺に行くと「魚板」と呼ばれる、文字どおり魚の形をした板を見かけることがある（3-1.3）。時刻を知らせるために存在するこの魚板は、魚が常に目を開いていることから、昼夜を問わず精進せよとの意味合いを込めているとされるが、次第に今の木魚の形をした道具が使われるようになったようだ。そして、時刻を知らせる役割から読経のリズムを整える役割へと移り変わっていった。

　このように、さまざまな営みの中で私たちは音を出す道具を使ってきた。それらは一種の楽器であるが、その用途に応じて音具、法器といった名前を与えられ、多様な意味合いを担ってきたことがわかる。

素材を通してみる楽器
　このように楽器は生活と密接な関係をもちながら作られ、発展してきた。したがって、楽器がどのような素材で作られているのかは、その楽器がどのような地域で生まれたのかと関わっている場合が少なくない。
　たとえば、東アジアでは絹は古くから生産され、私たちの生活に欠かせない素材として珍重されてきた。絹は布にすると薄く、耐久性の面で頼りなく感じられることもあるが、撚って弦にされたものには一定の耐久性が

あり、中国はもとより、その影響を強く受けた朝鮮半島、日本でも弦楽器には絹の弦が用いられてきた。絲と言えば絹弦を指すのはこうした背景によっている。興味深いことに、各弦楽器発祥の地である中国では耐久性があって価格も手ごろな金属弦や合成繊維の弦（ナイロンやポリエステル製）が開発されると次々に置き換えられたが、韓国や日本では多くのジャンルやその楽器で絹弦が使い続けられており、音色や感触などの点で依然として絹弦が優れていると見なされている。

一方、中央アジアから西アジア、ヨーロッパにかけては伝統的にガット弦が用いられてきた。通常、羊や山羊の腸を細く切って撚り合わせて作るもので、弦楽器だけではなく、テニスのラケットでもガット弦が用いられてきたので、この名称を知っている人は多いかもしれない。やはり耐久性の問題があり、また現代の広い空間での演奏を想定すると、合成繊維の弦のほうが適していることが多いであろうが、手に触れる感じや合成繊維の弦とは異なる音色、余韻など、西洋古楽器やギターなどで今もガット弦を愛好する演奏家は少なくない。これらの弦の素材は地域性でもあり、時代や文化圏とも関わっている。

日本の古代の響きを伝える雅楽の楽器の一つ、篳篥（ひちりき）（3-1.4）。近年は雅楽を飛び出してソロ楽器としても人気を博している。この蘆舌（ろぜつ）（リード）に使われてきたのは葦で、とりわけ宮内庁楽部など、雅楽演奏の第一人者たちが用いている楽器には大阪府高槻市の鵜殿と呼ばれる地域で採取される葦（ここではヨシと呼ばれている）がもっぱら使用されてきた。鵜殿の葦は繊維の密度が高いため、他の葦では得られない音色がもたらされるという。このヨシ原を横切る形で新名神高速道路が計画され、すでに着工されている。日本を代表する雅楽師たちを中心に、鵜殿のヨシ原保全を求める運動が展開されているが、千年以上保たれてきた悠久の響きの将来は現時点では見通せない。

地域性といっても、必ずしも自然体系や産業によってある特定の素材が楽器に用いられるようになることを意味するわけではない。独特の宗教観や価値観によって形作られる地域性もあり、そのことが楽器の素材の選択に結びつくケースもある。

3-1.4 篳篥

3-1.5 カンリン
(浜松市楽器博物館蔵)

3-1.6 ダマル
(中村とうようコレクション
武蔵野美術大学美術館・図書館蔵)

チベット仏教では人骨を用いた楽器が作られてきた。カンリン（3-1.5）と呼ばれる喇叭(ラッパ)の一種と、ダマル（3-1.6）と呼ばれる振り鼓である。カンリンには人の大腿骨が用いられるが、手の込んだものになると吹き口やベル（下端）の部分に銀などの金属の装飾的な覆いが施されて、中にはサンゴやトルコ石が嵌めてあることもあり、一見して人骨とは感じられないものもある。ダマルは人の頭蓋骨の頭頂部二つの湾曲した部分を金属で繋ぐので、このジョイント部が鼓のくびれのようになる。ジョイント部分はカンリン同様、装飾的に作られることも多く、ここに紐を繋ぎ、その先端に小さい球体を取りつける。くびれた部分をもって振ることでこの球体が皮面を打つ、いわゆるデンデン太鼓である。ヒンドゥー教のシヴァ神が手にしているのは木製のダマルなので、人骨を用いるのはチベット特有の現象と考えられる。カンリンは葬儀に際して用いられることが多く、ダマルはチャムという舞踊劇の中で悪魔退治の場面などに打ち鳴らされる。現世と別世を取り繋ぐ音を発する楽器であり、それゆえに人骨なのかもしれない。

　宗教や産業というもっともな理由とは別次元で、ある地域の人びとの置かれた不本意な状況が思いがけない素材を採用させるにいたったケースもある。

3-1.7　缶の底を窪ませて音程を作ったスティールパン
（写真提供：冨田晃）

カリブ海に面した小国トリニダード・トバゴでは植民地統治下でアフリカ系住民たちが太鼓の使用を禁じられたことがきっかけで、竹筒を代用楽器として用いるようになった。しかし、これも禁じられると今度はブリキ缶やドラム缶をたたくようになる。そのうち、ドラム缶の打つ場所によって音高が異なることがわかり、缶の底面にいくつもの窪みを作って調律するようになったのがスティールパン、あるいはスティールドラムと呼ばれる楽器だ（3-1.7）。スティールをたたいているとは思えないやわらかで丸い音色が生まれ、1962年にトリニダード・トバゴが独立すると、ここから世界各地へ移住していった人びととともにスティールパンも知られるようになっていく。大小のスティールパンを組み合わせた大がかりなバンドがトレーラーに乗って街中を周回し、迫力あるサウンドをくまなく届けるさまはまさに圧巻である。60年代の半ばからロンドンのノッティングヒルで始まったカーニヴァルでは、カリブ諸国から移住してきた人びとの音楽や芸能が祭りの中心となり、ここにスティールパンのバンドも加わって今では世界的に有名になっている（3-1.8）。この人気の音楽が、太鼓の禁止から生み出されてきたことを知る人はもはやあまりいないだろう。

3-1.8　ノッティングヒル・カーニヴァルではスティールパンを載せた山車が街中を行き交う

楽器の由来をめぐって

　ところで、楽器の誕生、楽器の由来をめぐる物語は古今東西の神話や伝承にいくつも見つけることができる。その一つ一つが地域性や時代、民族性を鮮やかに映し出している。日本の小学生の多くが『スーホの白い馬』という物語を知っている。モリンホール morin khuur（馬頭琴）（3-1.9）の誕生にまつわる少し悲しいお話で、「馬頭琴」の本物を初めて見る若い人たちが、「あっ、『スーホの白い馬』に出てくる楽器だ！」と言って目を輝かす。モンゴルの知人は「日本では馬頭琴というと必ずあの話が引き合いに出されるけれど、モンゴルでは有名じゃないんだよ」と語ってくれたが、それには続きがあり、馬をめぐる伝説は星の数ほどもあって、『スーホの白い馬』はその一つにすぎないのだという。このエピソードはモンゴル人と馬の繋がりの深さ、強さを端的に物語っている。そのうちの一つが楽器の由来と結びついたということだ。糸巻きの先の馬の頭部を模した飾りや、馬毛を使用した弓など馬との深い結びつきを感じさせるが、彼らの生活において馬は単なる家畜ではなく、生活をともにする同士のような存在であり、彼らの精神世界に確固とした位置を占めている。

　世界的によく知られている由来をもつ楽器はフィンランドのカンテレ kantele（3-1.10）だろう。フィンランドの民族叙事詩である『カレワラ』で賢者ワイナモイネンが作ったとされるため、フィンランド人の民族意識を象徴する楽器と見なされることが多い（リョンロット 1976，下巻 第40-41、44章）。伝説で最初にその顎骨を使ってカンテレを作ったというカマスや、最初のカンテレが失われたあとに素材とされた樺の木はいずれもフィンランドで非常にポピュラーな存在であり、そうした日々の生活の中で慣れ親しんだ素材で形作られたとされている点にも注意したい。『カレワラ』では、なかなか弾きこなせなかったカンテレをさまざまな経緯のあとにワイナモイネンが演奏すると、すべての動物、妖精が聴き惚れ、すべての人が涙を流し、ワイナモイネン自らも涙を流したと描かれ、海に沈んだその涙が真珠となったとも伝えられる。フィンランド人にとっての創世神話とされる叙事詩に登場するカンテレが格別の意味をもつことは容易に想像できる。現在は39弦のカンテレまであるが、原型は1本の木を刳

り貫いて5本の弦を張った素朴な楽器だった。シンプル極まりないこの原型は心に沁みる澄んだ音色を生み出すが、一方でこの楽器はシャーマニズムと結びついていたとも伝えられ、呪術的な儀式でも用いられていたという。このように、フィンランドの人びとの精神世界に深く結びついてきた楽器なのである。

　一方、パンフルート pan flute（パンパイプス）は世界の複数の地域で愛好されてきた楽器だが、古代にさかのぼる有名なエピソードをもち、それが名称に繋がっている。パンフルートにはシュリンクス syrinx という別名

3-1.9　モンゴルのモリンホール（浜松市楽器博物館蔵）

3-1.10　5弦のカンテレ（写真提供：日本カンテレ友の会）

第1節　楽器の起源　89

もあるが、このシュリンクスはギリシャ神話に出てくる女神アルテミスの侍女で妖精の名前である。美しいシュリンクスを半獣半人のパーンが見初め、彼女を追いかけて手を触れた瞬間に、彼女は川辺の葦に姿を変えてしまう。以来、風が葦を通り抜けると悲しげな調べがきこえるようになったので、パーンは葦を切り取って楽器を作り、これを「パーンの笛」と呼んだという。パンフルートのパン、シュリンクスという別名はいずれもこの神話に基づいている。やがてパーンはアポロンの神と音楽で競い、パーンの笛が奏でる鄙びた調べはアポロンの徳高い竪琴に負け、裁定に異議を唱えたパーンはアポロンによって耳をロバのものに変えられてしまう。この笛の音がギリシャ神話の時代にはあまり評価されていなかったことが察せられる。今でこそ愛好者の多いパンフルートだが、ギリシャ神話では不気味な調べを奏する楽器と捉えられていた点も興味深い。「鄙びた」音色に対する評価の移り変わりを映し出しているのかもしれない。

第2節　楽器をめぐる歴史と文化

楽器は旅をする

　前節でみたように、地域特有の素材で作られ、その地域の中で伝承されてきた楽器もあれば、驚くほどドラマチックな旅をして世界に広まった楽器もある。

　物流とともに楽器たちが古代日本に到達した例は私たちには馴染み深い。正倉院に収められている楽器たちがそうである。発祥の地も種類もさまざまな正倉院の楽器の中には、現在の日本で使われていないものも多い。たとえば先ほど挙げたパンフルート（3-2.1）にあたる排簫（はいしょう）もそうで、この楽器は中国南部から伝わったと考えられているが、平安時代まで雅楽の楽器として用いられたものの、その後、演奏習慣の中から姿を消していった。

　世界のどこにも今はその存在を確認できない唯一の楽器も正倉院には残

されている。おそらく誰もが写真などで一度は目にしたことがあるだろう螺鈿紫檀五弦琵琶である。その螺鈿細工の見事さで正倉院御物の中でも屈指の宝物とされている（3-2.2）。この琵琶は私たちが知っている四弦の

3-2.1　韓国の国楽で用いられるパンフルートの一種の籥（ソ）（浜松市楽器博物館蔵）

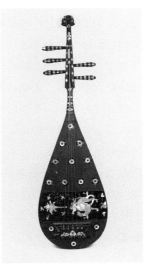

3-2.2　螺鈿紫檀五弦琵琶（右上）と、撥皮に描かれた四弦の琵琶をもつ人
（正倉院模造　東京国立博物館蔵　Image: TNM Image Archives）

琵琶よりも弦が1本多く、また上部の糸巻き部分がまっすぐに伸びているが、現行のものはほぼ直角に後ろに曲がっている。この2種類の琵琶はいずれも中国から渡来しており、一見わずかな違いのように思われるが、曲頸四弦琵琶はペルシャ起源、直頸五弦琵琶はインド起源と推定されているので、決して些細な違いではない。直頸五弦琵琶は平安時代初期までは使われていたとされるが、その後伝承が途絶え、実物としては今では世界中に正倉院のこの一つが残るだけとなった。この楽器にはもう一つ興味深い点がある。表側に撥から本体を守る目的でつけられた撥皮と呼ばれる部分があるが、そこに施された螺鈿の装飾を見ると、駱駝のこぶの間にまたがって琵琶を構える人が描かれている。この人物が手にしているのは四弦の琵琶である。ということは、この楽師はペルシャ人なのだろうか？四弦と五弦は異なる系統の2種類の琵琶とされるが、それが一体となっている不思議な楽器なのである。

　柱のないハープのような形をした箜篌（3-2.3）もまた伝承が途絶えてしまったが、シルクロードから中国、百済を経て日本にもたらされたと考えられている楽器である。経由地の名をとって「百済琴」と呼ばれること

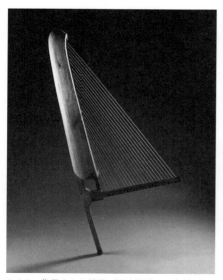

3-2.3　復元された箜篌（写真提供：国立劇場）

もあった。排簫や箜篌も含んでいたかつての雅楽が今とはかなり異なる響きを奏でていたことだけは間違いなさそうである。

シルクロード経由の楽器たちのエピソードは壮大でロマンを感じさせるものだが、戦争とともに楽器やその編成が広まっていくケースがある。

歴史的にも有数の巨大な領土を誇ったオスマン・トルコ帝国。音楽の上でこの帝国のことを語る際には軍楽隊は避けて通れない。今でも耳にすることができ、インパクトの強い音楽を奏でるため、一度は耳にした人も多いのではないだろうか。

この軍楽隊はメヘテル mehter と呼ばれる。オスマン・トルコの時代、イエニチェリと呼ばれる君主の親衛隊によって組織され、有事には先頭に立って敵地に赴いた。オスマン・トルコに再三攻め込まれた当時のヨーロッパでは、今よりはるかに刺激の少ないタイプの音楽が親しまれていたが、たくさんの打楽器と、強い音色をもつ管楽器から構成されるメヘテルは遠方から効果的に響き、攻め込まれた土地の人びとはこの音響をもってトルコ軍の襲来を知ることもあったという。いわば「音響兵器」だったのである。

3-2.4 イスタンブール・トプカプ宮殿でのメヘテル演奏におけるズルナ（右）、ボル（左）、奥にチェヴゲン

第2節 楽器をめぐる歴史と文化

メヘテルを少し詳しく見てみよう。

旋律を奏でる管楽器は2種類。ダブルリード系のズルナ zurna（3-2.4右）はいわばチャルメラに近い楽器。軍楽のみならず、トルコや西アジアの民俗音楽でも広く親しまれている笛で、鋭く甲高い音色が特徴である。軍楽は野外で演奏されることが大半であり、ズルナのこのような音色は演奏状況に適合したものだ。もう1種類の管楽器はトランペット系のボル boru（3-2.4左）。現在ではバルブつきのモダン・タイプが用いられているが、かつては管を伸ばしただけのものが使われていた。

メヘテルをメヘテルらしくしているのは5種類の打楽器である。行進時に先頭のほうに出てくるチェヴゲン çevgen（3-2.4奥）は、楽器というよりは音具と言ったほうがよいかもしれないが、小型のベルつきの杖で、これを振り鳴らしながら勇壮な歌が歌われる。小型の鍋型太鼓を二つ組み合わせたナッカラ nakkara（3-2.5）はメヘテルの特徴的なリズムを刻む役割を担う。シンバルのジル zil（3-2.7右奥）は最もトルコらしい打楽器と言

3-2.5　ナッカラ

3-2.6　ダウル

えるかもしれない。今もトルコ製、あるいはトルコ系メーカーのシンバルが世界的に有名で人気も高いが、その背景にはメヘテルで用いられて知られるようになったことがある。大太鼓であるダウル davul（3-2.6）はトルコや西アジアの民俗音楽ではズルナと組み合わせて用いられることが多いポピュラーな楽器で、左右で太さが異なる桴（ばち）で2種類の音色を打ち分ける。整列して演奏する際に編成の要となるのがキョス kös だ（3-2.7 手前）。鍋型のこの太鼓はティンパニの祖先にあたる。

　音響兵器として威力を発揮したメヘテルは行く先々で人びとに脅威を与え、長く語り継がれた。やがてオスマン・トルコとヨーロッパが平和的に交流するようになると、ヨーロッパの人びとはこのメヘテルを身近で聴きたいと希望するようになり、18世紀前半にはヨーロッパのいくつかの宮廷に演奏者つきでメヘテルが導入されたことも知られている。モーツァルトやベートーヴェンなどの《トルコ行進曲》や各種の軍隊行進曲がにわかに流行したのは、じつはメヘテルがヨーロッパでも実際に聴かれ、流行と

3-2.7　キョス（手前）とジル（右奥）

なったことに端を発している。そのインパクトの強い音響を模したのがこれらの「トルコ風音楽」だった。

　しかし、オスマン・トルコでメヘテルはいったん廃止される。近代化が促される中で、皮肉なことに軍楽も西洋式のそれが導入されたのだが、20世紀に入ってオスマン固有の音楽として再び注目され、復活を果たした。オスマン帝国亡きあとも、トルコを想起させる独特の存在として今にいたるまで人気の高い音楽である。

　メヘテルがたどった歴史は、軍隊とともに音楽が知られるようになった好例を示しているが、同じようなことがブラスバンドについてもあてはまる。

　西洋式のブラスバンドの編成は現在では世界各地で用いられているが、多くの場合、植民地化や西洋化を通して広まったものである。日本の西洋音楽導入も軍楽によって始まったが、このような「外来の」音楽はしっかりした訓練によって正式なものとしてその地に移植される一方で、さまざまな傍流も生み出してきた。金管楽器と打楽器は音響の上でも、また外見からもアピールし、どこでも初めて目にする人たちにインパクトを与えたからかもしれない。

　イギリスでは炭鉱夫たちの余暇活動としてのブラスバンドの歴史があり、中にはグライムソープ・コリアリー・バンドのように、映画『ブラス!』で取り上げられたのがきっかけで世界的に有名になったバンドもある。石炭産業の盛衰もあって、バンドを維持できなかった炭鉱もあるが、確固とした存在となったグライムソープ・コリアリー・バンドは今ではロイヤル・カレッジ・オブ・ミュージックのレジデンス・アンサンブルにまで上り詰め、イギリスのブラスバンド界を象徴していると言っても過言ではない。

　これよりもよく知られているのがニューオリンズのアフリカ系アメリカ人コミュニティのバンドであろう。10人程度のこのブラスバンドは、コミュニティにおける葬送音楽と関わりが深く、葬儀の場から墓地まで棺が運ばれる間に賛美歌や葬送曲を奏で、やがて棺が埋葬されると、魂が肉体を離れて天国に迎えられることを祝ってリズミカルで陽気な音楽に転じ

る。この種のブラスバンドがニューオリンズ・ジャズの源流とも言われ、その独特な葬送の形態ともども、現在にいたるまで親しまれている。

　日本の請負広告業であるチンドン屋もブラスバンドの影響を受けた形態の一つである。楽器や口上を使って物を売り歩いていた江戸時代の広告形態に、明治中期に外来のブラスバンドが取り入れられ、楽隊広告が行われるようになった。チンドン屋がラッパ、大太鼓などを使っているのはその名残なのである。

　制服に身を包んだ楽隊の整然と行進する姿も憧れの対象であったことは想像にかたくない。メヘテルとブラスバンドの例は人びとのそうした眼差しを思い起こさせてくれる。

楽器の分け方に見る時代、地域

　楽器は慣例的に弦楽器、管楽器、打楽器、鍵盤楽器という種類に分けられてきた。しかし、このいずれにもあてはまらない、あるいは複数の種類にまたがる楽器もある。

　たとえばハーモニカは上記のいずれにも含めることができない楽器だ。息の出し入れで鳴らしているが、形状は「管」になっていないので管楽器とは言えない。ダブル・エントリーが起きるのはピアノやオルガンなどの鍵盤楽器とされるものだ。たしかにいずれも鍵盤を有しているが、どう発音されるかを考えると、ピアノは弦を打つことで音が得られるので鍵盤楽器でもあるが弦楽器、オルガンは管の中に空気が送り込まれることで鳴るので鍵盤楽器でもあるが管楽器とも言える、ということになる。

　このような不都合が起きるのは分類の基準がまちまちだからである。「弦」楽器は音が得られるパーツ、「管」楽器は楽器の形状、「打」楽器は楽器の奏法、「鍵盤」楽器は音を得るために操作するパーツ、と見事に異なる要素が分類名の頭につけられている。西洋の芸術音楽に用いられてきた楽器を分類する際にはさほど不都合がなかったので、この分類が習慣的に今日まで使われてきた。現代では世界のさまざまな地域の多様な楽器と接する機会が増えており、この分け方にあてはまらない楽器は数多い。

　現在、学術的な場面や博物館などで世界的によく用いられるのが、ザッ

クス・ホルンボステル法という分類法である。これはクルト・ザックスとエーリヒ・フォン・ホルンボステルが提唱したため、このような名称で呼ばれている。まず楽器を発音原理によって五つに大別する。楽器自体が振動して発音する体鳴楽器、膜の振動による膜鳴楽器、弦の振動による弦鳴楽器、空気そのものの振動による気鳴楽器、さらに後に加わった電鳴楽器は電気を利用する楽器、以上の五つである。ただし、電鳴楽器はすでにある音を電気的に増幅させる場合と、発音そのものに電気を用いる場合とがあり、前者は発音原理とは言えないので、ここに矛盾が含まれることも了解しておく必要があるだろう。

ところで、楽器を分類しようという発想はホルンボステルやザックスが20世紀に提唱するまで行われなかったわけではなく、地域や時代、ジャンルを象徴するような考え方がいくつもみられる。いくつか紹介しよう。

ザックス・ホルンボステル法に近い発想のものとして、インドの分類法が挙げられる。古くは演劇理論書の『ナーティヤ・シャーストラ』（紀元前2世紀〜2世紀頃）に弦楽器と気楽器という分け方がみられるが、13世紀の音楽理論書『サンギータ・ラトナーカラ』には弦楽器と気楽器に皮製打楽器、金属製打楽器が加わり、発音原理に基づくザックスらの分類と近いことがわかる。

これとは全く異なり、楽器を構成する素材を基準とする考え方が東アジアに広まった。儒教的な発想に基づいて周の時代に成立した「八音」（はちおん、はちいん、はっちん）は金、石、絲、竹、匏（ふくべ）、土、革、木の8種類の素材であり、楽器の主要な部分がいずれによって形作られているかで分ける。現在、石を用いた楽器はあまり見かけられないが、古代中国や朝鮮半島では磬（けい）と呼ばれる楽器が使われていた。匏は瓢箪（ひょうたん）や夕顔の類で、笙の管が固定された部分は匏製である。そのため、管が竹製であるにもかかわらず、笙は匏製の楽器と分類される。八音の発想はとりわけ儒教思想が根づいた朝鮮半島の音楽に影響を与え、孔子廟の音楽には八音のすべての楽器を含む編成がとられている。

ほかにも時代や地域によって楽器はさまざまに分類されてきた。つまり、楽器は発明されてから歴史を刻み、さまざまな地域に伝播することに

よって、当該地域や時代、ジャンルに適した分類法で整理されてきたのである。ザックス・ホルンボステル法はどのような時代のどのような楽器でも扱うことのできる、現在、最も客観性の高い分類法と言えるが、それぞれの地域や時代に行われてきた分類法を知ることによって、その社会において楽器がどのように捉えられていたのか、その一端を知ることができるのである。

楽器の装飾は単なる飾りにあらず

ところで、現代の私たちが楽器を購入する際には、音色と使い勝手を最も重視するであろう。楽器の見た目も重要ではあるが、現代では、たとえばピアノのように規格化されていて外観上あまり差のない楽器も多いので、見た目のポイントはさして高くないと考えてよい。

しかし、楽器博物館や楽器コレクションを訪れたことのある人なら、楽器が音を奏でる以上の存在であることに気づくだろう。贅を尽くし、美的な高みを目指した楽器のなんと多いことか。音を出すという目的のためだけならば、これほど手の込んだことをする必要はない。また、贅を尽くすのとは別に、ある地域や民族を象徴するような文様や色彩が施されている楽器も少なくない。楽器のサウンド面だけでなくヴィジュアル面でも地域性、民族性が前面に押し出され、私たちに耳と目の両面から訴えかけてくるようだ。

まずはピアノを例にとってみよう。グランドピアノにせよ、アップライトピアノにせよ、今普通に見かけるのは黒塗りの楽器がほとんどだ。メーカーが違っても外観はそう大きくは違わない。鍵盤の蓋を開けて金色で示されたブランド名を見ないとメーカーが判別できない人が多いだろう。安定した品質の楽器が大量生産されるようになった現代のピアノは、外見上では全く個性がない。しかし、19世紀までに作られたピアノを見ると、まず黒塗りの楽器があまり多くないことに気づく。木目が美しい楽器が多く、黒塗りの楽器であっても譜面台や脚、あるいはペダルと本体を繋いだ部分に装飾が施されている。時代をさかのぼるほど、ピアノの外観には多様性が出てくる。ピアノの機構の変遷はそのまま技術革新の歴史とオー

バーラップするが、ピアノの装飾の変遷をたどると、楽器であると同時に所有者の社会的地位を象徴していたことも理解できる。かつては訪問者を驚嘆させるに十分な装置でもあったのだ。

ターキッシュ・クレッセント turkish crescent（3-2.8）は「トルコの三日月」を意味する楽器である。博物館のような場所でなければまず目にすることのないもので、一般的な楽器という概念から少し遠いかもしれない。いわば錫杖のヨーロッパ版とも言えるもので、その前身はトルコの軍楽で歌い手が手にしているチェヴゲンだ。これで拍子をとるように上下に振るとぶら下がっている小さなベルがきらびやかなアクセントを添えるが、ターキッシュ・クレッセントはチェヴゲンが18世紀以降にヨーロッパの軍楽に取り入れられたものである。トルコを象徴する三日月が本家トルコのチェヴゲンよりも大きく目を引くデザインになっており、三日月がシンボルマークだったトルコ軍のインパクトの強さをうかがい知ることができる。イスタンブール、ボスフォラスといったトルコのシンバル・メーカー

3-2.8　ターキッシュ・クレッセント
（浜松市楽器博物館蔵）

3-2.9　ピラミッド型フリューゲル
（ドイツ、ライプツィヒ大学楽器博物館）

のロゴに三日月がデザインされているのも、トルコを象徴しているからだ。

　ライプツィヒ大学楽器博物館に収蔵されている「ピラミッド型フリューゲル」と名づけられた鍵盤楽器（1825年頃）は、19世紀前半を中心に作られていたピアノの前身にあたるハンマーフリューゲルの一種だ。弦を収めたピラミッド型の上部の両脇に人形が配されている。向かって左の人形はシンバルを、右の人形はターキッシュ・クレッセントを手にしているが、この飾りはこの特殊な鍵盤楽器の性格を視覚的に物語るものだ。ペダルを踏むとトルコの軍楽隊の猛々しい打楽器類をイメージした音響的仕掛けが作動する。トルコ風音楽がヨーロッパに大流行した中で作られたもので、いわば「一人トルコ軍楽隊」が実現する。そのことが装飾によって示されている興味深い例である（3-2.9）。

　一方、位の高い楽器に権力の象徴が描かれるというわかりやすい例もある。天に対して祭祀を行う場として、19世紀末に作られた韓国ソウルの圜丘壇（ウォングンダン）には、実際に鳴らされることのないものではあるが、三つの石鼓（ソッコ）

3-2.10　石鼓

第 2 節　楽器をめぐる歴史と文化　　*101*

（3-2.10）が据えられている。石鼓は1902年に製作され、19世紀末から20世紀初頭にかけて大韓帝国を名乗っていた李氏朝鮮において、「皇帝」を名乗ることとなった高宗(コジョン)の権威を象徴したと言われている。石鼓の胴には龍の文様が彫られているが、龍は中国で皇帝を象徴する動物であり、この龍によって楽器に権威を与えると同時に、朝鮮史上初めて「皇帝」と名乗ることの正統性をアピールしようとしたことが理解できる。

　最後に挙げるのはもっとささやかな飾りだ。中東欧各地ではバグパイプが農民の楽器として愛好されてきた。スコットランドの洗練されたそれと違い、やや耳障りな音質をもち、野卑な印象すら与えることがあるため、地域によっては「悪魔の楽器」などと揶揄されたこともある。ハンガリーのバグパイプの吹き方を模した民謡では「いいバグパイプ吹きになりたかったら悪魔に魂を売らなくてはならない」と歌われているほどだ。そのハンガリーのバグパイプであるドゥダ duda は旋律管の上部に山羊の頭を模した飾りがつけられることが多いのだが、その山羊の眉間にしばしば小さな鏡が埋め込まれている。この鏡の謂(いわ)れについて楽器製作者に尋ねたところ、「バグパイプを吹くとその音色に誘われて悪魔が出てくると信じられていたようだ。だから鏡を楽器につけておけば、そこに映ったわが姿を見て、悪魔が驚いて逃げると昔の人は考えたんだ」と教えてくれた。それまで長らく「なぜこんなものが？」と不思議に思っていたが、楽器のイメージとこの言葉が結びついて、なるほどと納得した。

楽器のイメージの形成

　バグパイプが「悪魔の楽器」と揶揄され、そのことと装飾が結びつく例をみたが、そもそもなぜこの楽器が悪魔的なものと見なされるようになったのだろうか。そのことを理解するために、バグパイプを少し詳しくみてみよう。

　バグパイプは空気を溜める袋、いわばエアバッグと旋律を奏する笛（チャンター chanter）から構成される。これは最低限の要素で、多くの場合、このほかにドローン（単音で変化のない長い音）のための笛がつく。

　空気袋は伝統的に羊や山羊1頭分を用いて作られてきた。頭と前脚、胴

の下部を取り去り、多くの場合は中表に裏返し、そこに生じた孔に管を差し込んできつく縛り、余った孔も空気が漏れないように縛る。安定的に空気を溜めておくためには縫い目や切り口がなるべく少ないほうがよいが、そういう観点から羊や山羊は手頃な大きさだったのだろう。この空気袋の存在により、バグパイプは息継ぎなしでずっと音楽を連続させることができる。

チャンターのつけ根には振動して音を生むリードが配される。地域によってシングルリード、ダブルリードのいずれかではあるが、いずれにしてもリードつきの笛である。どの地域でもバグパイプは屋外で演奏されることが多く、リードつきの笛は輪郭がはっきりした音を出すため、こうした演奏場所に適した音響をもっていると言うことができよう。

多くの地域のバグパイプはドローンのための笛を有している。素朴な農民の楽器の場合は1本というケースが多いが、発展したタイプの楽器、たとえばスコットランドのハイランド・バグパイプには3本のドローンが配される。チャンター同様、ドローンもリードつきの笛である（3-2.11）。

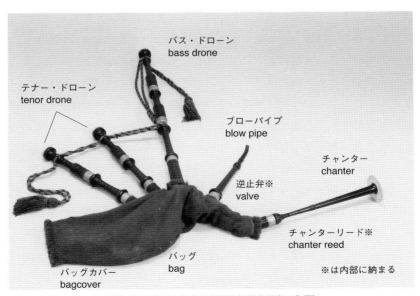

3-2.11　バグパイプの構造（国立音楽大学楽器学資料館提供写真に作図）

アイルランドのイリアンパイプスを例外とすれば、ドローンは演奏中に音を変えることができず、同じ音がずっと鳴り続けることになる。このことは、空気袋の存在によってずっと音を途切れさせずに演奏できることと並ぶバグパイプの大きな特徴である。

　日本ではキルトを着用した男性（あるいは兵士）が華やかな演奏を繰り広げるハイランド・バグパイプが有名であり、この楽器のイメージもそれに伴って壮麗さ、雄々しさと結びつくことが多いようだ。ハイランド・バグパイプはスコットランドが独立の王国であった頃から愛用され、戦意高揚の目的で演奏された。グレートブリテン王国の一部となった後、複数のバグパイプと打楽器による軍楽隊が組織され、愛国的なイメージとともに、壮麗さ、雄々しさを象徴する存在となった。スコットランドから人びとがアメリカ、カナダ、オーストラリア、ニュージーランドなどに移住する際にこの楽器ももち込まれ、今ではこれらの国々でも広く演奏されている。

　しかし、ハイランド・バグパイプはこの種の楽器の中ではむしろ例外と言えるかもしれない。バグパイプはヨーロッパやイスラーム圏で牧畜を営む農民たちによって手作りされてきた。つまり、羊や山羊を飼う農民たちの楽器だったのである。空気袋を見ると、ハイランド・バグパイプのようにキルト地の袋に覆われるようなことはまれで、中表に裏返された裏皮のまま、場合によっては裏返されずに毛むくじゃらであることさえ珍しくない。空気が溜まった時には獣そのものの雰囲気、時には臭いも漂う。

　だが、このことだけで「悪魔の楽器」と断じられたわけではない。問題は音響なのである。まず、空気袋があるおかげで音が途切れない、という点。息継ぎしなくてすむので楽、というメリットはたしかにあるが、一度空気を溜め込んだらそれがなくなるまで鳴り続けるので、フレーズ感、つまり音楽上の段落感を作り出すことが難しくなる。バグパイプ奏者はそれを回避するために、同じ音でも細かく装飾を配することで変化をつけたり、ごく短く他の音を差し挟むことで音楽的な節目をつけて演奏しようとする。こうした装飾はチャンター上で行う。このことは、ごくわずかではあるが強弱の効果も生み出すので、いずれにしても変化をつける方法ではあるが、ハイランド・バグパイプのように厳密に体系化された装飾法もあ

れば、他の多くの地域のように、好みと個人様式の問題と見なされ、見よう見まねで習得し、自ら工夫するというケースもある。しかし、いずれにしてもこの種の工夫はバグパイプ演奏には不可欠であり、それがなければ段落感の希薄な、洗練されない音楽に転じてしまいかねない。

　空気袋より影響力が大きいと思われるのがドローンだ。ドローンは旋律をどっしりと支える役割を果たすが、旋律がどのように展開しても、常に同音を鳴らし続ける。ハーモニーのついた音楽で育った現代の多くの人びとにとって、旋律の部分ごとの細かいニュアンスを汲んで伴奏が変化するのはあたり前なので、この「変化しない伴奏」は野暮ったく響く。チャンターもドローンもリードつきの笛で、強くて大きな音を生み出す。祭りや大人数が関わる屋外での行事ではバグパイプの響きは力強くその場を盛り上げるだろうが、音楽だけを切り離して聴いてみたらどうだろうか。フレーズ感に乏しく、一本調子の伴奏がついた耳障りな音質の音楽……。ともすればそう受け取られかねない特徴をもっている。さらに外見的な面でも、あまり芳しい印象は得られない。

3-2.12　ハーディガーディ（国立音楽大学楽器学資料館蔵）

そもそもバグパイプに限らず、およそ獣の皮が使われている楽器は、そうでないものと比べて一段低く見られる傾向にある。しかもバグパイプの場合は皮が円形や四角に切り取られるのではなく、1頭分まるまる使われ、それが空気を溜めた状態で奏者の脇に抱えられるのだから、コミカルな雰囲気すら漂う。バグパイプ奏者を扱ったヨーロッパの絵画やカリカチュアを見ると、いかにも素朴な人や貧相な人物が描かれていることが多い。16世紀のピーテル・ブリューゲル（子）の有名な「農民の婚宴」「農民の踊り」にも、そんなバグパイプ奏者が演奏する姿が描かれている
　じつは多くの地域でバグパイプが都市部に進出できずに農民の楽器であり続けた背景に、こうした諸特徴があると考えられる。いずれにしても、楽器に対して人びとが抱くイメージは相当に複合的なものであり、ひとえに見かけでもなければ音でもない、いくつものファクターが積み重なって形作られたものなのである。
　管楽器ではないが、バグパイプと似たイメージをもたれるハーディガーディ（3-2.12）と呼ばれる弦楽器がある。弦楽器なので、当然ながら空気袋もリードもない、にもかかわらず、なぜ似たイメージをもたれるのだろうか。バグパイプと共通する要素として、ドローンのための弦を有していることが挙げられる。すべての弦が、ハンドルによって回転する円盤によって擦(こす)られるため、旋律弦とは別についているドローン弦も演奏の間ずっと鳴り続けることになる。バグパイプ同様に一本調子になることを避けるために、ハンドルの回し方を工夫してリズム的な装飾が施されるが、このドローンにはしばしば雑音効果がつけられる。ひと口にハーディガーディと言っても、西洋古楽で演奏されるタイプと、農民たちが手作りしたタイプとでは異なるので、一概に言えないが、後者では蜂の羽音のような強い雑音がつくケースが多い。本体が木製なので獣的な雰囲気があるわけではないし、楽器そのものの形も演奏する姿も滑稽ではないのだが、鄙(ひな)びたイメージは、その音響的な特徴と受容層とに結びついたものだろう。
　私たちが特定の楽器に対して抱いているイメージが何に由来するのかを探ってみると、驚くほど多くの属性が浮かび上がり、楽器や音楽にとどまらない世界を垣間見ることになる。

第3節　楽器と表現

日本と西洋──楽器に対する人の立ち位置の違い

　日本は世界でも有数の西洋楽器生産国である。生産量もさることながら、その水準の高さ、そして何よりも品質のバラつきのなさによって揺るぎない評価を確立している。一方で、伝統音楽でも依然としてさまざまな楽器が用いられており、しかも近年は学校教育の現場で実演を学ぶことが求められているので、伝統楽器に親しむ層が増える可能性もある。ただ、あくまでも学校教育の中のことなので、どれほど若い層が自分のものと感じられるようになるか、と誰しも疑問に思うだろう。

　私たちの日常生活は伝統音楽やその楽器とほとんど接点がない。世代が下るほど、伝統的なものは自分と無関係と思っているのではないか。たとえば授業で歌舞伎などを取り上げると、「意外におもしろい」という感想とともに、「こういうものがあまり観られていないのはもったいない」と答える若者もいる。じつはここに日本らしい面を見ることができる。

　日本は高度経済成長期に有形、無形の数多くの伝統的な遺産が失われたり、失われかけたりした。1954年の文化財保護法の改正により重要無形文化財保持者（いわゆる人間国宝）に制定することで伝統的な技術を次代に伝えることを目指した。また、若いうちから伝承することを目的として1970年代からは国立劇場で歌舞伎、続いて文楽、能楽、大衆芸能の研修制度が始まり、定着して今日にいたっている。学校教育の中での鑑賞は、楽器の実践よりもはるかに早く、昭和22年の学習指導要領試案で取り入れられてから始まっており、じつはこうしたことが「自分は伝統的なことを知らない」と信じ込んでいる人たちにも一定の基礎的な知識や感性を形作るのに役に立っている。このことは、現在めざましい発展を遂げている東南アジアの国々の音楽関係者と話してみると、よく理解できることだ。これらの国々では、ちょうど日本の40年ほど前のように、都市部が急速

に発展するとともに、大量の人びとが農村を離れ、伝統的なものが顧みられなくなりつつある。伝統音楽と取り組んでいる人びとも、どちらかというと西洋音楽の語法を取り入れたり、西洋楽器とのコラボレーションによって生き残らせようと考えているケースが多いようだ。日本でたとえば歌舞伎のチケットが入手困難であると話しても、なかなか信じてもらえないし、そのような日が自分たちの国にも訪れるとは考えない。

　千年を超える伝統を受け継ぐ雅楽のように、日本には伝統を保存するという意識が根強い。新しいものを受け入れる気質がある一方で、古くからのものはあまり変わってほしくないという気持ちもある。「創業〇〇〇年」とか「元祖〇〇」という謳い文句に日本人が弱いのは、古式ゆかしく伝えられたものに対する共感と憧れがあるからだろう。

　進んだテクノロジーを駆使して最高の品質の西洋楽器を世界に送り出す一方で、伝統音楽に用いられる楽器は多くの場合、古くからの形や機能があまり変えられずに使われている。あるいは、現代の人工的な材質に置き換えられたとしても、それはあくまでも普及用や廉価版と見なされ、プロが使う一級品は昔ながらの製法で作られたものに限るという強いこだわりが見られる。第1節でも触れたが、篳篥の演奏家たちが鵜殿のヨシ原の保全を求めるのも、こうした背景があるのだろう。

　「変わらない、変えない」ということはなにも材質に限ったことではない。楽器の作り自体にもあまり手を加えることを好まない。弦楽器にせよ、管楽器にせよ、安定的な音高を生み出すための工夫は最小限にとどめられている。

　このことは非常に素朴な作りの尺八を例にとって考えるとわかりやすい。尺八は奏者の間で「竹」と呼ばれることもあるが、まさに竹そのものである。実際には息を吹きつける歌口のエッジに水牛の角などの素材が埋め込まれ、管の内部は節を削って漆を塗り重ねているが、見た目は根元から伸びる竹にほかならない。指孔は通常わずかに五つなので、指孔を半開にしたり、歌口にあたる唇の角度を顎を引いたり浮かせたりすることで、指孔をふさぐだけでは出せない音高を得る。尺八奏者が頭を揺り動かす理由の一つはこれだが、楽器に工夫をすれば解決できることではある。しか

し、かつて尺八は普化宗(ふけしゅう)に属する虚無僧(こむそう)が奏する法器という位置づけもあったため、便利さよりも精神的な面が重んじられた。そもそも尺八は単に吹くだけでなく、奏者自らが作ることができて一人前とみなされたこともあったため、シンプルなままで今日まで伝わったと見ることができよう。楽器が本来もつ機能は限定的で、それを用いる人間が技を駆使してさまざまな表現を引き出すのである。

　この対極にあるのがピアノである。ピアノの歴史は取りも直さずメカニックの発展の歴史である。限られた空間でささやかな響きを発していたピアノの前身の楽器から、二千人を超える大コンサート・ホールでごく弱い音もきちんと響かせることのできる現代のピアノまでの歩みは、メカニックを用いることで可能性を広げようとする試みと、産業構造の変化、さらには受容する人びとの階層の拡大といったさまざまな要素と表裏一体になって展開してきたものである。金属弦を打つ楽器という意味では、ツィンバロム（3-3.1）に代表されるハンマー・ダルシマー類が楽器学的にはピアノに近いことになる。両手にもった2本の桴で弦を打って音を出すのだが、一度に発することのできる音は基本二つであり、素早く打弦することで多くの音が響いているように聞こえる。鍵盤をつけることでこの短所を補ったのがピアノの前身の楽器だが、一度に複数の音を鳴らすだけではなく、速い指の動きに敏感に反応にできるように、あるいは、たく

3-3.1　ハンガリーのツィンバロム

第3節　楽器と表現

さんの音を一度に出したり、次々に音を出してもそれぞれが独立して響くようにしたいというように、一つの機能が実現するとより高度な機能が求められ、その結果、オルガンを別とすれば、ピアノはあらゆる楽器の中で最も複雑で精密な楽器となった。この飽くなき探求心によって、ごく弱い音も、大音響もはっきりと聴きとることができ、音色の変化も、高速連打も、かつこまめに調弦をしなくても容易に音が狂うことのない、堅牢で多様な表現が可能な楽器となったのである。もちろん、ピアノにおいても人は技を駆使するが、それは楽器の機能が限定的である尺八などとは自ずと異なり、体系的な訓練によって習得される技なのである。

　これらの限られた例からも、人の技量に任された部分の多さ、少なさという面からみて、日本の楽器と西洋音楽の楽器とでは楽器に対する人の立ち位置が異なることが理解できる。

楽器音の嗜好——雑音が表情を作り出す

　文化によって、音楽を構成する素材としての音にさまざまな異なる意味がある。私たちは「雑音」という言葉をなにげなく使っているが、音楽のための音である楽音と、音楽に用いない音である雑音の境界は時代や地域によって異なり、自明ではない。少し大げさな言い方をするならば、音楽に用いる音の選択がその社会の音楽の性質を決定している。

　身近な例を挙げてみよう。

　日本音楽では、西洋近代の芸術音楽であれば雑音またはノイズとして排除されるべき音が大きな意味をもっている。琵琶や三味線では撥が弦や楽器の共鳴胴に当たって乾いた音を出す「撥音」が特徴と言えるかもしれない。津軽三味線では弦をたたく技法が目立つが、これがなかったならば津軽三味線の魅力は半減してしまうだろう。琵琶の各流派で演奏される平家物語に因んだ曲でも、撥音が合戦の迫力を演出している。管楽器の尺八では首を振り、楽器本体に接する唇の角度や吹き口にあたる空気を加減するが、このような技法によって空気混じりの息音が楽器本体の発する楽音と同じぐらい目立つようになる。

　ノイズをわざわざつけるための工夫が三味線のサワリだ。最も太い弦で

ある一の糸の巻き取り部に近い場所で、開放弦が棹にわずかに接触するようにしてビリビリとした響きを得るように工夫されている。この仕組みによって響きが豊かになると同時に、三味線らしい音色が得られる。

　西洋近代の芸術音楽で雑音と捉えられる音を多用するのはなにも日本に限ったことではない。お隣の韓国の伝統的な長い横笛のテグムには、指孔と吹き口の間に膜を張る孔があいている。この孔を塞いでいる膜が、息を吹き込むとビリビリと振動した独特な音を生み出す。力んで吹くか、力を抜いて吹くかで同じビリビリ音であっても繊細で陰影に富んだ表情に繋がり、一幅の水墨画を見るような印象を聴き手に与える。

　アジアの各地域の音楽には多かれ少なかれ雑音がうまく使われている。雑音とは言い換えれば自然音に近い存在であるが、これらの地域では共通してかすれる音、ゆらぐ音など、規則的でない音を取り込んで風流を味わう習慣がある。

　自然音を愛でてきた日本人が欧米人と異なった音の受けとめ方をするのは、長い歴史の間で脳のレベルでの変化がもたらされたからだと説明する研究者もいる。彼らによれば、日本人は虫の音を言語脳である左脳で受けとめ、虫の音を「虫の声＝言語」、すなわち意味あるものとして聴いているのだという。このことは、ほかの自然音でも同様らしい。欧米人は右脳で受けとめ、機械音や雑音と同じように処理しているとのことで、ここに大きな違いがありそうだ。日本音楽の多くのレパートリーは古くから自然を表象するものと見なされてきたことを考えあわせると、自然音を意味あるものと受けとめつつ、その不規則さを損なわないように取り込んできたのは、むしろ当然と言えるのかもしれない。

音楽の特徴と器楽表現──「合わせること」をいつも目指すとは限らない

　合奏や伴奏の練習を指して「合わせ」という。この言葉が象徴するように、西洋音楽では基本的に複数人による音楽は「合わせる」ものである。このことを疑問に思ったことのある人は少ないかもしれない。西洋近代の芸術音楽では調性があり、拍子もはっきりしていて、音の高さも時間的な区切りも「合わせる」ことが基本と考えられている。

日本の追分節のように拍子がはっきりしない自由リズムの音楽、あるいは半音より狭い音程の微分音を含む音楽を聴くと当惑する人が少なくない。どこに区切りがあるのか判然とせず、「のる」ことができない。あるいはふだん聴き慣れている音高と微妙にずれた音は調律が狂っているようにきこえてしまう。日本では西洋音楽が音楽教育のベースとなっているため、自由リズムも微分音も教室で実地に教えられることはない。当惑するのはそれが最初から意図されたものであるとなかなか受けとめがたいからだ。

　これらの要素が頻繁に現れるのが西アジアの音楽である。もともとアジアの多くの地域ではハーモニーの感覚が欠如していることが多かったため、和音のように異なる音を縦に重ねることが少ない。複数の人が演奏する場合、同じ旋律を重ねるか、装飾を施して演奏するか、いずれかであることが多い。複数の人が自由リズムの音楽を一緒に演奏しようとするとどうなるか。拍の巡りがないということは、どこかでぴったり合わせることはできない。何度となく演奏している決まりきった旋律であれば「なんとなく」合わせることはできるが、アジアらしい即興を含む曲となると、そうはいかない。メインとされる演奏者を他の演奏者は追いかけるようにして弾くことになるので、大なり小なりずれてきこえることになる。この地域のダブルリードの笛ズルナなどは循環呼吸法を用いて息継ぎをせずに演

3-3.2　トルコ。自作のサズを調弦する製作者

奏するので、段落感なくどこまでも音楽は繋がっていく。拍の巡りがない音楽の演奏に向いた奏法ということができる。

　微分音も好んで用いられる。現在の西洋音楽で標準的に用いられている平均律は1オクターブを12等分して複雑な和声の組み合わせを可能にし、調を変えることも容易にしたが、他の音律で出現するような音程のデリケートな差異は消えた。こうすることで多種多様な楽器による合奏も可能になったと言える。これに対し、西アジアでは微分音が常用されるが、平均律に慣らされた耳にはちょっとした狂いにきこえるかもしれない。しかし、聴き慣れてくると、ちょっとした違いがもつデリケートな表現こそが持ち味であると感じられるようになる。それに加えて楽器の音質がクリアでなく、雑音成分を含んでいる、あるいは雑音成分がつけられることも多いので、こうした音楽では大人数できっちり合わせる行為自体が乱暴なことのように感じられるようになる。むしろ音の微妙なニュアンスが聴きどころなのである。

　西アジアのトルコで愛用される弦楽器サズ saz をみてみよう。サズのネック（棹）には音程の目印となるフレットがついている。フレットはギターなどにもついているが、ギターのフレットは下からネックの上部にかけて徐々に間隔が広くなっていき、ある種の規則性を感じさせるのに対し、サズのフレットはかなりイレギュラーであることがわかる（3-3.2）。しかもこのフレットはギターのように固定されたものではなく、ナイロンなどの糸を巻きつけたものだ。これは微分音に対応できるように、ずらして調整するためだ。

　語弊を恐れずに言うならば、ヨーロッパの芸術音楽は和声にせよ拍子にせよ音の流れを縦に合わせる音楽であるのに対し、西アジアを含むアジアには横に広がる音楽が多い、とまとめられるかもしれない。合わせることを目指す音楽と、必ずしも合わせない音楽と言い換えることもできるだろう。

［横井雅子］

第 4 章　音楽の伝え方

第1節　記譜の体系化——近代の五線記譜法について

　人が集まれば、音楽が生まれる。身体の動きから作られる声やリズムは、人びとを繋いだりまとめたりするコミュニケーションの手段である。サッカー観戦でファンが一緒に歌う応援歌、長野県民が声を合わせて盛り上がる県歌「信濃の国」、あるいはインドネシアで一斉に声でリズムを刻む舞踊劇ケチャも、ともにいる人びとが歌いながら一つの時間を共有する手がかりである。音楽それ自体は生まれては消えていく瞬間的なものだから、多くの人たちが一体感を得るためにはそれらの歌や掛け声があらかじめ共有されていなければならない。また、無文字社会では世代から世代へと受け継がれる暮らしの知恵や人びとの記録を物語として語り、歌にのせて残してきた。

　このように複数の人たちが一緒に歌ったり演奏したり、世代を超えて音楽を共有するためには、人から人へと音楽を伝承することが必要だ。小さなコミュニティなら一緒に歌い、演奏することで、人から人へと直に伝えることも可能だ。第2節で論じられるとおり、主な伝承形態が口頭によるものだった音楽も少なくない。しかし、時代の変化とともに世界が狭くなり、音楽を伝える目的も変化して、音楽を共有する人びとのコミュニティが格段と広がっていくと、直接、顔を見ながら教えることができなくても、音楽を伝えることができる独自のメディアが生まれて発展した。その代表的なメディアが楽譜である。楽譜による音楽の伝承は古代より現代にいたるまで脈々と続けられてきた。今日では時間や空間を超えて音楽を伝達する手段はレコード、CD、テレビ放送、ラジオ放送、インターネット動画、インターネット音声配信と枚挙にいとまがないが、そのような現代のメディアが開発される以前は、楽譜が音楽伝達の唯一のメディアだった。そして、音楽を伝えるために楽譜を使ってきたことで、伝統的な口頭伝承や現代の動画とは異なった形の文化の創造を促したのである。

「楽譜」は五線譜 staff notation の代名詞

　楽譜というと、多くの人が五線譜 staff notation（五線記譜法）を思い浮かべるが、五線譜はすべての音楽に適用されているわけではない。地球上の多様な音楽を視覚的に記録する方法は音楽の性格によって異なってくるので、多様な楽譜が存在する。それにもかかわらず、楽譜とは五線譜のことだと思うほど、五線譜は人びとの意識に浸透してきた。私たち日本人について言うなら、明治以来、西洋音楽が導入され、とりわけ学校において長い間、西洋音楽の体系が教育され続けてきたことが理由の一つとして考えられる。明治時代には近代化の証として、政府主導で西洋の五線譜が導入されたが、大正から昭和にかけて少しずつ、子どものお稽古ごとでピアノが人気を集めるようになり、音楽教室が盛んになって、琴や三味線のような和楽器の楽譜は見たことがなくても、五線譜は知っているという子どもが増えた。そもそも西洋においても五線譜があらゆる楽器や声、アンサンブルのための楽譜となり、音楽活動の隅々にまで浸透していったのは、あとで論じるとおり、音楽そのものに関わる要因ばかりでなく、印刷術の発明などの社会的要因によるところが大きかった。

　また、多様な音楽を同じテーブルに載せて考えようとすると、どうしても共通の形態で楽譜にすることが必要となる。国際会議の席でよく英語が公式言語として使われるのと同じく、本来は別々の楽譜で記録されてきた音楽も、音楽どうしを比較するためにひとまず五線譜という共通の形態で内容を比較しようということになる。これは裏返してみると、世界の音楽を対象とする音楽学などの学術研究がそもそも西洋中心主義的な視点で始まったことと関わりがある。この西洋発の五線譜が世界を席巻しているのが、ほかならぬ 21 世紀なのである。エドワード・サイードのいう「オリエンタリズム」は、音楽をめぐる考え方にも根深く存在する。

　数々の社会的、歴史的要因によって、五線譜は世界共通の楽譜として認識されてきた。このような考え方そのものを問い直そうという動きが始まっていることについては、第 2 節で触れるが、本節ではなぜ、五線譜がここまで浸透するにいたったのかについて、五線譜のもっている楽譜としての機能と、五線譜が成立してきたプロセスを詳しくみながら考えてみよう。

五線譜はどのような情報を伝えているのか

　美術大学で「音楽」の授業をしていると、「楽譜がわからないのですが、授業を受けてもいいでしょうか」と質問する学生がいる。また、「楽譜」を見せながら説明すると、とたんに頭を抱えてしまう学生もいる。音楽を理解するには楽譜がわからないといけない、楽譜はわけがわからず苦手だという人が少なくない。この時、学生たちが思い浮かべている楽譜は五線譜のことである。もちろん、五線譜を読むことができなくても、メロディを口ずさんだり、好きでよく聴いたりしている曲はあるはずだ。そして音楽が好きだから、楽譜、つまり五線譜が理解できたらもっと楽しいのではないかと思う人はたくさんいる。甲斐彰『超やさしい楽譜の読み方』（音楽之友社 2006 年）といった入門編から、大島富士子『正しい楽譜の読み方──バッハからシューベルトまで──』（現代ギター社 2009 年）、ゲルハルト・マンテル著、久保田慶一訳『楽譜を読むチカラ』（音楽之友社 2011 年）、池内友次郎ほか『楽典』（音楽之友社 2003 年）といった本格的な解説書まで、楽譜、すなわち五線譜を読むことをテーマとした膨大な数の書籍が刊行されているのはその証拠だ。五線譜は一つの記号体系だから、それを読むためにはリテラシーを学ぶことが必要になる。

　そこで、これからその記号体系を、予備知識がなくてもわかるように説明したい。もちろん、音楽に関わるすべての情報が五線譜の中に含まれているわけではない。五線譜はあくまでも、音楽を図形（グラフィック）によって表現したものである。音楽という聴覚的な存在を、楽譜という視覚的な存在に翻訳したとたん、伝えられるものと伝えられないものが生じる。記号体系がわかるにつれて、その制約もわかってくるだろう。

　では、五線譜にはどのような情報が、どのように書き込まれているのか。基本的な記号がもっている意味を確認していこう。水平に引かれた 5 本の線は相対的な音の高さを表している。下から上へ第 1 線、第 2 線、第 3 線、第 4 線、第 5 線と呼ばれる。さらにより高い音域はその上に線を書き足して上第 1 線、上第 2 線……と呼び、より低い音域は下に線を書き足して下第 1 線、下第 2 線……と呼んで、幅広い音域をカバーする。線と線の間は「間」と名づけられ、第 1 間、第 2 間、第 3 間、第 4 間と

呼ばれる。高音域へ上第1間、上第2間、低音域へ下第1間、下第2間と広げていく。5本の線が表す音域が確定されれば、「線」と「間」の上に置かれている音符の位置で、ド・レ・ミ・ファ・ソ・ラ・シ・ドという音の高さを示すことができる（4-1.1a）。

　ここで、5本の線が表す音域を確定するのが音部記号だ。音部記号は五線譜の左端に書かれる記号で、ト音記号、ヘ音記号、ハ音記号がある（4-1.1b）。

　たとえば、5線の左端にト音記号を書き入れて、音符を下第1線の上に置くとドの音になり、そこから上へ「間」と「線」に順次、音符を置いていくと、ド・レ・ミ・ファ・ソ・ラ・シ・ドという音階になる（4-1.1c）。このように音符は必ず「線」と「間」の上に置かれる約束である。適当にずらして書いてはいけない。ところが、ドとレの真ん中、つまりピアノの

4-1.1a

4-1.1b

第1節　記譜の体系化──近代の五線記譜法について

鍵盤ではドとレという隣り合った白鍵の間には黒鍵の音がある。これを示すためには、ドの音符に♯（シャープ）、あるいはレの音符に♭（フラット）という記号をつける。ドとレの音高の差は「全音」と定義されているので、ドとド♯（またはレ♭）はその半分という意味の「半音」となる（4-1.1d）。♯、♭、そして♮（ナチュラル）（♯や♭などをとって元にもどす記号）は「臨時記号」と呼ばれ、「線」と「間」では表現できない半音を示すために使われる。
　次に音符の形に注目してほしい。まず符頭（ふとう）（音符の丸い玉）には白いものと黒いものがあり、符尾（ふび）（音符についている線）があるものとないものがある。さらに符尾が線だけのものもあれば、線のところに別の短い尾、符鉤（ふこう）がつけられているものもある。符頭には小さな点、付点（ふてん）が書き添えら

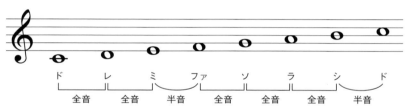

4-1.1c

4-1.1d

れている音符があって、これを付点音符と呼ぶ。このような個々の音符の形は相対的な時間的長さ、すなわちリズムを示している。基本的な音符の形がどのような長さの関係になっているかを整理した（4-1.2）。こうしてみると、音符の長さは最初の全音符を次々と二分割することによって作られていることがわかる。ここから外れるリズム、たとえば四分音符1拍を三分割するリズムは三連符を用いて表すが、その表記も二分割して作られた音符をもとにしていることがわかる。

　このように、個々の音符は音の高さと音の長さ（音高と音価という）の情報を伝える記号である。音の高さと長さを知ることができれば、それだけで楽譜を見ながらメロディを歌うことも可能だ。たとえば、〈ドレミの

𝅝　全音符		1
	𝅗𝅥.　付点二分音符	$\frac{3}{4}$
𝅗𝅥　二分音符		$\frac{1}{2}$
	𝅘𝅥.　付点四分音符	$\frac{3}{8}$
𝅘𝅥　四分音符		$\frac{1}{4}$
	𝅘𝅥𝅮.　付点八分音符	$\frac{3}{16}$
𝅘𝅥𝅮　八分音符		$\frac{1}{8}$
	𝅘𝅥𝅯.　付点十六分音符	$\frac{3}{32}$
𝅘𝅥𝅯　十六分音符		$\frac{1}{16}$

𝅘𝅥 = 𝅘𝅥𝅘𝅥𝅘𝅥₃　三連符

4-1.2　音符の形と長さの関係

歌〉の楽譜から一部分を抜き出してみる。ミュージカル《サウンド・オブ・ミュージック》の中で、ヒロインのマリアがトラップ家の子どもたちに音名（ドレミという音の名前）を教えるシーンで歌う有名な曲で、ペギー葉山の訳詞では「ドはドーナツのド、レはレモンのレ」となっている（4-1.3）。ここでは最初の7つの音がひとまとまりになっていて、「ドはドーナツのド」という言葉がのせられる。この楽譜はト音記号で書かれているので、最初の音はドである。その形は 4-1.2 で示した付点四分音符なので、四分音符を1拍とすると、1拍半の長さとなる。次の音はレで八分音符なので四分音符の半分の長さ、つまり半拍である。3番目の音はミで付点四分音符だから四分音符の1拍半、4番目の音はドで八分音符だから四分音符の半拍、5番目がミ、6番目がドでどちらも四分音符なので1拍ずつ、そして7番目がミで二分音符なので四分音符2拍の長さとなる。続けて歌うと「ドーーレミーードミードーミーーー」（1文字が半拍の長さに対応する）といったメロディになる。

　音符の位置と形によってメロディを読み解くことはできたが、この楽譜にはほかの情報も含まれている。左端のト音記号の次に「4／4」という分数が書かれている。数学好きなら「4分の4は1だ」と言うだろうが、五線譜の記譜体系ではそれは間違いだ。これは拍子を示す数字であり、四分音符が四つでひとまとまりであることを意味している。さらに、もう一つ約束ごとがあって、ひとまとまりとなった四つの拍の最初の音を強くする、つまり最初の音にアクセントをつけることによってメリハリをつけていく。これが4拍子の曲である。このことは五線譜の途中に引かれた縦

4-1.3 「ドレミの歌」の楽譜
作詞：ペギー葉山、JASRAC 出 1509438-501
DO-RE-MI
Lyrics by Oscar Hammerstein II
Music by Richard Rodgers
©1959 by Richard Rodgers and Oscar Hammerstein II
Copyright Renewd
WILLIAMSON MUSIC owner of publication and allied rights throughout the world international Copyright Secured
All Rights Reserved

線
せん
によっても示される。この線によって区切られた一つ一つの箱を小節と呼ぶので、この線は小節線と名づけられている。小節線のすぐ後ろの拍が第1拍で、アクセントのつけられた強拍（強い音で演奏される拍）となる。ちなみに楽譜の最後には2本の縦線、つまり複
ふくじゅうせん
縦線が書き込まれ、そこで曲が終わることを示している。

　このほか、基本的な記号として調号と強弱記号を説明しておきたい。調号というのはその曲が何調で作られているのかを示す記号で、音部記号のすぐ右に書かれている。高校までの音楽の授業でもハ長調とかイ短調といった言葉は聴いたことがあるだろう。こうした調性は第1章第2節で説明したとおり、どのような音階を使って作曲されているのかを表現している。ハ長調といえば4-1.1cの音階を用いて作られていることがわかる。

　ハ長調とイ短調以外の音階固有音は臨時記号が必要な音を含んでいるので、♯や♭をつけなければならない音符が頻出する。臨時記号は音符の横に一つずつというルールだが、最初に一括して調号を書き込んでおけばそうした煩雑な作業を避けることができる。たとえばト長調（ソの音から始まる長調）の音階ではファではなくファ♯が音階固有音なので、音部記号の隣のファの位置（ト音記号の楽譜ならば第5線）に♯を書く。これで、曲の途中で出てくるファの音符は、臨時記号をつけなくてもすべてファ♯の音として読まれるのである（4-1.4、4-1.5）。

　強弱記号についてはイタリア語から生まれた楽語、*forte* の頭文字 *f* と *piano* の頭文字 *p* を使って表現する。*f* と記されていればフォルテ、つまり強く演奏することが求められ、*p* と記されていればピアノ、つまり弱く演奏することが求められている。*ff*（フォルティッシモ）はたいへん強く、*pp*（ピアニッシモ）はたいへん弱く、*mf*（メゾフォルテ）はやや強く、*mp*（メゾピアノ）はやや弱くといった具合である。＜（クレッシェンド）はだんだんと強くすることを表し、＞（デクレッシェンド）はだんだん弱くすることを表している。

　これで五線譜の記号体系の基本は説明したことになる。このように記号の意味を一つ一つ理解して読み取る訓練をすれば、五線譜から音楽の骨組みを再現できるようになる。小学校や中学校の音楽の授業で記号の意味を

4-1.4 調号の例

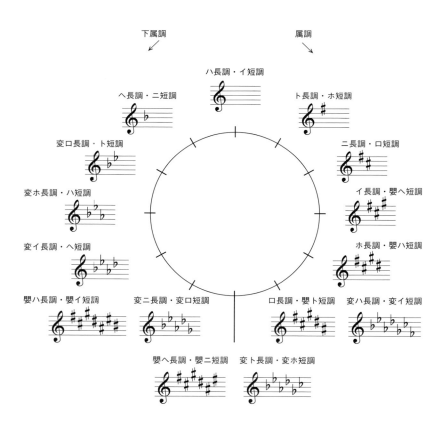

4-1.5 調と調号の一覧表（五度圏）

教わっただけでも、五線譜を見ながら簡単な曲を歌えるようになった人もいるだろう。基本が簡単なので、共通の土俵になりうるのである。

五線譜の読解を支える知識と経験

　共通の記号体系は簡単だと強調したが、五線譜から音高と音価、拍子と調、そして強弱を読み取って歌えば、誰でも同じメロディになるかというとそうではない。先ほどの〈ドレミの歌〉を、とくに事前の打ち合わせもせずに、みんなで一斉に歌ったとしよう。すると、「ドはドーナツのド」というメロディの高さは人によってまちまち、リズムの刻みも揃わず、じつはばらばらになる。たしかに楽譜には音高と音価が示されているが、それらは相対的な音高、相対的な音価でしかない。始めの音が違っていたらどこまでいっても音高は一つにならないし、速さが違えばリズムも一つにはならない。これらを一致させるためにはピアノの伴奏などで音の高さを揃えたり、メトロノームで速度を決めたりする必要が出てくる。強弱にしても「強い」「弱い」という指示は人によって感じ方が異なっている。

　さらに、五線譜に書かれた音高は音律（音階を構成する音と音の高さを振動数比によって決めたもの）によっても異なってくる。第 1 章第 2 節でも触れたとおり、振動数の比が単純な整数比になる音程はよく協和し、それを純正な音程と呼ぶ。ほとんどこの純正な音程で音階を作るヴァイオリンと、純正な音程と純正ではない音程を混在させたチェンバロ、純正な音程を全く使わず、1 オクターブを均等な振動数比で分割した 12 等分平均律のピアノは、同じ楽譜を弾いても微妙に違う高さで響く（4-1.6）。

　このように五線譜はオールマイティではない。音楽のもっている情報の中の、ごく一部が視覚化されているにすぎない。言葉や数字を書き込むといった補助的手段を使わずに、振動数で決まる物理的な音高とか、分秒で表示される音価、あるいは音圧（音によって加わる圧力）レベルで示される音の強さを表すことは不可能だ。響きの特徴を表す情報もほとんど含まれていない。同じ歌でも地声で歌うのと、頭声（やわらかく頭に響く声）で歌うのではまるで違うし、楽器の弾き方で音楽そのものの味わいも変わるのだが、それを表すためには言葉で説明する表情記号など、付加的な記

号を使わなければならない。

　では、演奏家たちが音楽を組み立てていく時に頼りにするのは、五線譜で書かれた記号が示す、わずかな情報だけなのだろうか。もちろん、それぞれの演奏家が「演奏解釈」を行うのだが、その前提として五線譜の「正しい読解」が不可欠である。そして、正しく読解するためには記号が示す情報だけでなく、記号の背後にある音楽様式と演奏習慣についての知識が必要となる。記号体系の背後に暗黙のルールがあるのである。

　具体的な例を挙げよう。バッハやドメニコ・スカルラッティなど、バロック時代の作曲家が書いた鍵盤楽器の音楽では、ノンレガート奏法が用いられる。その奏法では楽譜の音符と音符、音符群を結ぶスラーと呼ばれる曲線が書かれている時は滑らかに繋げて弾くレガート奏法、書かれていない時は1音1音の間にごく短い休みを入れるノンレガート奏法で弾く習慣があった。バッハの息子であるカール・フィリップ・エマヌエル・バッハは『正しいクラヴィーア奏法』の中でこんな風に説明している。「まるで指と指のあいだに膠を塗っているかのように、粘っこく弾く人が

	ド	レ	ミ	ファ	ソ	ラ	シ	ド
ピュタゴラス音律	1	$\frac{9}{8}$	$\frac{81}{64}$	$\frac{4}{3}$	$\frac{3}{2}$	$\frac{27}{16}$	$\frac{243}{128}$	2
		$\frac{9}{8}$	$\frac{9}{8}$	$\frac{256}{243}$	$\frac{9}{8}$	$\frac{9}{8}$	$\frac{9}{8}$	$\frac{256}{243}$
純正律	1	$\frac{9}{8}$	$\frac{5}{4}$	$\frac{4}{3}$	$\frac{3}{2}$	$\frac{5}{3}$	$\frac{15}{8}$	2
		$\frac{9}{8}$	$\frac{10}{9}$	$\frac{16}{15}$	$\frac{9}{8}$	$\frac{10}{9}$	$\frac{9}{8}$	$\frac{16}{15}$
平均律（12等分平均律）	1	$2^{\frac{2}{12}}$	$2^{\frac{4}{12}}$	$2^{\frac{5}{12}}$	$2^{\frac{7}{12}}$	$2^{\frac{9}{12}}$	$2^{\frac{11}{12}}$	2
		$2^{\frac{2}{12}}$	$2^{\frac{2}{12}}$	$2^{\frac{1}{12}}$	$2^{\frac{2}{12}}$	$2^{\frac{2}{12}}$	$2^{\frac{2}{12}}$	$2^{\frac{1}{12}}$

4-1.6　ピュタゴラス音律、純正律、平均律の振動数比の表
上段にはドとの振動数比を、下段には隣接音どうしの振動数比を記した

いる。彼らの打鍵は長すぎる。つまり彼らは、音符をその音価以上に長く鳴り響かせるのである。なかには、今述べた誤りを避けようとして、まるで鍵が焼けているかのように、指を鍵から早く離しすぎる人もいるが、これも良くない。中道が最良なのである」（C. Ph. E. バッハ 2000, 175）。

　このルール、つまりバロック時代の演奏習慣を知っていれば、バッハの曲ではノンレガート奏法を試みるだろう。しかし、知らなければ、スラーがなくても、音を繋げて演奏するかもしれない。楽譜には音を一つ一つ切ることを示す記号はないのだから。実際、同じバッハの音楽でもグレン・グールドのように徹底的にノンレガート奏法を駆使するピアニストもいれば、マルタ・アルゲリッチのようにレガート奏法で奔放に奏でるピアニストもいる。アルゲリッチは知識がないわけではなく、現代に生きる自分の感性で良いと思う弾き方をしているのだが、作曲家が生きていた時代に一般的だった楽譜の解釈とは異なっている。同じ五線譜を使っても、時代や作曲家によって記号の意味は変化する。したがって、個々の五線譜にはそこに書かれた音楽の様式にふさわしい記号の解読法があるのである。

　たしかに五線譜は西洋のクラシック音楽に関する限り、極めて合理的な楽譜の体系である。西洋のクラシック音楽では何より音高と音価が重要な要素である。とりわけ 18 世紀後半から 20 世紀初頭にかけての時代には拍子をもち、調性を基盤とした音楽が作曲されていた。つまり、五線譜にはこの時代の音楽が重視していた要素を正しく伝える記号が揃っているのである。しかしながら、この時代の作品であっても、五線譜だけですべての情報が読み取れるわけではなく、「正しい読解」のためにはそれを導く知識と経験が必要とされる。

五線譜の成立

　このように、五線譜の正しい読解は限られた時期に一般的だった西洋の音楽様式に関する知識に支えられている。五線譜は特定の時代の音楽様式に最適な特徴をもち、この時期に広く使われたことで、世界共通の楽譜として認識されるにいたったのである。しかし、五線譜が考案されてから広く使われるようになるまでにはかなりの時間がかかった。どのように五線

譜が編み出され、広く使われるにいたったのか、その成立について概観したい。

　近代の五線譜の原型は鍵盤楽器のためのタブラチュア譜（奏法譜）にさかのぼる。15世紀から16世紀にかけて、それまで楽譜化されていた声楽曲のみならず、器楽のための楽譜も書かれるようになった。タブラチュア譜とは楽器ごとに演奏方法を書きしるしたもので、たとえばイタリアやスペインのリュート（中世、ルネサンス、バロック時代にかけてヨーロッパで愛奏された弦楽器）では、単弦、または複弦で六つのコース（一つの音として同時に鳴らす1本もしくは1組の弦）が張られていたので、タブラチュア譜にも水平に六つの線が引かれ、その上に数字が並んでいる。この数字は左手のポジション（位置）を表しているので、どのコース（弦）のどこの位置を押さえるのかがそのまま記されているわけである。鍵盤楽器のためのタブラチュア譜でも、初期には数字や文字で音高を表し、数本の水平線で高い音域の旋律や低い音域の旋律、その間の旋律といった個々のパートを示す書き方があった。

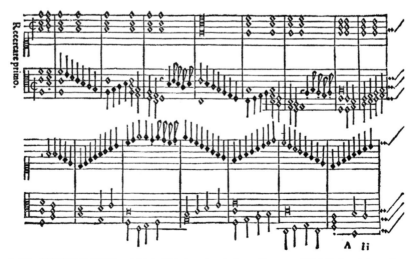

4-1.7　鍵盤楽器の大譜表　マルコ・アントニオ・カヴァッツォーニ《第1リチェルカーレ》

これらと並行して15世紀には鍵盤楽器のための大譜表が誕生する。これが近代の五線譜の祖先である。ここでは高い音域を表す数本の線のまとまりと低い音域を表す数本の線のまとまりが上下に重ねられたセットになっていて、右手左手で演奏する鍵盤の音がわかるように配置されている（4-1.7）。音の高さを示すために引かれた譜線は早くも11世紀のグレゴリオ聖歌の楽譜に登場したが、それから数世紀の間、線の数は増えたり減ったりまちまちで、5本から8本まで国によって作曲家によって、異なる数の譜線が用いられていた。複数の歌や楽器のパートが一緒に演奏されるようになると、拍のまとまりを示すために小節線が入れられるようになる。

　16世紀の間にこういう大譜表が爆発的に普及し、最初は鍵盤楽器のための楽譜だったものが、次第に合唱やオペラなどさまざまなジャンルに浸透していく。やがて線の数は5本に落ち着き、音符の形も2分法を基礎とした書き方にまとまっていった。こうして現在の五線譜へと形が整えられていき、すべての楽器のための楽譜が五線譜で記譜されるようになると、全パートを同時に書き込める総譜（スコア）が誕生する（4-1.8）。

　ここで重要なのは、近代の五線譜がピアノやオルガンなどの鍵盤音楽の発展とともに普及したことである。もともと鍵盤楽器のために作られた五線譜は、一つの鍵盤が一つの音高に対応する鍵盤楽器に最も適している。17世紀以降の鍵盤音楽は調性、すなわち長音階や短音階で構成され、決まった拍子をもち、それによって構造が組み立てられている。五線譜はちょうど一つ一つの鍵盤から生じる音階を、線や間に対応させることによって容易に示すことができ、それは長音階や短音階を書き記すのに便利である。また、幅広い音域の音を同時に記すことができるのも、鍵盤楽器のための楽譜だったからだ。鍵盤音楽に必要な情報が、五線譜なら理想的に表現できるのである。作曲家がオーケストラのための曲を作る時にも、ピアノで弾きながら楽譜を書いていることがよくある。この時代の音楽はどんな楽器のための曲も、鍵盤楽器の発想と暗黙のうちに結びついているので、鍵盤楽器のための楽譜がごく自然に汎用されるようになったのだろう。

　さらに時代が下ると、五線譜が普及したおかげで、あらゆる楽器の演奏家がこの楽譜で音楽を勉強し演奏するようになった。五線譜には先に述

べたように、正しい読解を支える知識と経験が不可欠なので、演奏家は五線譜を学びつつ、その曲が書かれた頃の演奏習慣をも身につけることになる。したがって、知らず知らずのうちに、19世紀までの音楽解釈の技法が演奏家の体には染み込んでいくのである。

　こうして五線譜が広く使われることによって、あたかも音楽が五線譜の上にまるごと書き込まれている感覚を抱く人たちも現れる。小さい頃から楽器を学んで、演奏家を目指そうという人たちは徹底的に五線譜を読む訓練をして、初めての五線譜でも演奏したらどんな響きになるのか、脳

4-1.8　総譜（スコア）　ベートーヴェン《交響曲第5番「運命」》冒頭

裏に思い浮かべる能力を鍛える。それで、五線譜を見ると、音楽が頭の中で鳴り出すので、あたかも五線譜の上に音響が記されているという感覚を抱く。これで思い出すのが音楽作品の存在論だ。「音楽作品」は一体どこに存在しているのかという議論がこれまで音楽美学においてさまざまな角度からなされてきた。作曲家の想念の中にあるのが「作品」なのか、楽譜上に記されたものが「作品」なのか、演奏家の解釈を経て音響になったものが「作品」なのか、それとも最終的に聴かれた音響像が「作品」なのか。これは美学上の論争としてはおもしろいが、ちょっと距離を置いてみると、この議論が意味をもつのは 18、19 世紀の五線譜の中でのみであることに気づく。つまり、そもそも楽譜は音響を直接にしたためたものである、という前提がない限り、「楽譜上に記されたものが作品か」という問いは意味がない。五線譜に音響の構築物がそのまま記されているのだという錯覚が、この論争の暗黙の前提になっているのである。それを自覚しなくても論争ができるほど、五線譜が世界の楽譜として広く認められた状況があるということだろう。

メディアとしての楽譜

　もう一つ、五線譜がここまで世界に浸透した要因として挙げられるのが印刷技術の発達である。21 世紀の私たちの日常生活でも新聞や雑誌、書籍といった印刷物は重要なメディアの一つであるが、その大部分を占める活字印刷術は 15 世紀半ばのヨハネス・グーテンベルクによって発明された。金属製活字を鋳型で打ち出して、それを組み合わせて活版を作り、油性インクをつけて機械でプレスする印刷法は、それまでもっぱら手書きの写本に頼ったり、版木を手摺りして不鮮明なテクストを残していた時代から、むらのない鮮明な、しかもはるかに短い時間で多数のテクストを作り出せる時代への転換を可能にした。これで書物の大量生産への道が開かれたのである。

　楽譜の印刷はグーテンベルクの弟子だった印刷工ペーター・シェッファーが 1457 年に出版した聖歌本『マインツ詩篇歌集 *Mainzer Psalterium*』が最初とされるが、これはじつは歌詞だけが活字で組まれ、音符は黒イン

ク、譜線は赤インクによって手書きで入れたものだった。本格的に楽譜の印刷が展開されたのは、1501 年にオッタヴィアーノ・ペトルッチが最初の植字印刷楽譜『100 曲の多声音楽曲集 A Harmonice Musices Odhecaton A 』を出版してからのことである。3 回摺りによって、鮮明かつ繊細に仕上げられたペトルッチの印刷方法はすぐにヨーロッパ各地へと伝えられ、さらなる印刷方法の改良へと繋がっていく。こうして 16 世紀は技術開発が勢いを増したが、17 世紀には三十年戦争を初めとする社会状況に応じて下火となり、再び 18 世紀に興隆をみせる。ペトルッチが最初に印刷した楽譜は印刷に多くの労力が必要だったことから 150 部程度だったと考えられ、記念に出版するという意味が大きかったのに対して、18 世紀になるとロンドンやパリといった大都市で楽譜出版社が次々とできて、裕福な市民層を購買者とする印刷楽譜を手がけるようになった。当初は一つの都市で消費されていた印刷楽譜も、やがて国際的に流通する商品となったのである（大崎 2002, 172-83）。

　作曲家や貴族のパトロンだけでなく、市民層の音楽愛好家が広く音楽を楽しみ、時には自分でも演奏してみるという目的で楽譜を購入するようになった背景には、五線譜を読む人たちが増えたことがある。当初、楽譜を読むことを教えていたのは教会の中だけだったが、モーツァルトの時代になると、貴族の子弟や裕福な市民階級の子女は鍵盤楽器の演奏をたしなみ、モーツァルトも生計をたてるために、音楽愛好家に演奏の手ほどきをするアルバイトをしていた。19 世紀になると、印刷楽譜の出版は営利会社によって促進され、ヨーロッパから世界へと五線譜に書かれた作曲家たちの作品が印刷楽譜によって広まった。こうして、せいぜいヨーロッパ内でしか流通していなかった五線譜がアフリカにもアジアにも、日本にも広がり、そこに記された音楽が共有の財産となっていく。19 世紀末には西洋のクラシック音楽ばかりでなく、民謡やポピュラー音楽なども楽譜化されるようになるが、ここでも標準的に五線譜が使われていくのである。

　最後に注意を喚起しておきたいのは、ここまで「世界の楽譜」となった五線譜の記号体系がそれを使う人たちの音楽的思考に少なからず影響を及ぼすという点だ。アメリカの現代作曲家スティーヴ・ライヒはユダヤ系で

あるという自らのルーツを作品に反映しようと、シナゴーグで細かい音の揺れを含むヘブライ語の朗唱を学んだ。だが、それ以降の作品においても、たとえヘブライ語を使う場合でも、ユダヤ音楽に聴かれる微分音程、すなわち、西洋の音階に含まれない音程を取り入れてはいない。1997年、《ザ・ケイヴ》の日本初演のために来日した時、ICC（NTTインターコミュニケーション・センター）でのギャラリー・トークでこのことを質問されたライヒはあっさりと、「自分は幼い頃から西洋の音階で音楽を勉強してきたから」と答えた（1997年9月19日ICCギャラリーD）。つまり題材や表現の核心がユダヤ民族の問題にあったとしても、ライヒの音感は五線譜で学んできた西洋の音楽システムと深く結びついて離れないのである。また、最近の若い世代が唄う長唄は、声を出す時に西洋の音階で音程をとり、西洋風の発声が混じるという。本来はわずかに低かったり高かったり、声の質も西洋風の透明な声とはニュアンスが異なるものなのだが、学校教育の中で五線譜を使いながら西洋音楽の体系にどっぷり漬かってきた世代の演奏家たちは、古典的な発声法や唱法で良いとされるのとは違った感覚を身につけているのかもしれない。

　五線譜は音楽の情報を記録する記号体系にすぎない。しかし、それが普及したことで、社会における音楽活動の動向を方向づける力をもった。さらにそれを使う人の感性までも支配する結果を生み出すのである。小学校からの学校音楽で五線譜に触れてきた私たちも、知らず知らずのうちにその中にいる。
　　　　　　　　　　　　　　　　　　　　　　　　　　　　［白石美雪］

第2節　音楽の伝承
——それぞれの事情を映し出す音楽の伝え方

口頭伝承は非効率的？

　長らく西洋音楽を主として教えてきた日本の音楽大学でも日本の伝統音楽の実技を教える時代となった。日本音楽を学び始めた学生がまず当惑す

るのが「楽譜」についてである。私たちは小学校から五線譜によって音楽を教えられている。第1節で説明されたような五線譜の由来とか特徴についてあらためて考える機会もないままにずっと五線譜を使い続けるうちに、あたかも古今東西の音楽はみな五線譜で伝えられるものと思っているのかもしれない。聴いたことのない曲でも五線譜の読み方がわかっていればまず譜読みをして曲を形作っていける、という西洋音楽の在り方をスタンダードと考えがちである。これに対し、日本音楽では五線譜を使わないことが多く、使ったとしても初心者が補助的な手段としてであり、楽譜にあたるものがあってもそれを頼りに音楽を組み立てることがかなり困難であると知り、学生たちは「本当にきちんと弾けるようになるのだろうか……」

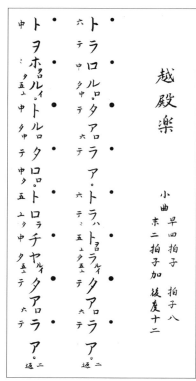

4-2.1 《越殿楽》冒頭、龍笛の記譜（越後眞美 書）

4-2.2 《越殿楽》冒頭、笙の記譜（宮本憲二 書）

と困惑し、しり込みすることもあるようだ。さらに、ジャンルにより記譜が異なること、また同じジャンルの音楽でも楽器によって記譜法が異なることもあると知り、驚きはますます増大する。どんな楽器であっても五線譜でだいたい足りる西洋音楽に比べると、このことは厄介なイメージを植えつけるのに十分だ。（4-2.1、4-2.2）

　これは音楽の伝承のシステムの違いに由来している。音楽ばかりでなく日本の伝統芸能全般では今でも口伝え、見よう見まねで覚えることがメインになっていることを認識する必要があるだろう。ウォルター・オングはこれを「声の文化 orality」とし、「文字の文化 literacy」の対概念と位置づけた（オング 1991）。後者は楽譜などの記されたものによる伝承システムをもつ文化である。音楽の伝承はこの二つから成り立つが、実際の伝承過程ではこの双方がさまざまなバランスでともに使われていることが多い。西洋音楽においても五線譜に代表される楽譜が万全であるわけではなく、時代や流派の違いは、直接手ほどきしてもらって伝わる側面があることが、その一例であろう。

音楽の身体化――唱えて覚える音楽
　さて、それではオングのいう「声の文化」、つまり、主として記された伝承システムを用いない文化では、具体的にどのような方法で音楽を伝えてきたのだろうか。
　日本だけでなく、世界の伝統音楽はマンツーマンでの口頭伝承によって教えられてきた。「教えられている」と現在形で書かなかった理由は、現在はマンツーマンでの場面が減り、多様なツールを使って間接的に指導するケースが少しずつ増えてきているからだが、専門家を目指すとか、本格的に学ぼうとする場合にはやはり昔からの指導法が少なからず生き残っているジャンルが多い。マンツーマンだからといって必ずしも一対一である必要はないが、指導者は直接に手ほどきし、学ぶ側は指導者のすることを模倣して覚えていく。模倣するのであるから、紙の楽譜は介在せず、学習者はひたすら記憶する。手がポジションや奏法を覚えるが、記憶の一助としてしばしば活用されるのが「唱歌（しょうが）」である。同じ読み方で、証歌、章

歌、正歌、声歌の字があてられることもある。唱歌という呼び名は雅楽で用いられるもので、三味線では「口三味線」、太鼓であれば「口太鼓」、さらに韓国の箏であるカヤグムや太鼓の杖鼓（チャンゴ）では「口音（クウム）」、インドのタブラ・バーヤーンでは「ボール」と呼ばれる。多くの場合、楽器の音を擬音的に唱えるものだが、奏法の情報を含めることもあり、雅楽の笙のように記譜の字を唱える場合もある。

　まずは日本の例を見てみよう。

　日本の伝統音楽や民俗音楽は口頭伝承が基本であり、楽譜を用いて作曲し、それを読み解いて演奏の場において用いることがないか、備忘的あるいは補助的な目的で限定的に用いることが多かったため、唱歌は楽譜の代わりとして記憶を助け、他人に伝承する手段として活用されてきた。基本的にマンツーマンで指導が行われていたことも、その背景にある。また、その家系ならではの特別なレパートリーである秘曲などは口伝えで教え、あえて記録を残さなかったという理由もある。たとえ音楽であっても精神性が重視され、修業的な側面があったことも関係あるだろう。五線譜が比較的早くから発達するようになった西洋音楽とは違い、雅楽を除けば異なる楽器との合奏が比較的少なかったこともあって、こうした方法でさして不便と思われず近代にいたったのである。

　そもそも日本語には音を表す言葉、オノマトペが多いと言われる。オノマトペとはフランス語で「擬音語、擬態語」の意味をもつが、試しにオノマトペを使わずに話そうとすると、途端に話しにくくなる人が多いのではないだろうか。それほどオノマトペは私たちの言葉に深く入り込んでおり、日本のマンガがおもしろいのは強調した文字で表されたオノマトペの効果もあると言われるほどである。音を言葉で表現してきた日本人が楽器音を言葉で表現しようとしたのは、自然なことと言えるのかもしれない。

　唱歌が用いられる理由は、たとえば自由リズムが多く、楽譜として記す難しさがあるからかもしれない。しかし、唱歌は必ずしも楽器音を忠実に模倣しているわけではなく、その目的はむしろ声に出して歌う、声にすることを通して楽器の音を身体の中に取り込んでいくことにあると思われる。

なお、雅楽の場合は記憶の一助という以前に、まずは楽器を手にすることなく唱歌によって旋律を覚え、そうしてようやく楽器をもたせてもらえるという方法が伝統的にとられてきた。今でも宮内庁楽部ではこの伝承法がとられている。楽器をうまく操れない初心者の場合、旋律を音で正しく実現することができないが、声で正確に覚えてそのイメージを頭の中に植えつけておくことができる。そういうメリットも指摘されることがある。

　ここで少し詳しい例として、三味線の唱歌「口三味線」をみてみよう。口三味線は音色を表現すると同時に奏法も含んでいる。弦を普通に弾いた音と、撥（ばち）で下から上へすくった音（すくい）、あるいは左手指で糸をはじく音（はじき）では、音の高さは同じであっても音色が異なる。口三味線では一の糸を弾いた音をドンといい、バチですくうとロンとなる。演奏者やジャンル、流派によって差異があり、言いやすいように変化させることもあるが、主なものは 4-2.3 のようになる。

　唱歌にあたるものは日本以外の地域、とりわけアジアの音楽の中にいくつも見出すことができる。

　北インドで愛用されるタブラ・バーヤーンは「しゃべる太鼓」とも形容され、音高をたたき分けることでリズムだけでなく旋律も演奏できる。右手で奏するタブラは高音、左手のバーヤーンは低音を受けもつが、指先、手のひら、手首と人の手の可能性を最大限に活かしながら多様で多彩な表現を実現する（4-2.4）。この二つの太鼓によって奏でられる音にはボール

奏法	糸	一の糸	二の糸	三の糸
放した音（開放弦）	普通の奏法	ドン	トン	テン
	すくい／はじき	ロン	ロン	レン
勘所を押さえた音	普通の奏法	ツン（ヅン）	ツン	チン
	すくい／はじき	ルン	ルン	リン

4-2.3　三味線の唱歌（口三味線）

と呼ばれる言葉があてられ、奏者はこれによって記憶するが、音と音の組み合わせを示すボールもあり、細かく表現することができる。高速の華やかなパッセージも早口言葉のようなボールで頭に刻み込むのである。このボールを南インドではショルカットゥと呼ぶ。

　ボールやショルカットゥは単に楽器音の代用品や練習の手段ではなく、それ自体で成立する一つの表現の形と見なされ、「ボイス・パーカッション」と称してボールだけ集めたCDが売られ、ボールを歌うパフォーマンスで有名な歌い手もいる。そのため、これらが演奏会でパフォーマンスとして独立して歌われることがある。あたかも音楽的な早口言葉のようで、非常に技巧的に聴かせるパフォーマーも存在する。

　このほかにも中国のさまざまなジャンルの音楽における太鼓やインドネシアのガムランの太鼓の唱歌が伝承に用いられてきた。

　アフリカの「トーキングドラム」も唱歌の一種とみなすことができる。日本語ではしばしば「太鼓言葉」と訳されるが、トーキングドラムの場合は、楽器学習の手段として利用するのとは事情が異なる。むしろ、太鼓の音でメッセージを伝達するというものだ。川田順造の研究によれば、西アフリカ内陸のサバンナに住むモシ族のベンドレと呼ばれる太鼓の場合、この

4-2.4　タブラ（右手）とバーヤーン（左手）。中央に見える黒い部分は響きをよくするための錘（こどもくらぶ編『国際理解に役立つ世界の民族音楽3 ——南アジアと中央アジアの音楽』ポプラ社、2003年、28頁）

システムを用いて王の系譜を語ってきた。ベンドレの首席奏者は、重要な祭儀において素手で打つベンドレの音を模した太鼓言葉で王の系譜を「朗誦」し、下位奏者の一人がこの太鼓言葉をモシ語に直して朗誦する。この際、太鼓言葉で朗誦されたものが王朝史の「正本」であり、モシ語による朗誦はあくまでも翻訳である。伝承に用いられるという点ではアジアの唱歌の類と共通しているが、ここでは曲や奏法を伝えることが主眼ではない。しかし、音を聴き做して言語化し、これを楽器音と切り離して活用するという点では、アジアで用いられてきた唱歌と共通する事象と言えよう。

楽譜による視覚化はなぜ万能ではないのか

　このように指導者を模倣して学ぶ音楽は、唱歌などを手がかりに記憶され、音楽を身体化することによって口頭伝承されてきた。それらの多くは本来、紙に書かれた楽譜をもたなかったわけだが、じつはそもそも音楽の本質を損なわずに楽譜化することが難しい場合が多い。たとえばアジアの音楽を五線譜に書き起こすことを想像してみよう。するととんでもなく大変なことになるものが少なくない。

　たとえば音程。アジアの音楽には半音より狭い音程が豊かに使われる。半音の半分の音程にあたる四分音はかなり広範囲で愛好されているし、トルコのように九分音まで使い分ける文化もある。歌い手や奏者は意識的に運用するが、それを楽譜上に視覚化するとかなり煩雑な譜面になるだろう。もとより五線譜ではここまで狭い音程は想定されていないからである。弦楽器であれば弦を押さえるポジション（位置）を示すことで視覚化することは可能と考えることもできるが、九分音の微妙な音程の場合、弦の張り具合、楽器のコンディション、当日の気候といった要素に左右されて実際には正確に示すことができない。

　あるいはリズム。拍節感のない（乏しい）自由リズムの音楽を採譜してみると、五線譜がいかにこうしたタイプの曲を書き表すのに向いていないかを実感することになる。第1節で説明されたように、拍があり、いくつかの拍のまとまりが小節として示されることが五線譜におけるリズムの示し方だからだ。実際の演奏を採譜するというケースならば楽譜にす

る意味もあるが、きこえるすべての情報を盛り込んだ楽譜は非常に煩雑なものとなり、楽譜から音をイメージするのが難しいことが多い。一方、譜面から演奏するとなると、書いた人が想定するものにどれだけ近い音楽が出てくるのか保証の限りではない。そもそも江差追分のような自由リズムの音楽は歌い手や演奏者の個人的な技量を存分に発揮できる「余白」のような部分におもしろさがあるし、多くの場合、それは即興なども含む一回的なものでもある。視覚化すること自体、あまり意味をもたない。江差追分には4-2.5のような「基本譜」があり、一見したところ五線譜のようだが、より感覚的なものであることが理解できるだろう。自由リズムで演奏する場合、歌やソロ楽器に伴奏がつくことがあるが、存分に個人の技量を展開し即興を聴かせるというような場合、伴奏はきっちりとは合わせられない。能の囃子の「あしらい」のようにつかず離れずで演奏することが多い。旋律を追いかけるように演奏すると、もとは同じ旋律であってもずれることで複数声部になったようにきこえるという効果がもたらされることもあり、このような現象をヘテロフォニーと呼ぶ。

　ここで説明したような要素がみられる音楽の場合、「作品」の意味合いがクラシック音楽とは根本的に異なっていることに留意する必要があろう。すなわち、作曲者がすべてを完成させ、演奏者はそれを再現することが前提となっているクラシック音楽と違い、演奏者は音楽の決まりごとに沿いながら、その中でいかに個性や技量を発揮できるかを示す。この場合は聴き手もその決まりごとを知っていることで音楽のおもしろさを本当の意味で理解できる、という関係性が成り立つ。

　このことを端的に示すのがインドの古典音楽である。第1章第2節でも触れたが、インドでは、音の並びと決まりごとを示すラーガ（しばしば「旋法」と訳される）、一定の拍数のまとまりを繰り返すリズム周期であるターラに沿って音楽を形作る。ラーガでは1オクターブにあたる音域内の12の音の中から5～7の音を選んで音階とするが、これは単なる音の並びというだけではなく、上行する時と下行する時には異なる音を選んで進行するとか、特定の音を使う際には装飾をつけるという決まりごとも付随している。こうした約束事がラーガごとの雰囲気を生み出すが、さら

に、一日のどの時間帯に演奏するのがその雰囲気にふさわしいかというようなことまでラーガの特質と考えられている。聴き手はその日の演奏で提示されたラーガに付随するこうした特質を踏まえ、その持ち味を演奏者がいかに引き出しているかを聴きとり鑑賞するので、聴き手の素養も問われることになる。

　一例としてラーガ・サラスヴァティー Raga Sarasvati を挙げよう。ちなみに、サラスヴァティーは学問・芸術の女神とされ、ヴィーナーという弦楽器を手にした姿で描かれることが多く、日本では弁財（弁才）天として親しまれている。しかし、ラーガとこの女神とがどのように結びついたのかははっきりとしていないようだ。

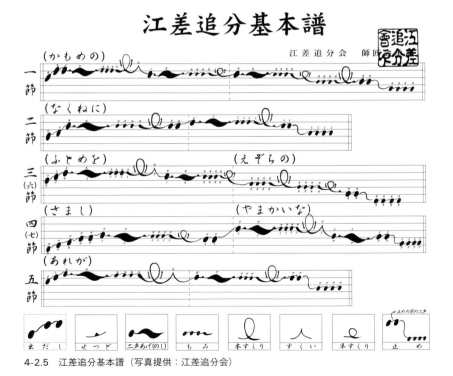

4-2.5　江差追分基本譜（写真提供：江差追分会）

ラーガ・サラスヴァティーでは上行形と下行形が異なるだけでなく、音の数が異なっている。上行に際しても下行に際しても蛇行することも特徴的である。その音列を西洋音楽の階名で示すと次のようになる。演奏時間帯は日没後または深夜とされている。

上行：ド・レ・ファ♯・ソ・シ♭・ラ・ド（1オクターヴ上）

下行：レ（1オクターヴ上）・シ♭・ラ・ソ・ラ・ファ♯・ソ・ファ♯・レ・ド

グラフィックな楽譜のはしり――声明（しょうみょう）の博士（はかせ）

ここまでは楽譜がさほど重視されていないジャンルにおける口頭伝承の例を見てきたが、口頭伝承が基本にありながらも独自の楽譜が考案され、それが長らく使われているジャンルもある。

日本の仏教音楽である声明では「博士」と呼ばれる楽譜が長らく使われている。日本では声明が中国から伝わって以降、752年の東大寺の大仏開眼法要の際に声明が大々的に唱えられたことが知られており、早くから音楽理論や教授法が整備されてきたが、口頭伝承を支える役割を担うものとして、のちに博士が考案された。1472年には高野山で『文明四年版声明集』が作られたが、これはグレゴリオ聖歌の印刷楽譜と近い時代の印刷楽譜である。ついでながら、グレゴリオ聖歌のネウマ譜も旋律をグラフィックに示したものである。その後も博士は宗派によって改良や工夫が重ねられて今日にいたっている。したがって、ひと口に博士といっても時代や宗派によってかなりの違いが見られるが、にもかかわらず今日まで使われ続けているのは、理論と感覚を組み合わせたこのグラフィックな楽譜がもっとも感覚的にわかりやすく、かつ理にかなっているからなのである。

例として《云何唄》（うんがばい）（真言宗豊山派）の博士を見てみよう（4-2.6）。右に漢字で歌詞が記され、そのすぐ左隣に白丸と太い直線の組み合わせで示されているのが、「墨譜」（ぼくふ）とも呼ばれる博士である。漢字一文字ごとに、白丸を起点として直線の方向で音高を示し、唱え方や旋律型の名称と、直線、折れた線、記号を組み合わせて視覚的なイメージで表す。この例ではさらに、豊山派声明特有の「新仮博士」（しんかりはかせ）と呼ばれる記譜法も示されてい

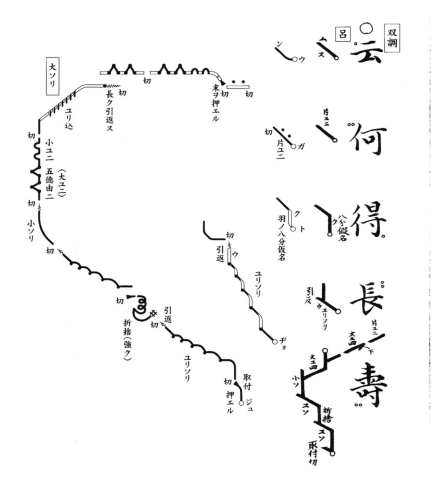

4-2.6 真言宗豊山派《云何唄》(『豊山聲明大成』13 頁)

る。黒線と白く抜いた線の区別などでさらに音高を詳しく示すことができるなど、工夫が施されている。

日本、アジアの音楽の伝え方
　ここまでみてきたように、日本の伝統音楽のさまざまなジャンルでは楽譜にあたるものはあっても、それを用いて作曲するわけではなく、残っている楽譜も多くの場合、記録として、場合によっては備忘的なメモ程度の役割として存在するのであり、それを読み解いて演奏するという風には機能してこなかった。したがって、いったん実際の演奏が廃絶したレパートリーは以前と全く同一の曲として復活上演できないというケースがままある。「そのようなことが起こらないように楽譜があるのではないか」と考えがちだが、日本ならではの事情がその背景にはある。声明の博士の例からも浮かび上がってくるように、日本では音を記すに際して考案されたさまざまな工夫を広く共有するというよりは、流派ごとの独自性として保持する傾向にあった。五線譜のような統一的なものへと収斂されない力学を確認することができよう。また、日本の音楽では多くの場合、直接の伝承を経ずにその曲が演奏されると、その曲や流派がもつ正統性が損なわれるという独特の考え方がある。とくに、秘曲などは口伝えで教えることこそが正統的な伝え方であり、あえて記録を残さないようにしていた。中には家系内で多くの場合、長子にのみ伝承する「一子相伝」という限定的な伝え方すら採用されてきた。そうすることで伝承の崩れを防ごうとした先人たちの意図がそこには隠されているし、安易にコピーされて格式が損なわれるぐらいならばむしろ廃絶してしまったほうがいい、という壮絶な覚悟もある。このことは、音楽において精神性が重視され、修業的な側面があったこととも大いに関わっているが、いずれにしても楽譜を主たる媒体として自立させ、楽譜によって作品を後世まで残そうとした西洋音楽との際立った違いがここにある。
　アメリカの音楽学者チャールズ・シーガーは、楽譜を「規範的 prescriptive」なものと「記述的 descriptive」なものに二分した（Seeger 1977）。規範的な楽譜とは演奏を規定する楽譜であり、記述的な楽譜はある演奏を記録し

た楽譜と捉えられている。後者は実際の演奏を楽譜に書き起こすといったケースであり、一種の記録と見なすことができるが、前者については近代の五線譜はもちろん、バロック時代以前の楽譜のように、生み出されるべきすべてを記していないが、演奏習慣や約束事の存在によって規範的な役割を果たしているものも含めて考えることができる。この節で説明してきた日本を含むアジアのさまざまな伝統音楽で用いられている「楽譜にあたるもの」は、この規範的な楽譜に近い在り方と見なすことができる。

［横井雅子］

第3節　音楽の在り方を伝える楽譜

　私たちは日常的に文字を書く。書かれた文字はすべて、音や意味を伝達する記号である。しかし、書道を考えればわかるとおり、筆の勢いが残された文字は音や意味を表現するだけでなく、形態そのものに個性を滲ませ、書き手の息遣いや文字に込められた想いを伝える。楽譜も同じく、音楽の情報を伝える記号の集合だが、じつはよく調べると、記号体系に含まれていない多くの情報がひそんでいるのである。

　第1節、第2節で論じてきたように、音楽を伝える方法は口頭と楽譜による伝承がバランスをとることで成立してきた。楽譜は音楽のすべてを伝えているのではなく、あくまでごく一部の情報を記号化したものなので、たとえ世界に流通している五線譜であっても、正しく理解するためには書かれた音楽の様式に関する知識を必要としてきた。それは古い時代の楽譜だけではない。現代でも新作が初演される時、作曲家が練習に立ち会うことはよくある。楽譜には書き切れなかった音楽の特徴を口頭で伝えて、より自分のイメージに近い演奏をしてもらうためである。

　このように楽譜は音楽を伝える手段としては不完全なメディアである。五線譜は音楽についての限定された情報を記号に変換して記している。と

ころが、これと矛盾しているようにきこえるかもしれないが、楽譜から読み取れるのは記号体系に含まれている情報だけではない。楽譜の視覚的な状態はそこに記された音楽の在り方と密接に結びついている。書き手が意識しているか意識していないかにかかわらず、楽譜はその記号的意味を超えて、音楽に関するより多くの情報を伝えてくれるものである。そこで、本節では音楽の在り方を伝える楽譜の特徴について考えてみよう。

作曲家の自筆譜は情報の宝庫

　作曲家が自分の手で書いた楽譜や草稿はじつにおもしろい。現代ではコンピュータで楽譜を書く作曲家も増えてきて、残念ながら直筆の楽譜が残らなかったりするが、かつては、最初に作曲家が自筆の楽譜を書き、そのあとに別の人が写譜したり、印刷したりするプロセスが一般的だった。文字と同じように楽譜にも筆跡の違いがある。きちんと秩序正しく音符を書き入れるバッハの几帳面な記譜は、書き込みがぐしゃぐしゃになって、インクのシミがいくつも残されたベートーヴェンの草稿と対照的だ。記号の長さが曖昧でアクセント（音を強く弾くことを指示する記号）なのか、デクレッシェンド（音をだんだん小さくしていくことを指示する記号）なのか判読しがたいシューベルトの楽譜も、作曲家の書き癖や筆跡にその人の性格まで感じられて楽しい。

　だが、もっと興味深いのは、自筆のスケッチや草稿から浄書された楽譜にいたるまでの書き込みや改訂をていねいに見ると、作曲家がどのような発想をもち、どのようなプロセスで創作を進めたのか、その痕跡から読み解けることである。例を一つ挙げよう。ロシアで生まれ、パリで活躍したイーゴリ・ストラヴィンスキーという作曲家がいる。初期にセルゲイ・ディアギレフが主催するロシア・バレエ団から委嘱を受けて、《火の鳥》《ペトルーシュカ》《春の祭典》というバレエ音楽を次々に発表して一躍、有名になった。彼の作品の特徴としてよく言及されるのが「ブロック構造」である。つまり、ブロック状に独立した楽想のかたまりがそのまま連結され重ねられて、全体が構成されている。印刷楽譜を見る限り、それらのブロック状のかたまりを最初に作っておいて、全体の構想に沿って並べ

たのだろうと想像される。ところが、ストラヴィンスキー研究者によればブロック構造をもつ楽曲の中には、完成した作品にみられるブロックと、作曲の単位としてのブロックが異なっている作品があるという。しかも、ストラヴィンスキーは白紙に必要な長さの五線をローラーで描いて楽想をスケッチしていて、それらをばらばらに切り貼りしながら順番を試行錯誤したことがわかってきている（稲崎 2009）。つまり、完成された作品の楽譜からは判別しがたいブロックの組み換え操作が、ストラヴィンスキーの作曲プロセスにおいてはとても重要だったと推測される。組み換えのもとになったブロックと完成された作品のブロックのくい違いがどんな意味をもつのかはこれからの議論だが、自筆のスケッチや草稿を見なければ決して明らかになることはなかったストラヴィンスキーの思考の痕跡がたどれるのである。

　このように自筆譜から得られる豊富な情報は、時に作品の解釈にも影響をもたらすので、どんな想いを込めて、どのような理念のもとに曲を作ったのかを確かめようと、専門の音楽学者ばかりでなく、指揮者や演奏家でも自筆譜を研究する人は少なくない。

眼で楽しむ楽譜——アイ・ミュージック
　今度はこのハート型の楽譜を見てほしい（4-3.1）。下の3段の楽譜だけでなく、湾曲した部分も五線譜2段に古い時代の西洋の音符が記されている。赤と黒の2色で描かれていて、上の2段の楽譜には歌詞がつけられ、一番下には言葉が書き込まれている。これは14世紀の終わりから15世紀初めにフランスで活躍したボード・コルディエが作曲したロンドーと呼ばれる世俗曲《美しくて善良で賢い女よ》の自筆譜である。全く説明がなくてもキュートなハート型を見れば、きっと恋の歌だろうと想像がつく。2段目の湾曲した楽譜は小さなハートが書き込まれていて、観ているだけで楽しくなる。

　世界共通の楽譜として認識されてきた五線譜は、それを使う人たちの音楽的思考を方向づけるほど強力なメディアである。しかし、西洋の作曲家たちは豊かなイマジネーションによって、五線譜にも個性的なイメージを

4-3.1　コルディエ《美しくて善良で賢い女よ》(コンデ美術館蔵)

与えた。まだ、五線譜になる前の中世の楽譜にはカラーの細密画が描かれているものも多く、聖書のなかの情景や教会の様子、楽器を演奏する人の姿などを見ることができる。コルディエの意匠を凝らした五線譜もそうした流れを汲んでいる。

　4-3.2 は 15 世紀スペインの作曲家、バルトロメ・ラモス・デ・パレハの四声のカノンの楽譜である。カノンの形式、つまり全く同じ旋律を複数のパートが数拍ずらして追いかけるように歌っていく形式で作られている。この記譜法は円形になっているのが特徴で、ぐるぐると円をめぐりながら、音符を読んでいく仕掛けだ。五線譜を取り巻くように、東西南北の四方から風の神が息を吹き込む様子が描かれ、四つのパートが歌い始める部分を示している。紺の地に金色で文字と音符が書き込まれた美しいカラーの細密画である。当時、カノンの楽譜をこのように書いたのはデ・パレハだけではなかった。ハート形の楽譜を紹介したコルディエも、カノンの形式によるロンドーを円形の楽譜で書いていて、「私はコンパスを使って書かれた」と、まるで楽譜自身が語りかけてくるような歌詞を歌わせている。

　作曲家たちが楽譜上の視覚的な形を追求した有名な例としては、バッハの《マタイ受難曲》が挙げられる。イエスの死よりもあとに出てくる〈まことにこの人は神の子であった〉という百人隊長の言葉が歌詞として歌われる曲で、自筆譜を見ていくと、視覚的に十字架が浮かび上がるところがある。「シオンの娘」を歌う合唱グループと「信ずる者たち」を歌う合唱グループが一つに合体する部分である。バッハにも、その他の作曲家にも、宗教曲では音符の配置を工夫することで、象徴的に十字架が見えるように書かれた楽譜があった。

　興味深いのは、このような形象は視覚的に楽しむことはできても、音楽の響きには直接現れないことである。中世からバロック時代にいたるまでの自筆譜となると、ほんのわずかな人の眼にしか触れることはなかったはずだ。作曲家自身とその曲を奏でる演奏家、その楽譜が献呈された貴族といったところだろうか。他人に見られる機会の少ない自筆譜を視覚的にユニークな形に仕上げるのは、ほとんど秘儀的な行為と言ってもいい。音楽を伝えるという楽譜本来の機能を維持しながら、作曲家は描くことも楽し

4-3.2　バルトロメ・ラモス・デ・パレハの四声のカノン（フィレンツェ国立図書館蔵）

んだ。単なる道具としてではなく、楽譜そのものが価値のある貴重品として扱われていたことも感じられる。そして、こうした視覚的な形象はあくまでも記された音楽の内容を、より豊かに表現するという役割を果たしていた。

　このように音響との直接的な対応関係をもたず、純粋に視覚的表現を追求した事例は、啓蒙主義の時代の印刷譜にも見られる。当時、流行った手法には「死」や「夜」という歌詞に四分音符や八分音符など黒い音符の楽想をあて、「光」や「昼」という歌詞に全音符や二分音符など白い音符の楽想をつけるといったシンプルなものがあった。こうした趣向は19世紀にはやや下火になるが、20世紀に入ると新たな展開をみせる。かつての自筆譜や数の少ない初期の出版譜と同じように、20世紀にも限定出版の優美なコレクションがあった。たとえば、19世紀末から20世紀にかけて活躍したフランスの作曲家エリック・サティのピアノ曲集《スポーツと気晴らし》の楽譜はその一例である。21曲からなるピアノのための小品集で、発行されたのはわずか225部だった。1曲1ページで書かれた楽譜には各曲のテーマにちなんだ短いテキストが書き込まれている。そのページと交互に重ねられているのがシャルル・マルタンの挿絵20点である。第1曲〈ブランコ〉のあとには自然の中で女性が立ってブランコに乗り、風に髪をなびかせている水彩画が入っている（4-3.3）。〈狩〉〈イタリア喜劇〉〈花嫁の目覚め〉〈目隠し鬼〉〈魚釣り〉と続く曲名にちなんだ情景を、パステルカラーで描いた挿絵はおしゃれでファッショナブルである。ピアノの演奏がフランスの裕福な家庭夫人の趣味として好まれた時代、きれいな筆跡で書かれた楽譜も水彩画を版画にした挿絵も、客間の棚に品よく飾られていたに違いない。

色と形が記号となった図形楽譜 graphic notation
　アイ・ミュージックと同じように視覚的な美しさをもつ楽譜の中には、色や形が直接、音楽の響きと結びつけられているものもある。つまり、純粋に観て楽しむ表現ではなく、視覚的な記号として色や形に音楽的な意味を与えた記譜法である。

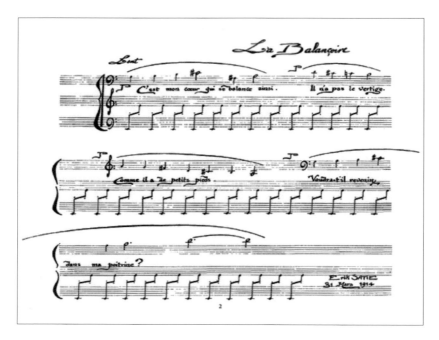

4-3.3　エリック・サティ《スポーツと気晴らし》第1曲〈ブランコ〉の楽譜と挿絵

20世紀後半に活躍した日本の作曲家武満徹は、1962年にデザイナーの杉浦康平との共作で、《ピアニストのためのコロナ》と《弦楽のためのコロナⅡ》という作品をユニークな形態の楽譜で書いた。4-3.4は《弦楽のためのコロナⅡ》の楽譜で、それぞれ赤、青、黄の色彩が茫漠と広がった3枚のプラスチックフィルムを、10個の同心円が書かれた白い台紙の上に重ねている。真ん中の円を合わせさえすれば3枚のフィルムをどう置いてもいいという指定なので、重なってできる色や形象は無数に変化する。

　おそらく、これを見ただけで楽譜だと思う人はいないだろう。コロナという名前のとおり、太陽のまわりに広がる淡い色の輝きを描いているようにみえるが、じつは指示書がついていて、どのように楽譜として読み取

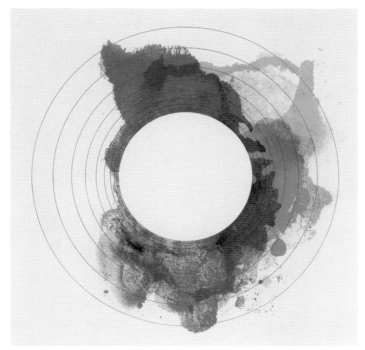

4-3.4　武満徹《弦楽のためのコロナⅡ》
Copyright © Musique Contemporaine S.A.
Éditions Salabert, Paris, France
Tous droits réservés pour tous pays.
Reproduced by kind permission of Hal Leonard MGB Srl – Milan

第3節　音楽の在り方を伝える楽譜　153

るかが説明されている。弦楽器奏者は同心円のうちの一つを選び、中心に近ければ低い音域、外側になるほど高い音域から1音を自分で選択する。選んだ円の上を眼で時計回りに、1周をおよそ1分の速さでたどりながら、選んだ音を奏でていくのだが、そこに現れる色彩の密度と変化に応じて、楽器の奏法を変えるよう、指示されている。

　したがって、ここでは演奏するための情報が円と3枚のフィルムを重ねてできた色彩のグラデーションによって与えられる。音高と音価について、選んだ円の大小と1周1分という目安から漠然とした情報は得られるのだが、実際に演奏する時には演奏家自身が決めなければならない部分を多く残している。また、五線譜では表情記号（「快活に」とか「優しく」など、演奏する時の表情を指示する楽語）や奏法の指示（「鋭く切って」など）で示されていた音色の変化は、赤、青、黄の図形の重なりや色のかすれなどの色彩や形象から解釈しなければならない。演奏家は色や形に対応する奏法を自分で考えることになる。この楽譜では色や線が新しい記号として意味を与えられ、演奏する人はそれを解釈して楽器を弾く。つまり、五線譜とは全く異なる新たな記号体系に基づいて作られた楽譜なのだと言うことができる。

　このような新しい記号体系で描かれた楽譜は図形楽譜 graphic notation

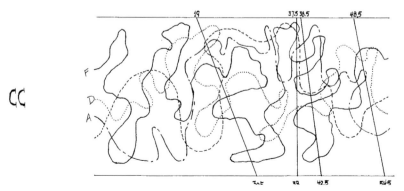

4-3.5　ジョン・ケージ《ピアノとオーケストラのためのコンサート》1958のピアノ・パートの図形楽譜の一部
©1960 by Henmar Press, Inc. Reprinted by permission of C. F. Peters Corporation. All Rights Reserved.

と呼ばれている。図形楽譜は武満が試みるよりも10年ほど前に欧米で考案された。たとえば、アメリカの作曲家でケージと交流の深かったアール・ブラウンは《フォーリオ》と名づけた一連の作品の一つとして、白紙にさまざまな長さと太さで描かれた垂直の線分と水平の線分を散りばめた〈December 1952〉という図形楽譜を書いている。アレクサンダー・カルダーの「モビール」を意識したと言われるその楽譜では、線分を自分で決めたルールで解読する。記号としての図形に固定的な意味はないが、演奏家がその意味を演奏するたびに決めて読み解いていくのである。ケージの図形楽譜で有名なのは1958年の《ピアノとオーケストラのためのコンサート》のピアノ・パートである（4-3.5）。図形を自由に組み合わせながら、描かれた図形が示すさまざまな数値を読み取り、そのデータを演奏行為に必要な事柄を決定する根拠とするものだった。この楽譜は視覚的にもおもしろく、初演される前にギャラリーで展示された。また、ケージには《アリア》というカラーの楽譜もあって、ここでは色の違いを声色の違いと対応させる指示がある。

　なぜ、彼らは五線譜ではなく、このような図形楽譜を作ったのか。それは五線譜で書いてきた音楽とは異なる、全く新しい発想の音楽だったからだ。武満にしてもブラウンやケージにしても、これらの作品では演奏家が自由に選んだり決定したりすることを求めている。つまり、すべての音楽的要素を作曲家があらかじめ作り上げるのではなく、図形楽譜を読む演奏家がその都度、新しい決定を下せるような仕掛けを設計しているのである。そのための楽譜は五線譜で用いられた記号体系とは違って、色と形を音楽の要素と固定的に対応させるのではなく、色と形が生み出す偶発的な状態を演奏家の創意によって解読できるように導いていく。

　図形楽譜は1960年代に広く欧米で流行したが、現在ではあまり活用されていない。時代が求める音楽の様式が変化したのに伴って、図形楽譜も下火になったと言える。図形楽譜では作曲家ごとに使う記号が異なっていて、統一的な体系へと収斂されることはなかったが、そこには伝統的な音楽様式から完全に離脱しようとする作曲家たちの強い想いが形となって現れている。

［白石美雪］

第 5 章　音楽とパフォーマンス

第1節　パフォーマンスとは何か

スイッチが入るということ

　本章では、音楽の分野におけるパフォーマンス performance について考える。

　音楽の分野ならば、「演奏」あるいは「歌唱」のことではないのか、なぜことさらに英語のカタカナ表記をもち出すのかと思うかもしれない。たしかに「演奏」や「歌唱」はパフォーマンスだが、音楽以外にも、舞台や映画等での「演技」もそうである（演劇、音楽、舞踊等を総称する「パフォーミング・アーツ」という言葉もある）。また、「上演」「公演」「興行」といった表現行為の機会自体を指す場合もパフォーマンスという言葉が使える。いや、それどころか、そもそも何かを実行することはすべてパフォーマンスだとも評釈できるのだが、この言葉をあえて用いる場合、その行為にはいかなる特質が見えてくるのか。そして、その特質に着目する場合、音楽にはどのような考察が加えられるのだろうか。

　南半球のオーストラリアにミーガン・ワシントンというシンガー・ソングライターがいる。2014年5月、プレゼンテーション・サイト TED Talks に公開された動画で、彼女は興味深い告白をしている（Washington 2014）。

　ワシントンは幼少より日常生活において吃音障害があるそうだ。他人と会話をする時に、スムーズに言葉を発せられない。ところが歌う時は違う。歌い始めると「私が意図したとおりのもの」が口から発せられ、吃音障害に悩まされない。実際、動画の前半では、たどたどしく語るワシントンだが、後半にピアノの前に座ってからは別人のように流暢に歌い出す。つまり彼女の場合、パフォーマンスにおいて、吃音障害は発現しないのだ。ここに働く心理学的・医学的メカニズムは不明だが、この事実から少なくとも言えるのは、歌唱というパフォーマンスをする段になると、彼女の意識の中で何かが切り替わっていることである。その意味において、少

なくとも彼女にとって、パフォーマンスは、会話という日常生活の営みとは別物なのだ。

　第6章でも言及するカナダのメディア論者マーシャル・マクルーハンは、1980年に没したが、その前年に脳卒中の発作によって左脳の言語中枢を損なわれ、言葉を話せなくなった。しかし、カトリック信者であった彼は、それ以後も教会では聖歌を朗々と歌ったという（Marchand 1989, 281）。

　医学者に評釈を求めれば、歌うことと話すことは使われる脳の部位が異なるのだと説明を受けることになろう。しかし、聖歌を歌うというパフォーマンスは、マクルーハンの頭脳の中でも日常生活の営みとは区別されており、このパフォーマンスに移行する時に、何かが切り替わっているとは考えられないだろうか。

　ワシントンとマクルーハンのエピソードは、どちらも極端な例ではあるが、日常生活の営み（非パフォーマンスとでも呼ぶべきか）とパフォーマンスとの間には、違い、あるいは隔たりがあることが示唆される。そして、人間がパフォーマンスを始める瞬間、つまり、日常性から非日常性に切り替わる瞬間には、「スイッチが入る」とでも言うべき意識の変化がありそうだ。――このようにして観察できるパフォーマンスとはいかなるものなのか。本章では、それを探るために、まず「パフォーマンス研究 performance studies」という比較的新しい分野を一望し、その研究成果を参照したい。それに基づいて、「パフォーマンスとしての音楽」を考察し、パフォーマーとは何かを捉えたい。

演劇研究からパフォーマンス研究へ
　パフォーマンス研究の誕生は、1980年にニューヨーク大学大学院の演劇科が世界初のパフォーマンス研究科に改組されたことに求められると言われる。その新しい研究科の案内文にはこう書いてあった。

　　本学科のカリキュラムは、演劇やダンスから儀礼、ポピュラーエンターテインメントに至る、あらゆる領域におけるパフォーマンスの形

態を含み［……］ポストモダン・ダンス、サーカス、カターカリ、ブロードウェイ、バレー、シャーマニズムなどを、フィールドワーク、インタヴュー、文献調査によって記録し、複眼的な視点から分析する。本学科のプログラムは、芸術と人文社会諸科学に依拠した間文化的、学際的なものである。（高橋 2005, 29）

　ここからわかるのは、研究対象の中心には演劇等の舞台芸術がありつつも、舞台を離れた大衆芸能や民俗的・宗教的なイヴェントまでもが射程に収められており、文化人類学や民俗学等の手法がもち込まれて、多元的・相対的な文化理解のもとに、人間の何らかの活動・行為が取り沙汰される、ということである。
　このアプローチは、この研究科の中心的人物リチャード・シェクナーの活動を振り返ると理解しやすい。シェクナーは、ベトナム戦争の時代、カウンター・カルチャーと学生運動の盛んだった 1960 年代末の米国で「パフォーマンス・グループ」という前衛的・実験的な劇団を組織し、ニューヨークを拠点に活動した演出家・演劇理論家である。彼は、劇作家の存在や戯曲というテクストの権威を相対化し、準備段階から上演終了後の片づけまでのプロセス全体を演劇と考え、そこにおける集団的な創造や観客の参加性を重視し、作品の祝祭性、身体性、政治性を意識した。研究科の改組以前より、講座に文化人類学者や民俗学者等を招き、現実の人間のさまざまな営為をオーセンティックなものとしてそのまま記録する態度と実践から学んできたシェクナーは、大転換を行った。つまり、戯曲というテクストの分析に終始しがちな従来の「演劇研究」を、上演のプロセスや関係者の相互作用を重視したパフォーマンス研究に改めたのである。なお、1984 年にはノースウェスタン大学がコミュニケーション学部にオーラル・インタープリテーション学科を改組して、パフォーマンス学科 Department of Performance Studies を作っている。最新のウェブサイトにはこう書かれている。「パフォーマンス学科は、個人的な語り、文学、文化、テクノロジー、パフォーマンス理論に広がる交差の場に存在しています。［……］私たちはパフォーマンスの研究に価値を置くことで、文

化的な儀式、公的なアイデンティティ、政治的立場といったものを記録し、分析し、理論化します。パフォーマンスの実践にも価値を置き、小説、詩などの書かれたソースの生の解釈を創造するための文学的テクストの検討と上演を行います。」(http://www.communication.northwestern.edu/departments/performancestudies/about.php)

　では、この「パフォーマンス」という概念はどのように規定できるのか。決まった定義は存在しないが、もちろん専門家は説明を試みている。たとえば、鈴木健は、その一般的な意味として「舞台芸術などの身体的な訓練や熟練した技術を伴う行為」であると説き、「繰り返されることで社会的に認知された行動様式や、ある達成基準に基づいた文学作品の朗読などの言語活動を指すこともある」とも述べ、舞台芸術における従来的な行為に加え、舞台を離れた行動や、言語活動に特化した事例を加える（高橋，鈴木 2011, 51-2）。さらに前述のシェクナーは「演劇、舞踊、音楽などの「美学的ジャンル」だけでなく、日常生活におけるパフォーマンス、祭祀や公共の儀式などの文化的パフォーマンス、ジェンダーやアイデンティティのパフォーマンス、大衆芸能、さらに動物、とくに霊長類に見られるパフォーマンス的な行動なども含む、広義の「遂行的（パフォーマティヴ）」な行為を研究対象とする」と述べている（シェクナー 1998, 1）。動物の行動を含めることが適切かどうかは留保するにせよ、今まで述べたことをさらに具体的に例示したものである（「遂行的な」行為については後述）。

　だがここでは、こうした説明を集約する簡明な認識を、高橋雄一郎の次の文言から汲み取ってみよう。すなわち、「見る者、あるいは参加する者が、たとえ無意識であっても何らかの働きかけを受けるような行為や表象は、意識的な「演技」がそこに介在するか否かを問わず、おしなべてパフォーマンスとしての研究の対象になる」というものだ（高橋 2005, 10）。

　すると、ここから研究対象としてのパフォーマンスの特徴を3点取り出すことができる。

　　(1) パフォーマンスには、「行為」だけでなく、「表象」も含まれること。

(2) 関与する他者に影響を及ぼすものであること。
　(3) 行為者の「演技」が意図的な場合も、意図的でない場合もあること。

　さらに高橋は、「作業仮説」としてパフォーマンスを以下の三つの枠組みに分類している（同書, 18）。

　(1) 舞台芸術、芸能として捉えられるパフォーマンス
　(2) 日常生活におけるパフォーマンス
　(3) 文化的パフォーマンス

この三つを個々に検討し、事例を整理しよう。

舞台芸術・芸能としてのパフォーマンス
　これこそ「舞台芸術などの身体的な訓練や熟練した技術を伴う行為」（高橋, 鈴木 2011, 51）であり、誰もがまず考えるパフォーマンスである。演劇、オペラやミュージカル、バレエなどの舞踏、各種の演奏会、寄席の落語、漫才、詩の朗読会、奇術ショー、サーカスなど、そこで演じられる個々の行為（演技・演奏・歌唱等）だけでなく、そこで催される作品も、催し自体も、パフォーマンスと呼べる。ただし、催しとしてのパフォーマンスは3番目の「文化的パフォーマンス」において論じられるべきかもしれない。芸術的かどうかはともかく、講演も、それを催す講演会自体もパフォーマンスと呼べるのであって、各種の会場で行われるあらゆるイベントも、その個々の行動も、行動はすべてパフォーマンスである。
　もっとも、舞台芸術・芸能としてのパフォーマンスは、「特別な場所で、特別な時間に演じられるもの」（同書, 21）であり、オーディエンス（観衆・聴衆）に非日常性を突きつけ、影響を及ぼすものであろう。それは、「スイッチが入る」状態でのパフォーマーの「意図的」な行為であることも忘れてはならない。つまり「舞台芸術・芸能としてのパフォーマンス」とは、意図的な技芸によって非日常性を表出させ、関与する他者に影響を

及ぼす行為と定義づけられよう。

　では、映画、録音、ラジオ・テレビ放送はどうか。舞台では出演者、観客ほかの関係者が時間や空間を共有してパフォーマンスが行われるのに対し、これらでは、時間や空間の共有がなかったり、制限される。それでも、撮影や録音時の役者や演奏者も、映画や録音の収録や放送時において「スイッチが入」り、非日常性を演出する。それが編集され、時間や空間を共有しないオーディエンスに働きかけ、影響を及ぼすとすれば、これらのプロセス全体もパフォーマンスだと言えるはずだ。その意味からすれば、利用されるメディア全体が異なる時空間を統合する「舞台」となっているのである。

　なお、「舞台芸術・芸能としてのパフォーマンス」には、特殊な意味でのパフォーマンスも加わる。上述のさまざまなジャンルを横断したり、どこにも属さない形態の表現行為もパフォーマンスである。その代表は、20世紀初頭の未来派やダダの運動に始まり、第7章第2節で論じる米国での1950年代以降のハプニング芸術や60年代以降のフルクサス Fluxus などの運動における表現行為である。また、それらを継承しているかどうかはともかく、今なお存在する各種メディアを通して実践される表現行為はパフォーマンスあるいはパフォーマンス・アート（パフォーミング・アートとは別の言葉である）あるいはライヴ・アートとも呼ばれる。それらは偶然性を取り入れたり、練習を積み重ねた行為ではない可能性もあり、その意味では、前述の説明にある「舞台芸術などの身体的な訓練や熟練した技術を伴う行為」にはあてはまらないかもしれないが、「表象」として機能する非日常性であり、他者に影響を及ぼすものであることから、「舞台芸術・芸能としてのパフォーマンス」に加えられよう。

日常生活におけるパフォーマンス

　NHKテレビの教育番組『ピタゴラスイッチ』で、〈ぼくのおとうさん〉という歌が繰り返し放映されていた時期がある。

　　おとうさん、おとうさん／ぼくのおとうさん／かいしゃへいくと　かいしゃいん／しごとをするとき　かちょうさん／しょくどうはいると

おきゃくさん／［……］／はいしゃにいくと かんじゃさん／あるいていると つうこうにん／［……］／がっこういけば せいとさん／でんしゃにのると つうきんきゃく／おとうさん、おとうさん、うちにかえると／「ただいまー」／ぼくのおとうさん（作詞：佐藤雅彦、内野真澄、作曲：栗原正己　JASRAC 出 1514614-501）

　会社員だが、英会話学校に通う姿まで描かれるこの「おとうさん」同様、私たちの誰もが、日々の生活において、さまざまな役柄を演じているのではないか。だとすれば、日常生活自体が私たちのパフォーマンスである。その場所や機会に応じた役割をこなすことで（つまりロール・プレイングをすることで）、効果的に他者に働きかけ、適切な関係を打ち立て、コミュニケーションをとることで社会生活を営んでいるのである。
　カナダ出身の米国の社会学者アーヴィング・ゴッフマンは1959年に『行為と演技——日常生活における自己呈示』を上梓し、他者を前にした人間の行動を「劇場のパフォーマンスという視角」に基づいて論じた。「演出論上の諸原理」を応用することで、「通常の作業状況内にある人が自己自身と他者に対する自己の挙動をどのように呈示するか、つまり他人が自己について抱く印象を彼がどのように方向づけ、統制するか」、また「他人の前で自分のパフォーマンスを続けている間に、しても良いことは何か、して悪いことは何か」を考察した（ゴッフマン 1974, iii）。
　ここで留意するべきなのは、パフォーマンスが相互作用（インターアクション）で成り立っていることだ。ゴッフマンが依拠した演劇でも、役者のパフォーマンスは、オーディエンス（観衆・聴衆）の存在と反応によって絶えず変化する。いわば、オーディエンスを鏡とした自己省察的な行為であり、日常生活のパフォーマンスも他者との相互作用で成り立っていることは変わらない。
　では、日常生活のパフォーマンスは「スイッチが入る」行為なのか——。それぞれの状況でのパフォーマンスの違いは如実であるため、これは、本人が意識するかしないかを問わず、それぞれの状況での他者との相互作用によって絶えずスイッチを切り替えていると考えてよいであろう。〈ぼく

のおとうさん〉の「おとうさん」も、その時々の社会的な立場・役割を演じ分けているのである。

文化的パフォーマンス

　前項の日常生活のパフォーマンスは、個々人の行為に焦点を絞るものだったが、今度は複数の人間による集団的な行動を考えたい。集団の成員が共有する一定の行動様式はまさに文化であるため、そうした行動は文化的パフォーマンスと呼ばれる。これは米国の文化人類学者ミルトン・シンガーが論文「インド文明における文化的パターン」で提唱した概念である（Singer 1955）。個々の文化には、そこの宗教や共同体に根ざした儀礼や慣習があり、その実施自体をパフォーマンスと見なすのである。

　その規模も形態もさまざまだろうが、たとえば、日本の多くの神社で、毎年行われる秋祭りがある。多くは本来は稲作の収穫を神に感謝するものであり、各地の神社を中心とした地域の人びとが参加し、供物がなされ、神輿を担いだり、酒食を楽しむ。また、学校の入学式や卒業式も、建学の精神、伝統、校風など、その学校の文化にのっとって、それぞれ固有の式次第と内容を実行するという意味で、文化的パフォーンスにほかならない。祭りにせよ、学校の儀式にせよ、地域や組織の帰属意識を当事者に認識させ、団結を深めさせる目的がある。あるいは西洋ならクリスマスやイースターの行事、日本なら正月の諸行事、成人式や、七五三のお参りも、家族や地域集団での文化的パフォーマンスであろう。オリンピックそのものや、オリンピックの開会式、高校野球の選手権大会といったスポーツ・イヴェントも、人びとがそこに関心を向け、そのプロセスを見守ることで帰属意識や団結を高める。もしかしたら、都会で、多くの会社員が無言で圧迫に耐えつつ通勤電車に揺られることすら、文化的パフォーマンスと呼べるかもしれない。

　文化的パフォーマンスは、その文化の結果やその文化に属する人の表現行為として完結しているのでもなければ、単なる現象として捉えてすむものでもない。文化的パフォーマンスは「表象」であって、前述のように、その文化の本質を代弁し、接する人に訴えかけてくる。そこには、それを

行う集団に自分たちのアイデンティティを認識させる効果も含まれ、集団の成員どうしの親睦を深め、団結を強める。パフォーマンスの第二の特徴として「関与する他者に影響を及ぼす」と前述したが、文化的パフォーマンスの場合、自己（パフォーマー）と他者の区別は相対的かつ相互的であり、文化の共有者である全員に訴えかけてくる。また、外部（異文化）の人間にもその文化が影響を与えようとする。広く考えれば、文化そのものがパフォーマンスなのではないか。実際、ホモ・パフォーマンス homo performans（パフォーマンスをする人）という概念を提唱した文化人類学者のヴィクター・ターナーは、『パフォーマンスの人類学 The Anthropology of Performance』（1987 年）の中で、「文化的パフォーマンス peformance of culture」を「パフォーマンスとしての文化 culture as performance」にシフトさせている（高橋, 鈴木 2011, 117）。

物語としてのパフォーマンス

　この文化的パフォーマンスには儀礼的な側面があるが、そこに込められているのが物語である。英語では story や narrative が対応する概念としての物語とは、何らかの展開のある事実や出来事を一貫性をもって述べていくことや、述べられたものを指す。文化的パフォーマンスは、そのプロセスの説明や、その意義や背景を説明する内容を伴う。前述のオリンピックの開会式は、聖火をともす物語と、開催国の歴史や文化を紹介する物語とが融合した壮大な文化的パフォーマンスである。また、慣習である葬儀とは、故人の生涯と逝去という物語を共有し、別れを認識するためのプロセスである。パフォーマンスの共有とは物語の共有にほかならない。

　考えてみれば、物語としてのパフォーマンスは、舞台芸術・芸能としてのパフォーマンスにも当然含まれるし、演劇やバレエなど、物語自体を前面に出したパフォーマンスも多い。音楽のパフォーマンスも、純粋な器楽演奏であっても、個々の作品や楽章の展開に物語を認める人もいる。また、そのリサイタルのプログラム（曲目構成）全体を物語と解釈することもできる（第 3 節を参照）。

　だが物語としてのパフォーマンスはそれだけではない。ミュージアムの

展示もパフォーマンスとして捉えられる。ミュージアムとは、美術館、博物館、資料館など、収集した事物を展示する場所であるが、何を選び、何を排除し、どのように展示するかという展示の仕方（演出）によって演劇性が生まれ、物語が創出される。また逆に、物語を成立させるために、演出が導かれ、展示が決められる場合もあるかもしれない。本節「演劇研究からパフォーマンス研究へ」で、パフォーマンスの第一の特徴として、パフォーマンスには「行為」だけでなく、「表象」も含まれることを述べたように、展示物一つ一つにも固有の表象があり、実際、それ自体にも訴える力が秘められているのだが、その展示の仕方（演出）に意図を込めることで、解釈が方向づけられ、伝えたい物語が生まれ、来館者に訴えかける力がもたらされる。そのプロセスがパフォーマンスなのである。演劇などの舞台芸術同様、演出によって物語は変わる。その結果、ミュージアム全体の表象も変化するのである。

　たとえば高橋雄一郎は、東京の九段にある昭和館の例を挙げる。常設展示室は「『母と子の戦中・戦後』をメイン・テーマとして、昭和10年頃から昭和30年頃までの国民生活向上の労苦を伝える実物資料を展示」（ウェブサイトの紹介文）するものであり、戦争の痛みを思い起こさせるよりも、むしろノスタルジアを呼び起こすような展示品とその空間構成上の工夫がなされているという。「昭和館の展示は、現実には存在しなかった不在の過去を構築し、故人の小さな記憶を、より大きな家族としての国家の集合的記憶に重ね合わせるパフォーマンス」なのである（高橋 2005, 93）。

　美術館で、一人のアーティストを取り上げた展覧会があったら、どのようなパフォーマンスがなされているか考えてみるとよい。多くの場合、年代別に作品を陳列し、その生涯と作品を総覧する構成になっているが、そこに主催者側のどのような解釈が含まれ、演出がなされているだろうか。同じアーティストの過去の展覧会と、何がどう異なるか。展示される作品の選定、会場のレイアウト、掲示される解説文などがパフォーマンスとも関連しているはずである。その展覧会のチラシを手に取ってみるとよい。多くの場合、代表的な作品が1点、大きく掲載されているだろう。その作品を中心に据えて、宣伝文句などの構成によって、チラシ1枚ですら、

何かを表象し、訴えかけてくる。それもパフォーマンスなのだ。

このように、日常生活の行動のみならず、文化的な表象自体もパフォーマンスを構成することがわかってきたが、シェクナーはさらに、Is Performance（それ自体がパフォーマンスであることが明らかなもの）と As Performance（パフォーマンスとして捉え得るもの）という概念を提唱し、これを支えた（Schechner 2006, 41; 高橋、鈴木 2011, 28）。今述べたチラシなどは As Performance であろう。

パフォーマティヴとは何か（言語行為論の援用）

このように、文化や表象そのものがパフォーマンスとなり、表象が物語としてパフォーマンスを構成するとすれば、実際、文化や表象に秘められた力とはどういうものか。先に掲げたパフォーマンスの特徴（161-2 頁）で、その（2）に「関与する他者に影響を及ぼすものであること」と述べた。ここでは、その影響力について考えたい。それを説明するのがパフォーマティヴ performative、あるいはパフォーマティヴィティ performativity という言葉である。パフォーマティヴとは「遂行的」あるいは「行為遂行的」と訳され、英国の言語哲学者ジョン・オースティンが提唱した造語であり、概念である。

オースティンは、人間の発言 statement には、ただ何らかの事実を述べるものとは別の文が存在することに気づいた。その著書『言語と行為』で、彼は次のような文をもち出す。

　　私は、この船を『エリザベス女王号』と命名する。
　　私は、私の時計を私の弟に遺産として与える。
　　私はあなたと、明日雨が降る方に6ペンス賭ける。

これらの文（発言）は、その行為を行っていることを記述しているのではなく、むしろ、「その文を口に出して言うこと」自体が、「当の行為を実際に行なうことにほかならない」のである（オースティン 1978, 11）。それは、行為そのものを示すという意味で自己言及的であり、「真でもなけれ

ば偽でもない」のであり、こうした文（発言）を「行為遂行文 performative sentence」、あるいは「行為遂行的発言 performative utterance」とオースティンは名づけた。そして、この「パフォーマティヴ（行為遂行的）」な文（発言）とは逆の、通常の記述的なものを「コンスタティヴ（事実確認的）」constative な文（発言）と命名した。

　コンスタティヴとパフォーマティヴの二項対立は、のちにオースティン本人が放棄することになるが（あらゆる文にパフォーマティヴ的な面が潜んでいると考えるようになったため）、パフォーマティヴという概念自体が画期的な提唱だった。なぜなら、それまで言語とは、事実を述べる手段としてしか考えられてこなかったのに対し、言語を用いること自体が何かを行う力を秘めていることを示したからである。

　このような、発話すること自体が行為であり、何らかの対象に対して働きかけることであるという発想は言語行為論 speech-act theory と呼ばれ、一つの学問領域を形成することにもなった。1990年代になると、このパフォーマティヴな行為（パフォーマティヴィティ）という発想が、文化をめぐる研究全般に援用され、コンスタティヴとパフォーマティヴの二項対立も継承された。それまでの文化研究（英国発祥のカルチュラル・スタディーズ等）は、生み出された産物としての文化現象を記述し、それを読解することに熱心だったのに対して、新しい文化研究は、むしろ何かに働きかけたり、何かを生み出す力を秘めた行為としての文化現象を把握していくことが重視されるようになる。いわば、「テクストとしての文化」から「パフォーマンスとしての文化」へのシフトである。

　パフォーマティヴィティを応用した文化研究の代表例は、米国のポスト構造主義理論家ジュディス・バトラーによるジェンダー研究である。1988年に発表された「パフォーマティヴ・アクトとジェンダーの構成」（バトラー 1995, 58-73）で、ジェンダー（社会的な性）は、社会的な規範が求めるパフォーマンスを人びとが反復する中で作られ、維持されていると主張した。産院で生まれた赤ん坊が「男の子です」「女の子です」と呼ばれた瞬間から、親を初め、周囲がこの性別らしく育つように赤ん坊に働きかけ、赤ん坊もそれを受け入れ、内面化していく。その働きかけこそが

パフォーマティヴな行為を構成しているのだ。ジェンダーの面に限らず、個人のアイデンティティは最初から存在しているのではなく、社会的規範の要請で反復されるパフォーマティヴな行為をもって作られていくという発想がここに示されている。

シェクナーの「行動の再現」

　すでに本節の「演劇研究からパフォーマンス研究へ」で、パフォーマンスの特徴を3点掲げたが、あえてもう1点加えるとすれば、(4) パフォーマンスには再現性・反復性がある——だろう。

　これはシェクナーが提唱した「行動の再現 restoration of behavior」という概念と関連する。彼はこう述べる。「再現された行動は象徴的(シンボリック)であると同時に省察的(レフレクシヴ)である。わかりやすくいえば、行動の再現の原則は、自己が社会の中で他者に囲まれた存在として、あるいは自己を超越して他者になることで、役を演じることである」(シェクナー 1998, 16)。そしてこのパフォーマンスは1度だけとは限らず、むしろ何度も繰り返されていくのだと彼は説く。

　では、その演じる役とは何か。何を再現するのか。これについてシェクナーは図解によって「行動の再現」の三つのパターンを説明した(5-1.1)。

　パターンA (1 → 2)　「私」が「私ではない誰か」を演じる。演劇で、役者が台本に従って登場人物を演じる場合である。また日常生活のパフォーマンスでもこれは多く、学生がコンビニエンスストアの店員として働く場合もそうだ。

　パターンB (1 → 3 → 4)　過去に実際に行われたイヴェントを再現する場合。古典芸能の上演はこれにあたり、各種の式典や儀式の挙行も挙げられる。

　パターンC (1 → 5a → 5b)　しかし、「神話やフォークロアを記念したり演じたりする儀礼」や「古代や古典時代に期限を持つ芸術形式が現代の観客のために「再生」される場合」は、このパターンCをたどる。

　つまり、イエスの最期の晩餐の再現を意図するカトリックのミサや、古代ギリシャの伝統を復活させたとされる近代オリンピックも、「歴史上の

過去」の再現ではなく、あくまで「想像上の過去＝ノン・イヴェント」の再現なのである。また、「演出がリハーサルの過程で固定されていくような演劇」もこのパターンＣに属するパフォーマンスだとシェクナーは説く。

　このシェクナーの図解によって見えてくるのは、現実に行われる特定のパフォーマンスでは何の再現が意図されているのか、である。そしてここで大切なのは、パフォーマンスが反復されていく、ということである。同一のパフォーマーが反復するとしても、パフォーマンスは常に同じパターンを繰り返すとは限らず、その意味も、強化される場合もあれば、ずれたり反転したりする可能性もある。また、同じパフォーマンスでも、新しいパフォーマーがそれを担う場合には、既存のパフォーマンスの参照や模倣をして別の結果を生み出すことになり、パターンの経路が増えていく可能性がある。そして、複数のパフォーマンスが「水平的関係」をなして並立する構図が生まれる。

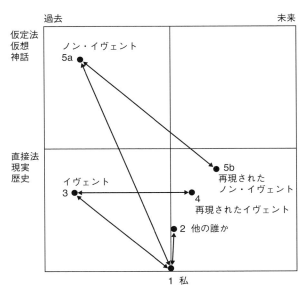

5-1.1　シェクナーによる「行動の再現」の三つのパターン
（リチャード・シェクナー『パフォーマンス研究』高橋雄一郎訳、人文書院、1998年、18頁）

第1節　パフォーマンスとは何か　　*171*

本節では、音楽以外の分野で発達してきたパフォーマンス理論を紹介することで、パフォーマンスの本質を、舞台芸術等での表現行為という枠組みを取り払い、日常生活の人間の行動や文化の問題にまで拡大して考えてきた。その本質は、行為や表象が接する人に反復的に訴えかける力（パフォーマティヴな力）にあることが見えてきた。次にこうした知見を念頭におきながら、音楽パフォーマンスの問題に移りたい。

第2節　音楽作品とパフォーマンス

「テクストの再現」という発想

　ここまで紹介したパフォーマンス研究の流れや成果を踏まえて、音楽の分野に目を向けてみよう。そこでまず知っておきたいのは、そもそも従来の、クラシック音楽の音楽家や音楽学者たちがパフォーマンスの問題をどう捉えてきたのか、である。

　端的に言えば、パフォーマンスへの軽視あるいは無視である。これについては、英国の音楽学者ニコラス・クックが小論「パフォーマンスとしての音楽」で整理している（クック 2011, 232-44）。そこでまず紹介されているのは、楽譜というテクストこそが音楽であって、パフォーマンス（演奏・歌唱）とは、「テクストの再現」でしかない、とする従来の発想である。クックも示唆するように、音楽学の起源が文献学であったためにそうなったらしい。実際、楽譜の分析をもとに作品を研究していくのが、音楽学の中核にあり、演奏自体に対する研究はこれまで積極的に行われてこなかった。これは第1節で述べたように、「演劇研究」が戯曲というテクストの研究に特化していた事実とも重なる。

　では現場の音楽家の意識はどうか。クックが紹介するように、作曲家のストラヴィンスキーは、音楽の演奏に「解釈は不要」と主張し、アルノルト・シェーンベルクも、楽譜を読めない聴衆に理解させたいとき以外には

演奏者は不要だと断言していた。自分が産出した楽譜の時点で音楽は完成していると考える作曲家は確実に存在する。パフォーマンス（演奏）とは、「音楽のパフォーマンス」であって、パフォーマンス自体は音楽ではない、という発想である。

では演奏家や聴衆の考えはどうか。「パフォーマンス自体は音楽ではない」とまでは、もちろん思っていない。しかし、クラシックの分野では、楽譜に書かれた指示どおりに演奏するのが当然であり、解釈とは、そのために奉仕する限りにおいて認められた裁量内の営みとしての表現行為であるという発想が無意識の前提として共有されている。要するに、前出の「テクストの再現」である。「再現芸術」としてのパフォーマンスにほかならない。

これには「作品概念 work-concept」の成立と関係があるとの主張が存在する。リディア・ゲーアは『音楽作品の空想的博物館』の中で、哲学と歴史の両面から総合的に検討した結果、「作品概念」は、1800年頃に定着したと主張する（Goehr 2007）。1800年頃とはベートーヴェンが活躍していた古典派とロマン派の端境期である。それ以前にも音楽の「作品」は当然存在しており、しかも楽譜として記録・流通していたのだから、奇妙に思われるかもしれないが、ここで言う「作品概念」とは、ただの「作品」という意味ではない。「自足しており、他の何物への外的関係ももたない」作品（Goehr 2007, 171）という概念である。つまり、音楽作品は、作曲家が生み出した時点で完成しているのだから、それを加工する必要はなく、当の作曲家以外の改変を許さないのである。そういえば、番号の付されたピアノ協奏曲を5曲書いたベートーヴェンは、第1番から第3番までは、カデンツァに他人の作を使うことを許していたが、第4番と第5番では自ら書いたカデンツァを楽譜に組み込んでしまい、全曲を「自足」した作品としてしまった（第4番は他人作のカデンツァを許容するが）。第3番は1800年作曲、第4番は1806年作曲であり、この「作品概念」成立の時期と符合するかもしれない。

このように、少なくともクラシック音楽の場合、パフォーマンス（演奏・歌唱）とは、確立された作品 work という楽譜すなわちテクストの再

現として捉えられている。ゆえにパフォーマンスは、「作品概念」として完結した作品に本質的に備わった美的な魅力をどれだけ引き出せるかについて是非や優劣が問われる。しかし、それは批評（評論）の対象とはなっても、研究の対象にはなってこなかった。

実際には何を再現しているのか

　しかし、パフォーマンス（演奏・歌唱）が「テクストの再現 reproduction of text」であるとする発想は正しいのだろうか。

　一つの問題は、再現する対象の「テクスト」とは何か、である。「楽譜でしょう？」と即答されるかもしれないが、ある曲の楽譜とはどれを指すのか。第4章で論じられているように、楽譜も、自筆譜、筆写譜、初期の印刷版、各種出版社の出す校訂版や原典版などさまざまある。たしかに、たとえば、ベートーヴェンの交響曲第9番ニ短調作品125（以下、第9交響曲）が扱われる場合、一般に流布してきた楽譜は1864年にブライトコプフという出版社から世に出たいわゆる旧ベートーヴェン全集に基づくものであり（旧全集版）、最近では、批判校訂がなされた1996年のベーレンライター版や、同様に批判校訂を経た2005年のブライトコプフ版が知られる。後二者は、自筆譜や諸資料に基づいて旧全集版の音符や指示記号等の誤りを学術的に正した原典版である。そこで、「〜版に基づく演奏」という言い方はあり得るが、実際の演奏（パフォーマンス）は、その特定の版（テクスト）のみの再現なのだろうか。

　たしかにそうした特定の版に依拠したことを強調する演奏（録音を含む）は存在するが、実際の演奏（パフォーマンス）は、その特定の版（テクスト）を再現しているわけではない。前出のシェクナーの「行動の再現」理論などを援用したクックの言葉を借りれば、第9交響曲のパフォーマンス（演奏）は、「他のパフォーマンス（演奏）によって成立した予測の水平的関係から意味を獲得している」（クック 2011, 235）。つまり、楽譜というテクストだけではなく、他の演奏も参照して、新たな演奏を現出させているのである。その意味では、第9交響曲の演奏が依拠するオリジナルなテクスト（楽譜）というものは存在していないとも言えるし、交響曲第9番

は、ローレンス・ローゼンウォルドの言う「記譜とそのパフォーマンス（演奏）のあいだに存在するもの」（クック 2011, 235）なのである。

　また、「水平的関係」に並ぶパフォーマンス（演奏）は、テクスト（楽譜）のみならず、ベートーヴェン観や、第9交響曲の成立や演奏慣習等にまつわるさまざまな予備知識にも影響を受けているはずであり、新しいパフォーマンスはそうした知見の蓄積を参照する中で生まれているとも言える。1980年代末から、ベートーヴェンが楽譜にメトロノーム記号で指定したテンポに基づく演奏がさまざまな指揮者によって採用され始め、聴衆を驚かせた。ベートーヴェンのテンポ指定は速すぎて非現実的だというのがそれまでの一般通念で、これを守る指揮者はいないどころか、1951年のヴィルヘルム・フルトヴェングラー指揮バイロイト祝祭管弦楽団による倍くらいの遅さによるゆったりとした演奏が歴史的名盤として評価の高い現実もあった。結局、さまざまな演奏が立ち並んでこそ、それらに応える形で新奇な解釈の演奏も生まれるのである。このように、クラシック音楽のパフォーマンス（演奏）が「再現」する「テクスト」とは曖昧である。そしてその実行が単なる「再現」とは言い切れない、もっと積極的な可能性を秘めていることも示唆される。

特異なピアニスト

　とはいえ、クラシック音楽の世界の共通認識としては、パフォーマンス（演奏）が作曲家の残したテクスト（楽譜）の「再現」であることに変わりはなさそうである。つまり、楽譜を「正しく」読み取り、作曲家の「真の」意図を探る営み、すなわち音楽演奏の真正性（オーセンティシティ）の保持が求められている。そういう意味では、クラシック音楽のパフォーマンスは、根本的には再現なのであって、前述の「音楽作品のパフォーマンス」という見方にとどまり、「パフォーマンスとしての音楽」という発想には到達しない。この発想の切り替えはどうやったらできるか。その問いを扱うにあたって、ここで、特異なパフォーマーを紹介し、パフォーマンスの本質を別の角度から考えてみよう。カナダ出身のピアニスト、グレン・グールドである（5-2.1）。

グールドは、30代で演奏会活動をやめ、録音などの電子メディアでの音楽活動に専念したピアニストである。実践ばかりでなく見解も述べた。「コンサートは死んだ」という発言が知られるように、やり直しのきかないコンサートという場（メディア）を批判し、積極的に編集行為のできる録音・放送スタジオでの音楽作りの優位性を主張し、それを多くの文章やインタヴューに残した。その思想は音楽メディア論において意義深いが、彼の発言が注目され、忘れられないのは、やはりその個性的な演奏があるからである。

　グールドは、クラシック音楽のピアニストとしてはいくつかの意味で特異な存在である。まず、レパートリーが偏っていた。多くのピアニストが好むシューベルト、シューマン、フレデリック・ショパン、フランツ・リストといったロマン派の主要な作曲家たちのピアノ曲を基本的に演奏しなかった。代わりに好んで取り上げたのは、バッハ、モーツァルト、ベートーヴェンといった古典と、シェーンベルクやパウル・ヒンデミットといった20世紀の作曲家の作品だった。

　次に演奏解釈が異端的だった。バッハにせよ、ベートーヴェンやモーツァルトにせよ、テンポは極端に速かったり、遅かったりした。楽譜の指定や慣例を無視した強弱やアーティキュレーション（節まわし）があり、フォルテ（強く）と楽譜に書いてあるのにピアノ（弱く）で弾いたり、クレッシェンド（次第に大きく）のところをデクレッシェンド（次第に小さく）で弾いたりといった規則破りをする。また、旋律を作る音どうしを滑らかにつなげるレガートで弾くべき箇所で、わざと一音一音を区切って弾いたり（ノンレガート奏法）、一音一音を短く切るスタッカートを好んだりもする。さらに慣習とは異なる装飾音を施したり、和音を分散和音に変えたり、反復記号を無視したり、内声部から音を選び、旋律を作って強調したり……。ただし、聴いただけでは奇妙に感じられない場合もある。彼のリズム感や歌い方が自然に感じられても、楽譜を照合して初めて「違う」と驚く演奏にも遭遇する。その典型例は、ヨハネス・ブラームスの間奏曲を集めたグールドの代表的なアルバムなので、楽譜を見ながら聴いてみるとよい。

　さらに、グールドのファン層の特殊性である。グールド・ファンはクラ

5-2.1　グレン・グールド（Photo: Don Hunstein. Courtesy of Sony Music Entertainment.）

シック音楽全般に日頃から親しむ音楽愛好者とは限らないようだ。要するに「クラシックの分野ではグールドしか聴かない」人が少なからずいる。そういう人が普段聴く音楽はジャズやロックであったりするし、音楽はグールド以外はあまり聴かず、むしろ他の芸術分野や文学などに精通するタイプかもしれない。むしろ、ジャズやロックとして聴くほうがしっくりくる、と述べるファンもいる。また、逆に、クラシック全般のファンで、グールドに無関心な人もいれば、違和感を覚える人、あるいはそもそも生理的に受けつけないほど嫌う人もいる。

こうしたグールドの演奏は、生前より人びとを戸惑わせ、大別して二つの解釈を引き起こした。バッハ演奏を例に考えれば、一方は「これはバッハではない」という否定的意見。他方は「これこそバッハである」という意見だった。

グールドのトレードマークとなったのは1955年録音のデビュー盤であるバッハの《ゴルトベルク変奏曲》だが、これが翌年に日本で最初に発売された時、当時の代表的な評論家の村田武雄がこんな評を書いた。「私にはバッハがこの変奏曲に求めたのとは別のグールドのバッハになり切っているのに不満を覚える」(村田 1956, 53)。つまり、音楽的にどうあれ、バッハとは認めないと述べているのだ。けれども、逆に、グールドのバッハ演奏は学識ゆえの成果ではないか、といった指摘や、グールドこそバッハの精神に沿っている、バッハをよみがえらせた、といった賞賛もなされてきた。

これはバッハに限らない。グールドの弾いたベートーヴェンやモーツァルトの個々の演奏での特異な解釈についても賛否両論がある。結局、そうした議論は、どちらであっても、現前するパフォーマンス自体を問題にしているというよりは、その根拠を楽譜、ないしは楽譜の作り手の像(「作曲家像」)に求めて善し悪しを判断しているきらいがある。つまり、前述のように、楽譜というテクストが音楽作品であって、パフォーマンスは「テクストの再現」にすぎないという発想に基づく議論なのだ。別の言い方をすれば、「音楽作品のパフォーマンス」としてグールドの演奏を取り沙汰しており、「パフォーマンスとしての音楽」として考えていない。

前述のように、クラシック音楽の世界では、こうした「音楽作品のパフォーマンス」の是非を問う議論が主流である。楽譜を「正しく」読み取り、作曲家の「真の」意図を探る営み、すなわち音楽演奏の真正性（オーセンティシティ）の探求が望まれているのだ。
　しかし、真正性ばかりを論じていても、「パフォーマンスとしての音楽」であるグールドの本質はわかるまい。その演奏（録音）自体に込められた聴き手に働きかける力について十分な理解をするには、どうしたらよいのか。
　あくまで聴取体験として語る試みはどうか。その演奏の特徴を見つけ、それが聴衆を含めた関係者にいかなる効果を与えているかを考えればよいのではないか。なるほど、音楽評論であれば、成功例が見出されるかもしれない。しかし、実際に言葉を選べば、個人的な感想を述べ連ねただけで終わってしまいかねない。むしろ、楽譜の記述や演奏習慣に即した演奏との差異を検討するのが手堅いアプローチとなるだろう。つまり、「音楽（作品）のパフォーマンス」と「パフォーマンスとしての音楽」の差異の検討である。

論述としてのパフォーマンス

　ここで、しつこく確かめておきたい。クラシック音楽の世界では、「音楽作品のパフォーマンス」の是非を問う、と前に述べたが、それはどういう意味か。
　今日、クラシック音楽のパフォーマンスにおいて、無言の前提となっている発想は、作曲家の個性の再現だということである。楽譜とその規則、および、その規則を実践するための補助的な目安となる演奏習慣に基づき、作曲家が楽譜に託した音楽が再現され、また反復される。その場合、再現を担う演奏家（パフォーマー）が必ずしも無色透明な存在でないことはわかっている。それを期待する作曲家も存在するが、実際には技能の巧拙と演奏家独自の解釈が個性として加わるために、演奏家によりパフォーマンスは異なるし、同じ演奏家によって反復されるたびに差異が生じるのが現実である。

そこで問題となるのは、そうした個性の発揮の度合いである。クラシック音楽において認められる個性は、作曲家への共感に基づき、作曲家の指示を守り、その意図を最良に伝えるパフォーマンスを再現させる限りにおいて発揮される。その意味で、クラシック音楽では、作曲家が「主人」であり、演奏家はあくまで「従者」なのだ。こうした関係がいつ確立したのかは難しい問題だが、おそらく前述の「作品概念」の成立（1800年頃）と関わりがあろう。演奏家兼作曲家は、主にピアノで名人芸を披露する人物が、19世紀から20世紀前半にかけて多く活躍していたが、分業化が進み、作曲家の優位が増したことが推察される。いずれにせよ、少なくとも20世紀後半以降、作曲家の書いた作品（テクスト）を扱うことについて、この主従関係は確立していた。

　ところがグールドは、この主従関係を逆転させてしまう。彼のパフォーマンスは、作曲家への共感に基づいているとは限らないし、作曲家の指示を守らず、その意図に反する場合もある。そのようにして発揮される個性は、クラシック音楽では認められないはずのものであり、多くの人を驚かせた。グールドはただ勝手気ままに、でたらめに演奏をしたのではない。若い頃には作曲家を志望していたグールドは、作り手の立場から作品の構造や構成を分析する力があった。彼は音を用いてそうした意見を述べるかのような演奏をした。演奏を通して、作曲家の意図を評釈したり、作品の不備を暴いたり、修整を施したりする。研究者のバザーナはこれを「論述としてのパフォーマンス performance as discourse」と呼んだ（バザーナ 2000, 137-98）。

　「論述としてのパフォーマンス」とは、再現するべき作品に関する評釈をパフォーマンス自体が論じるかのような表現行為である。それを補足するグールド本人の言葉（レコード解説など）を伴う時も、伴わない時もあったが、いずれにせよ、本来は言語だけが担うはずの説明や批評をパフォーマンスが肩代わりしているということだ。

　顕著なのはグールドのモーツァルト演奏である。彼はモーツァルトのピアノ・ソナタの全曲を録音したが、モーツァルトを「早死ではなく、死ぬのが遅すぎた」作曲家だと辛辣な発言をしていた。モーツァルトは初期の

作品は構造が優れていてよかったが、後期のモーツァルトは世俗的・享楽主義的になり、「芝居がかった」効果に頼り、堕落したと主張した。なるほどグールドのモーツァルトの録音は、この「享楽主義への抗議」をこめたと思われる演奏が多い。極端に速いテンポで情緒を剥奪したり（ソナタ第 8 番イ短調 K.310、第 10 番ハ長調 K.330、第 16 番ハ長調 K.545 などの第 1 楽章）、逆に極端に遅くして、旋律をノンレガートで弾き、構成する音を不自然なほどに区切って音楽の流れを遮断したりもする（ソナタ第 11 番イ長調 K.331 の第 1 楽章の冒頭）。また、ソナタ第 13 番変ロ長調 K.333 の第 3 楽章のように、「ビタミン剤の注入」と称して、伴奏の和声進行の部分の音をいくつか拾い上げて新しい旋律にきこえるように仕組んで楽しんでいる演奏もある。彼のモーツァルト演奏はどれも、発言同様に挑発的であり、聴き手を単に楽しませるのではなく、考えさせる。まさにパフォーマティヴな行為であり、ある意味ではモーツァルトをめぐるグールドの音楽と言辞全体が「論述としてのパフォーマンス」を構成していると考えてもよいであろう。

　あるいはベートーヴェンに対するグールドの取り組み全体も、他者に影響を与えるという意味で、「論述としてのパフォーマンス」だった。彼はベートーヴェンのピアノ協奏曲（全 5 曲）に加え、ソナタ全 32 曲のうちの 22 曲や各種の作品を録音に残した。どれも個性的な解釈であるが、最大の問題作は、有名な三大ソナタ、第 8 番ハ短調《悲愴》、第 14 番嬰ハ短調《月光》、第 23 番ヘ短調《熱情》の録音だ。それぞれの第 1 楽章がとくに問題で、《悲愴》は極端に速いテンポで駆け抜け、《月光》は旋律と伴奏の区別の消えた音の織物となり、《熱情》は極端に遅いテンポとノンレガート奏法で音楽の流れを阻む。そうした解釈の結果、ベートーヴェン本来の豊かな響きや勇壮で劇的な音楽的効果は剥奪され、グロテスクなイメージにすら変容してしまう。

　ベートーヴェンをめぐって、グールドは発言も残しており、その主張の一つは、ベートーヴェンの「英雄主義 heroism」に対する疑念と抗議である。それは作品そのものが醸し出す「英雄主義」とそれを書いたベートーヴェン像、すなわち「苦悩を突き抜け歓喜にいたる」英雄像への批判であ

ると同時に、「英雄主義」のイメージを増幅させてきた演奏慣習や伝記的認識への批判でもあった。彼の三大ソナタの演奏は、まさにそれと合致し、そうした主張を音を通して論述していくような解釈である。グールドの発言も演奏も、まさに「論述としてのパフォーマンス」であり、従来のベートーヴェン像とベートーヴェンの作品を再現する代わりに、それに対する問題提起を聴き手に訴えかける。これこそがパフォーマティヴな営為である。既成概念として抱くベートーヴェン像とベートーヴェンの音楽世界に、聴き手は揺さぶりをかけられるのである。音楽の演奏自体が、聴き手に影響を及ぼす。つまり、グールドの「論述としてのパフォーマンス」は、「音楽のパフォーマンス」であることを越えて、「パフォーマンスとしての音楽」として、聴き手に迫るのである。

　ここまで説明してきた「論述としてのパフォーマンス」という営みは異色であり、例外的に思われるかもしれない。しかし、グールドがクラシック音楽のジャンルにいるからこそこのような説明が必要だったのだ。グールド本人も無意識にやっていたことかもしれないが、こうした「パフォーマンスとしての音楽」は、ジャズや各種のポピュラー音楽のジャンルでは、当然の営みであろう。とくにジャズでは、作曲家は敬われはしても、必ずしも王様ではない。演奏家（パフォーマー）には作品解釈の自由度が高く、原作者の意図に縛られるものではないからだ。

　「音楽作品とパフォーマンス」と題したこの節では、グールドの仕事を紹介する形で、「音楽のパフォーマンス」から「パフォーマンスとしての音楽」へ、すなわち、「楽譜こそが音楽である」から「パフォーマンスこそが音楽である」への発想の切り替えを考えた。グールドは特殊な例であったが、実際の演奏家は、たとえクラシックの分野で、「王様」の顔色をうかがっている「家来」だとしても、パフォーマンス総体が音楽的な表現行為であることは事実である。そうした考え方を積極的に展開した研究例を次の節で取り上げ、パフォーマンス自体を考えることの大切さを確認してみよう。

第3節　パフォーマンス自体が音楽であること

「ミュージッキング」とは何か

　音楽におけるパフォーマンス自体の考察を目指した研究の好例として、ニュージーランド生まれの研究者クリストファー・スモールの1998年の著作『ミュージッキング』を紹介し、パフォーマンス理論の立場から若干の評釈を施してみよう（スモール 2011）。

　題名に用いられている原語の musicking とは、music（音楽）という名詞を「音楽する」という動詞として考えた場合の動名詞形である（文字と発音の兼ね合いから、綴りでは 〜 ing の前に k が加わる）。ほぼ造語であるこの言葉をスモールは次のように定義する。

> 「音楽する」とは、どんな立場からであれ音楽的なパフォーマンスに参加することであり、これには演奏することも聴くことも、リハーサルや練習も、パフォーマンスのための素材を用意すること（つまり作曲）も、ダンスも含まれる。（同書, 30-1）

　この定義は個性的である。「音楽的なパフォーマンス musical performance」に参加することを包括的に示したものであり、本番の演奏だけでなく、その準備段階の作曲やリハーサルや練習も「音楽する」である。また、厳密には音楽とは区別されるはずのダンスも含めてしまう。「どんな立場であれ」in any capacity とあるように、音楽に参加するあらゆる行為を「音楽する」として認めているのだ。

　スモールはミュージッキングという言葉を掲げて、「音楽の本質とその根本的な意味」が音楽作品の中ではなく、人びとの行為にあることを強調する。そして「作品と出来事（イヴェント）が統合されたものとしての」（同書, 38）音楽パフォーマンスという「行為」（すなわちミュージッキング）を一連の

関係性の中で考えていく。

　では、それによって何がわかるのか。スモールの目標は、ミュージッキングの社会的な機能を考えることよりも、なぜ私たちが「個人として、社会的・政治的な存在として、これほど複雑な仕方で音楽パフォーマンスに参入するのか」を理解することにあると述べる（同書, 37）。そこで彼が具体的かつ多面的に精査していくのは、クラシック音楽における「シンフォニー・コンサート」である。

儀礼としてのコンサート・パフォーマンス

　ミュージッキングの探求においてスモールが着目する「シンフォニー・コンサート」とは、すなわち、クラシック音楽のジャンルにおけるオーケストラを主体とする演奏会にほかならない。その歴史、会場の構成、関与する人びとに割り振られた役割と約束事、表象される価値観などについて、スモールは仔細に検討する。その結果、彼がシンフォニー・コンサートの本質に見出すのは「儀礼 ceremony」である。コンサートは「聴衆が作品を楽しむために行なわれる」（同書, 346）のではない。演奏家、聴衆を初め、会場の経営者や従業員などあらゆる人びとが関与する目的は、儀礼を通して自分たちの価値観の（1）探求、（2）確認、（3）祝福――をするためであり、コンサートとは、その儀礼だとする。つまり、私たちは、私たちが求める音と音や、人間と人間の理想的な関係を探求 explore し、「これが私たちの価値観、私たちが理想とする関係なのだ」「これが私たちなのだ」ということを確認 affirm する。それがうまくいくことによって、「音楽パフォーマンスは自らと自らの価値観を、心地よいものと思わせてくれる」（同書, 344）のであり、その時、私たちは自分たちを祝福 celebrate しているのである。

　いわばこの「儀礼としての音楽パフォーマンス」は、価値観をめぐるプロセスである。これは参加者全員への働きかけであり、作用を及ぼす意味では、第1節で述べたパフォーマティヴな営みである。おそらくそのパフォーマティヴな力を宿すのが物語(ナラティヴ)であろう。スモールは「儀礼の中心にある要素は作品そのものではなく、演奏という行為である」（同書, 347）

ことを強調する一方で、パフォーマンスに取り込まれる作品そのものに物語を読み取る。もちろん、音楽作品には必ずしも標題性はないし、具体的なストーリーを伴う劇音楽であるとは限らない。それでも音楽作品の形式は西洋文芸の論理と修辞の影響を受けており、物語が秘められているとスモールは指摘する。それは、ある確立した秩序が、破壊され、再確立されるというストーリーである。

　それはあまたの交響曲にあたればわかる。たいていの第1楽章は、「男性的」な第1主題と「女性的」な第2主題からなるソナタ形式である。呈示部→展開部→再現部から構成されるこの形式自体も、今述べた秩序の確立、破壊、再確立のストーリーとして読める。そして全楽章（多くは4楽章）は、第1主題が表象する主人公（伝統的に男性が想定されている）が紆余曲折を経て混乱を克服するストーリーであり、終楽章は克服を肯定する高らかな音楽で終わる。

　こうした事例としてベートーヴェンの第5交響曲やピョートル・チャイコフスキーの《悲愴交響曲》を挙げるスモールは、これを「メタ物語(ナラティヴ)」と呼ぶ。それは、音楽自体の展開を包括的かつ超越的に包み込むストーリーであるからだ。そして、このドラマが演奏されることで、シンフォニー・コンサートに関与するあらゆる人がこれを体験し、音楽のメタ物語が再現・再構成され、価値観が共有された上で、コンサートというイヴェント全体での探求・確認・祝福がなされる。大きく言えば、すべての参加者がこの体験の中で「自分と世界とのつながりを物語る」（同書, 266）。それが儀礼としてのミュージッキングの在り様なのだ。

ミュージッキングの問い

　これは、メタ物語を含んだ交響曲などを演奏するシンフォニー・コンサートに限らない。あらゆる形態やジャンルの音楽パフォーマンスのイヴェントには、このような探求・確認・祝福の儀礼が含まれているはずだ。第1節で抽出したパフォーマンス全般の特徴にも挙げたように、音楽パフォーマンスは、再現性・反復性を備えつつ、関与する者たちに影響を与え続けるのだ。

では、具体的な音楽パフォーマンスについて考察する場合、何を論じるべきなのだろうか。
　スモールは三つの要素を挙げる（同書, 360-1）。

（1）音楽パフォーマンスの参加者とそれを囲む「物理的配置／環境（セッティング）」との関係
（2）音楽パフォーマンスへの参加者どうしの関係
（3）そこで生み出される音どうしの関係

　要するに、パフォーマンスの場、参加者、成果を相互関係のもとに考えていくことをスモールは提唱している。どこにあるか、屋内か屋外か、パフォーマンス専用かどうか、内部の構造は、といった会場（場）の特徴が参加者を決定づけたり、参加者に与える影響はやはりある。また、そこに集まるパフォーマーどうしや聴き手どうし、そしてパフォーマーと聴き手の関係などにも着目し、そうした参加者の力関係や親密さを考察するべきとされる。ほかにも演奏される作品を書いた故人の作曲家、会場外の人びとなどにもスモールは言及する。そして、成果としての「音どうしの関係」についてスモールが関心を寄せるのは、音楽学的な作品分析ではない。むしろ、即物的にリズムや響きが生み出す「音の連続的な関係」や「音の同時的な関係」であり、実演の記譜からの逸脱の問題である。
　結局、これらの要素の複雑な関係の中に進められるのが儀礼としての音楽パフォーマンスであり、参加者が価値観の「探求・確認・祝福」をするミュージッキングにほかならない。音楽パフォーマンス（ミュージッキング）において出現するさまざまな音の相互関係に、参加者は文化的に何を託し、読み取り、確認し、その意義を分かち合い、満足するのかといった問題が含まれている。つまり、パフォーマンスという文化の表象の問題である。個々の音楽イヴェントは、これらの点をもとに考察が可能であり、それはクラシックの分野に限らないはずだ。スモールの著作から離れるが、彼の発想の応用として、別の例を取り上げてみよう。

ライブハウスにおけるパフォーマンス

　音楽社会学者の宮入恭平は、ライブハウスという「音楽空間」について考察を試みている。その知見を紹介することで、ミュージッキング、あるいは音楽パフォーマンスの論じ方を考えてみよう。

　ライブハウスとは和製英語だが（だから、あえて「ライブハウス」と表記しよう）、宮入によれば、この場は、「ロック等の演奏空間」という一般認識があるという。具体的にはフォークやロックやジャズのライヴ・パフォーマンスが行われる比較的小規模な会場であり、今日では、スケジュールが組まれ、入場料を取り、飲食物が提供されるところに特徴がある。また、出演者には、チケット販売のノルマが課されることが多い。

　歴史をたどるならば、その源流は二つあるらしい。一つは、戦後の米国進駐軍のクラブで演奏していた音楽家たちが1950年代に築いた商業主義的なジャズ喫茶であり、もう一つは、60年代の学生運動を背景にしたカウンター・カルチャー（対抗文化）としてのロック喫茶に求められる。70年代にフォークやロックが商業的に成り立つようになると、ライブハウスはビジネスとしてシステム化し、大企業も参入する。バブル経済の好景気に沸いた80年代後半には、バンドがプロを目指すテレビ番組『三宅裕司のいかすバンド天国』に由来する「イカ天」ブームや、インディーズ・ブームによって、ライブハウスがプロへの登竜門になった。バブル経済が崩壊した90年代、人びとの消費行動や音楽的思考の多様化に伴い、ライブハウスは多様化、乱立化、派生化し、DJやダンス・ミュージックを扱うクラブ、大規模なライブスペース、小規模なライブ・バーやライブ・カフェなどが生まれた。いずれにしてもライブハウスは、コンサート・ホールとは違い、「聴くための場所」と「演奏するための場所」の「中間に位置する」と宮入は総括している（宮入 2008, 217）。

　ライブハウスの「ミュージッキング」を担う参加者の中心は、やはりパフォーマーとオーディエンスである。まず、パフォーマーだが、宮入によれば、日本の「ミュージシャン」は「潜在的」に三層構造になっている。上から、大手の音楽プロダクションやレコード会社に所属する知名度のある「プロ・ミュージシャン」、フリーランスの「プロフェッショナ

ル・ミュージシャン」、「アマチュア・ミュージシャン」の三層だ。しかし、顕在的には「プロ」と「アマチュア」の間に「インディーズ・ミュージシャン」がいて、境界線を曖昧にしており、活動の場としてライブハウスに関与度が高いのは、趣味としての「アマチュア」とプロを目指す「インディーズ」であり、前者は出演をひたすら楽しむのに対して、後者はチケット販売のノルマ制に否定的な姿勢を抱くなど、ライブハウスの在り方に対する意識の違いが指摘される。

　このパフォーマーとオーディエンスとの関係はどのようなものか。「それぞれの音楽空間の特徴は、パフォーマーとオーディエンスの関係によって形成される」（同書, 105）と宮入は述べる。逆に、音楽空間がこの関係を決める面も忘れてはなるまい。たとえば、コンサート・ホールの場合は、舞台のスターと客席のオーディエンスという「明確な境界線が引かれている」が、関係が「親密で安定」している。カラオケでは、ステージ不要で、パフォーマーとオーディエンスの区別がない。路上の演奏、すなわちストリート・パフォーマンスには、アーティストとオーディエンスの偶発的な関係がある。肝心のライブハウスの場合は、ライブハウスという場自体に期待してオーディエンスが訪れるという偶発的な関係から、出演者のスケジュールに基づき、パフォーマーに期待してオーディエンスが訪れるという限定的な関係へと変化しているという。実際、各種ライブハウスの出現により、この関係も多様化を呈しているし、アーティストよりも来店客どうしが中心になって演奏をする「参加型ライブハウス」もある。宮入は示唆にとどめているが、アーティストとオーディエンスの親近感、一体感、場の共有意識などに多様性と独自性が存在することは想像できる。

　ではライブハウスという場で生み出される「音どうしの関係」はどうか。宮入が具体的に立ち入らない論点だが、まず、出演するアーティストが、どんな音楽をもち込むかによるだろう。ジャンルという意味に限らない。アーティストそれぞれの音楽活動におけるライブハウスの位置づけによって「音どうしの関係」は変わってくるはずだ。つまり、そこが主たる演奏の場なのか、ふだんはホールの舞台を拠点とするのか、路上ライブ中心なのか、レコーディング・アーティストなのかという問題だ。また、自

作、他作、新作、旧作、定番、即興など、1曲1曲を、あるいは全体をどのように作っていくかによっても「関係」は変わるだろう。そこに秘められたメタ物語だって関わってくるかもしれない。

　最後に把握したいのは、ライブハウスのミュージッキングが何を探求・確認・祝福するのかである。その端的な例として、宮入はいわゆる1947〜49年生まれの第一次ベビーブーム世代である「団塊世代」と音楽との関わりを考察し、ライブハウスに関連づける。ロック・ミュージックはすでに若者文化の中心ではなく、むしろ団塊世代の文化である。よって、これからは「オヤジが［ロックを］演奏してオヤジが聴くことを前提に成立するライブハウス」（同書，161）が増えていくことを予想しているのである。そこで探求されるのは、団塊世代の青春を彩ったと当人たちが記憶する1960〜70年代の対抗文化としてのロックであり、そこに自分たちのアイデンティティを確認し、ノスタルジーを味わう（祝福する）という構図（儀礼）が見えてくる。やはり団塊世代が夢中になったフォーク・ミュージックも同様であろう。あるいはジャズだったらどうであろうか。

パフォーマンスにさらに潜むもの

　この節では「音楽のパフォーマンス」（楽譜の再現）から「パフォーマンスとしての音楽」（演奏参加行為の総体としての音楽）への発想の切り替えを提唱し、スモールの『ミュージッキング』を敷衍し、シンフォニー・コンサートとライブハウスを実例として、音楽パフォーマンスを読み解くヒントを提示した。もちろん「ミュージッキング」の場や機会はほかにも多々ある。ジャズ・クラブ、DJが仕切るクラブ、教会での礼拝やコンサート、通常の音楽ホールでのポップ・シンガーのコンサート、野外ステージでのライヴ、アイドルの常設劇場での公演、能楽堂での公演、歌舞伎座での公演、専用ホールでの邦楽演奏会、学校の文化祭での教室コンサート、被災地の公共施設での慰問コンサート……。それぞれの場や機会において、いかなる参加者が成果を生み出し、そこにいかなるメタ物語が埋め込まれ、探求・確認・祝福という儀礼が行われているのかを考えてみよう。

　もっとも、今掲げた場や機会は、すべて文明的に制度化された社会的・

社交的・非日常的なものばかりである。ここに属さない「ミュージッキング」の現場も多々あるはずだ。非制度的で私的で日常的な音楽パフォーマンスも考えてみたい。たとえば、「一人の牧夫が家畜の群れを見張りながらフルートを吹いている」姿は何を意味するのか（スモール 2011, 373-82）。孤独な牧夫が楽器、音楽、世界とどのように関わっているのかをスモールは問題提起している。

　実際、音楽パフォーマンスは、本当に「探求・確認・祝福」の儀礼としてのメタ物語としての役割しか担っていないのだろうか。英国の研究者ティナ・ラムナリンは、「音楽パフォーマンスの機能」を列挙している。「人生の出来事を確認する、楽しませる、教育する、知識（音楽的・美的・社会的・歴史的知識）を伝える、超自然世界と自然世界を仲介する、癒す、アイデンティティを確認する、アイデンティティを変形させる（たとえばイニシエーションの儀式を通して）、心理的状態を変える、コミュニティを確立させる、人間の創造力と感情を表現する、自己を表現する、情景を思い浮かばせる、権力を示す」（Ramnarine 2009, 230）。どんな音楽パフォーマンスがこれらにあたるのか、考えてみよう。

　また、本節では、人間がリアルタイムで集い、実行する、いわゆるライヴ（生演奏）の音楽パフォーマンスしか取り上げなかった。しかし、収録（録音・撮影・録画）はどうなのか。つまり、収録するという音楽パフォーマンスや、それが伝達・複製・再生されるプロセスとしての音楽パフォーマンスも考察の対象とするべきであろう。伝達・複製・再生では、聴取と聴取者に関心が向かう。ラジオやCDを聴く者の営為も、オンラインで配信される音楽の聴取も、それ自体がパフォーマティヴな力を含んだ体験であり、やはりパフォーマンスと呼べよう。

　以上のように、本章では、今日のパフォーマンス研究の基礎的理論に基づき、音楽パフォーマンスがどのように捉えられるかを考えてみた。従来の作品重視の発想にとらわれるのではなく、音楽体験を包括的に捉える態度は、いまだ比較的新しいアプローチであるが、今後いっそう求められるものとなろう。「スイッチが入る」時に始まるパフォーマンスという現象の謎の解明は、まだこれからである。　　　　　　　　　　　　［宮澤淳一］

第6章　聴取とメディア

第1節　メディアとは何か

音楽を聴く機会

　あなたの履修する大学の授業で、「演奏会レポート」という課題が出て、たとえば「A4判用紙で 2000 字、締め切りは○月×日、授業時の教室で回収」という条件しか課されなかったとしたら、どんな内容をまとめるだろうか。

　もしも伝統的な音楽大学で、「作品研究」「楽曲研究」といった授業であれば、授業で取り上げた作品と、その分析方法を応用して、あなたの行く演奏会で取り上げられる作品自体について分析的に論じること、すなわち楽曲分析が求められているかもしれない。従来の音楽学の研究においては、音楽という現象そのものに焦点を絞るからだ。

　しかし、音楽という現象だけを本当に記述できるのだろうか。音楽が観念ではなく、実際に物理的な振動として鳴り響くには、演奏者、楽器、場所、時間、とさまざまな要素が必要になる。また、鳴り響いた振動をキャッチする聴き手がいなければ、音楽が成立したとは言えない。さらに、聴き手が演奏者と同じ時空間を共有していなければ、まさに時空を超えて届けなくてはならない。そのような事実を踏まえれば、音楽を論じるには、聴取という行為についても、また、聴取をする者（聴き手）に音楽を届けるための機会や手段についても考察が求められる。とすれば、「演奏会レポート」も、演奏会という機会を含めた音楽体験に対する報告と考察もありうるはずだ。実際、新聞や雑誌に掲載される音楽評論の文章は、その意識を洗練させて書かれている。つまり、演奏そのものだけを抽出して論じるのではなく、焦点を合わせる対象や倍率をさまざまに変えながら、音楽体験全体を取り扱うのである（ウィンジェル 2014, 144-7）。

　音楽が響きとして共有され、伝達されるという発想から、コミュニケーション communication という言葉が浮かぶかもしれない。その動詞形の

communicate は、ラテン語の communicare（コムーニカーレ）に由来し、まさにそれは、share with others（他者と共有する）といった意味である（『研究社英和大辞典』第 6 版, 2002）。つまり、演奏者が聴き手と音楽を共有する状態が描かれるが、では、それをもたらすもの、コミュニケーションを成立させるものとは何か。

　それが「メディア」である。media（単数形は medium）とは、これ自体がラテン語であるが、medius（中間）に由来し、媒介を意味する。すると、演奏会という機会そのものが、演奏者と聴き手（聴衆）の間で、音楽を媒介するメディアだとわかる。また、その機会を提供する演奏会場もメディアと呼べる。

　こうした「メディア」の説明には違和感を覚えるかもしれない。「メディア」と聞いて多くの人がまず想起するのは「マス・メディア」である。広告・出版・放送業界において「メディア」と言えば、新聞、雑誌、ラジオ、テレビの四つのマス・メディアを指す（これらは業界用語で「四大メディア」と呼ばれる）。なるほどこれらはメディアの代表かもしれないが、ほかに本も映画も電話もインターネットもメディアである。カセット・テープ、ビデオテープ、CD、DVD、BD（とその再生機器）もメディアに数えられる。また、パソコン関連では、データを入れる媒体（各種のメモリーや CD-R、DVD-R など）がメディアと呼ばれることが多いかもしれない。これらの使い方は間違っていない。

　しかし生演奏の音楽にも、上述のようにメディアが介在していることを忘れてはいけない。コンサート・ホール、ライブ・ハウス、ピアノのある応接間、あるいは駅前の広場、シャッターの閉まった銀行の前……。演奏者と聴き手のコミュニケーションを取りもつ機会と場所そのものもメディアなのだ。さらに言えば、実際の演奏をするための楽器も、それが存在しなければ演奏は成り立たないのだから、やはりメディアである。結局のところ人間の作ったあらゆるものがメディアだ、という発想に行きついたのはカナダの思想家マクルーハンである。マクルーハンは、「メディアこそがメッセージである」、「ホット・メディアとクール・メディア」、「地球村」といった概念の提唱者として知られる。彼は、人間が作ったあらゆ

るものに人工物 artifact という用語をあてた。そして、あらゆる人工物はすべてテクノロジー（技術）であり、メディアだと主張し、新しい人工物（＝テクノロジー＝メディア）が生まれるたびに、人間の能力や知覚や体験が変わるのだと説いた。その意味で、彼のメディア論は、マス・メディアやコミュニケーションの問題だけを扱っていたわけではない。

なぜメディアに注目するのか

　音楽の教科書の中で、なぜメディアの話題に向かうのか——。関与するメディアによって、展開する音楽が、なんらかの意味で相違を生み出すからである。

　演奏家の中にも、メディアをめぐる議論を否定する人はいる。生演奏であろうと、録音であろうと、演奏態度も変わらないし、実現する音楽も変わらない、とする立場だ。しかし、「変わらない」とすれば、それは限られた条件の場合であろう。メディアによって、音楽の共有・伝達の仕方は異なるし、それは内容に変化を及ぼす可能性がある。聴き手の受けとめ方ばかりか、演奏者の姿勢も、演奏も変わるかもしれない。また、どのメディアを用いるかで、演奏する音楽、聴く音楽の選び方にも違いがもたらされることもある。作曲家の創作への影響だってありうる。演奏会のために書くのか、CDとして作りたいのか、ラジオ放送のためか、テレビ番組にするのか、といったことでも作品の内容・表現・演出方法は変わるかもしれないし、特定のメディアでしか実現しない作品もありうる。近年、電子的なコミュニケーションや記録のメディアの多様化が進んでいることを考えれば、いっそう考慮するべき問題である。

メディアは無色透明ではない

　コミュニケーション論の分野でも、かつてはメディアは無色透明な媒介物だという見方があった。その発想の典型としてもち出されるのが、いわゆるシャノン＝ウィーバー・モデルである（6-1.1）。

　これは、もともと理科系における情報通信の伝達モデルである。情報の発信者がコード化したメッセージは伝達経路を通って送られ、受信者はそ

れを脱コード化してメッセージを完全に復元することができる（ただし途中でノイズの妨害がある場合を除く）。

しかし、実際のコミュニケーションは、途中のノイズは当然存在するし、コード化と脱コード化にしても、それがきちんとなされる保証はない。この伝達経路全体の欠陥を含めて、なんらかの特性があると考えるほうが文化・芸術の現場では現実的であり、それが今日の考え方である。実際、この伝達経路こそがメディアなのであって、メディアがコミュニケーション全体に影響を及ぼす面が指摘されるようになり、今やメディア自体が研究の対象となっている。

メディアが音楽に影響を及ぼす

メディアとの関わりが音楽活動に影響をもたらした一例として、ビートルズについて考えてみよう。1960年代に世界中でもてはやされた英国リバプール発のこの4人組は、ライヴだけでなく、レコードも次々に発売していったが、録音スタジオでは、特殊な楽器や合奏形態、多重録音などを駆使して斬新な音楽作りを目指すようになり、生演奏との内容的な乖離が生じた。また、実際、生演奏において、録音メディアで発揮した技巧的水準や完成度に対抗することに疲れたことが、1970年の解散の一因になったとも考えられている。

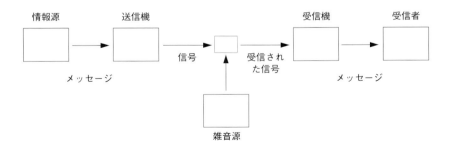

6-1.1　シャノン゠ウィーバー・モデル（クロード・E. シャノン、ワレン・ウィーバー『通信の数学的理論』ちくま学芸文庫、筑摩書房、2009年、22頁）

同じ録音メディアでも、1982年に実用化されたCDは、やがてLPレコードを衰退させたが、その変化はアーティスト（演奏者）と購買者（聴き手）にいかなる影響を与えたであろうか。レコードを含む録音メディアの誕生と発達については後述するとして、まず、LPレコードについて確認しておきたい。

　LPレコードは1940年代末に登場し、1980年代まで音楽文化の中心にあった。直径30cmの黒い円盤は、両面に溝が刻まれ、ターンテーブルで回転している間に差し伸べられたアームの先端にある針が溝の刻みの振動を読み取り、その振動が変調・増幅されることで音楽がよみがえった。片面の標準的な録音時間は23分前後で、両面あわせて約46分という長さが定着した。クラシック音楽はその長さで収まらない場合もあったが、レコード業界では、この長さと両面性を標準として音楽の「アルバム」を作るようになった。つまり、録音メディアにおいてアーティストがまとまった表現行為をするときのユニットがLPレコードとなったのである。アーティストはこの長さと両面性という制約条件をむしろ生かしてアルバムを作った。とりわけ注目するべきはオモテ面とウラ面（英語で言うSide 1とSide 2であり、日本で言うA面とB面）が、アルバムにある種のコントラストをもち込み、アーティストや制作に携わるプロデューサーは、その効果的な活用方法を考えた。

　英国のロック・バンド、クイーンの2枚目のアルバム『クイーンⅡ』（1974年）はその典型である。オモテ面（5曲）を「サイド・ホワイト」、ウラ面（6曲）を「サイド・ブラック」と名づけ、白と黒の対比の中で選曲をし、音楽の性格のコントラストをはっきり意識させた。

　「意識させた」と説明しても、LPレコードを実際に再生したことがなければ、理解できないかもしれない。そもそもLPに限らず、レコードは、扱い方からしてCDとは違う。盤面に少しでも傷がつけば再生中に針が溝をたどれなくなってしまい、きちんと再生できなくなる（「針が飛ぶ」「音飛びがする」などと呼ばれる現象である）。紙製のジャケットに収められたポリエチレン製の中袋からレコード盤を取り出す。必要ならば埃を除去し、面のウラオモテを確認してターンテーブルに置く時も、針を降

ろす時も、丁寧にしなければならないため、個人差はあるにせよ、ある種の集中力が込められる。また、片面の再生が終われば、盤を取り上げ、自分で裏返して再度ターンテーブルに置く。この間合いは緊張感を伴うと同時に、そこに気分が切り替わる余地があり、続きを聴くことへの一種の真剣さが促されることすらあるだろう。LP盤の両面の内容にコントラストをもたらすことの前提には、こうしたメディアの特性すら含まれているはずなのである。

「コンセプト・アルバム」の先駆として知られているビートルズの『サージェント・ペパーズ・ロンリー・ハーツ・クラブ・バンド』（1967年）は、B面の末尾に、音飛びでレコードが永遠に同じ箇所を再生する現象を模倣した音が入っている。盤面に傷がつき針が飛んできちんと再生できないという、LPレコードの弱点を作品自体に取り込んだアイデアだろう。

ではCDはどうか。こうしたLP盤再生の所作に基づく慎重さと真剣さは、ある種の儀式性すらもたらしていたかもしれないが、CDの場合、盤はLPほどデリケートな扱いは求められないため、この儀式性は希薄である（ただしCDも記録面に大きな傷がつけば聴取不能になる）。最大で79分58秒まで録音できるCDは、片面に記録する方式であり、コントラストをもたらす性格がメディア自体に存在しないのである。であれば、CDの場合、アーティストやプロデューサーはコントラストの意識をもってアルバムを作るとは限らないし、そのように作っても、ノンストップで再生が進む以上、聴き手が十分にコントラストを堪能できることは期待できない。実際、上述の『クイーンⅡ』は、今日、ほかの多くのLP盤同様「CD化」され、前半の5曲が再生されたあと、そのまま後半の6曲も再生されてしまうので、コントラストは意識されにくい。もっとも、これほどコンセプトを強調していなくても、一般のLPアルバムもコントラストを意識して作っているものは少なくなかった。しかし、やはりCD化されると、それは聴き手に伝わりにくかろう。

カーペンターズの4枚目のアルバム『ア・ソング・フォー・ユー』（1972年）は、LP盤の両面のコントラストはともかく、A面の最終曲は〈インターミッション〉（幕間）と名づけられた二十数秒の短い曲で、We will be right back after we go to the bathroom（お手洗いに行ったらすぐに戻ってきます）と歌う。まさにレコードの盤を裏返す間合いを利用したユーモアであるが、CD で聴いたらトイレに行く暇はない。聴き手の音楽の受けとめ方も、LP で聴く場合と CD で聴く場合で違ってくるということだ。つまり、メディアによって音楽の意味が変わってくるのであり、作り手のみならず、聴き手も、メディアの特性にある程度支配されているのである。

メディアの多面的性格

　CD を含む録音メディア全般の基礎知識と論点については後述するとして、ここでは、メディアに対する認識を次のように、多面的に再確認しておきたい。

　第一に、メディアは道具である。前述のように、情報伝達の手段、つまり道具として、メディアは存在する、ということ。当然、放送、録音などのコミュニケーション・メディアが想起されるが、コンサート・ホールといった場そのものもメディアであり、音楽の内容を伝える手段という意味では、第 4 章で扱った楽譜もメディアである。また、音を発生させて楽想を伝えるという意味では、第 3 章で論じた楽器もメディアである。つまり、さまざまな次元に道具としてのメディアが存在することを留意しておいてほしい。

　第二に、メディアは環境である。マクルーハンが繰り返し語った説明に、「水を最初に発見したのが誰かはわからないが、魚でないことは確かだ」というものがある。つまり、「環境」とは、その存在を意識することなく自分の肉体と精神がそれを活用し、浸透し合っている外界を言う。私たちは、日頃使うメディアをあたりまえのものとして使っている。音楽を聴く場合、室内のテレビ、ラジオ、パソコンのスピーカー、携帯再生端末、店内放送（BGM）など、さまざまなメディアから音楽を受けている。環境ゆえに、日常は意識してはいないのだが、それを失った時や新しい環境が登場した時、何が起こるのかという点は重要である。

　第三に、メディアは体験である。体験 experience とは、「試す」を意味するラテン語の experiri から来るが、これは、peril（危険）に身をさらす

ニュアンスがある。つまり、新しいメディアに触れるという体験は、何かを得ると同時に失うことも意味する。

　第四に、メディアは表現形式である。どのメディアを選ぶかで音楽の表現内容が変わったり、そこにメッセージが込められたりする。上記のLP盤の特性が音楽アルバムという表現形式を規定したこと、デジタル時代にあえてLP盤を出すことが発するメッセージといったことが考察の対象となる。また聴取においても、LP盤で聴くか、CDで聴くか、オンライン配信で聴くかによっても、表現の解釈が異なってくる可能性がある。

　第五に、メディアは交錯する。表現においても、聴取においても、単一のメディアだけが使われるとは限らない。コンサートは生演奏のメディアだと考えていても、アイドル歌手の公演にあるように、伴奏はカラオケであったり、歌唱自体も録音されている場合もある（いわゆる「口パク」）。DJのアーティストは録音メディアとしてのLP盤を用いてライヴ・パフォーマンスをする。あるいは、ライヴ・ヴューイングといって、海外のオペラ公演を収録した映像を映画館で観るという複合的なメディア・イベントが興行として成り立っている。たとえば、ニューヨークのメトロポリタン歌劇場のオペラ公演を多角的にカメラ収録してインタヴュー映像や場面転換映像も加えたものがパッケージとなり、日本の劇場で上映される。録画されたパッケージならば自宅で楽しむべきところ、観覧者は劇場に足を運び、擬似的なコンサートの聴衆がそこに生まれるのだ。これらの実例からわかるように、生演奏対録音といった二項対立だけではメディアの現象は捉え切れない。

　第六に、メディアは機会である。そのメディアを利用することで、付随的に何が得られるか。演奏会メディアには、社交の場という機能が込められているし、ひとたび席に座れば、1曲を最初から最後まで聴くという機会が用意されている。ウォークマンやiPodといった携帯用端末で、街を歩きながら音楽を聴くことは、移動する空間を美的空間に変えるといった、何らかの特典が付随する。

　第七に、メディアは制度にもなる。上述の演奏会メディアは、機会を提供する側とそれを享受する側が共有する約束事の上に成り立つ社会制度で

もある。インターネット上での同人音楽の共有にも一定の約束事があり、法律上の規制を伴いつつ、一つの制度になっている。

　最後に、メディアは文化である。つまり、個々のメディアは、特定の集団がもつ行動様式を反映し、その集団を表象するものとして存在する。クラシック・コンサートというメディアを利用する聴衆は、今日多様化したとはいえ、伝統的にみれば、ある一定の社会階層を表象する。いまや廃れつつあるCDというメディアを購入して聴く行為も1個の行動様式であり、各ジャンルにおいて特定の聴取者層を表象しているはずである。

　また、文化であるとすれば、メディアに優劣をつけることは好ましくない。とくに古いメディアが新しいメディアよりも劣っていると考えるのは軽率である。たとえば、実際に聴けばわかるが、LPレコード以前の蓄音機（後述）から再生される音楽は、LPともCDとも異なる固有の臨場感と説得力をもって迫ってくる。あるいは、浦沢直樹の長編漫画『20世紀少年』（1999 〜 2007 年）で、登場人物のカンナが叔父の歌ったロック・ミュージックを聴くときのメディアが、21世紀においてほぼ廃れているはずの低音質のカセット・テープであることにも、文化的な意味が込められている（広瀬 2013, 173-98）。

　このようにメディアをめぐっては考察に値するさまざまな側面と論点があるが、第2節、第3節では聴き手を主人公として聴取の問題を考えるために録音メディアと音楽文化それぞれの歴史を振り返ってみよう。

第2節　録音メディアの誕生・発達と現在

　音楽は、物理学的にみれば、人の声帯や楽器の振動から生まれる現象である。音楽を構成する音は時間芸術であり、発せられたと同時に消えてしまう。その意味で音楽は本来非再現性の芸術だった。また、振動のきこえ

る空間的範囲は限られているため、場というメディアを共有した者しか体験することができない。この体験を忘れないようにしたい、また他人に伝えたいという欲求から、記憶するという発想が生まれ、口承的な伝統が生まれたであろうし、さらに、記録するという試みが続いたと考えられる。そこから生まれたのが楽譜にほかならないし、楽譜に記録されることで、伝達や再現が、ある程度の確度をもってできるようになった。記録・伝達・再現という意味では、18世紀末から19世紀にヨーロッパで発達した自動演奏機械もある（今日も残るオルゴールもその一種である）。さらに19世紀末から20世紀初頭においては、ロールになった紙テープにピアノ演奏を記録し、再生する自動ピアノも生まれている。

　そうした中で、実際に演奏された音楽自体を記録するメディアはどのように始まり、発達したか。また、メディアの発達は音楽をめぐる文化とどのような相互の影響関係を形成していったのか。これをテクノロジーの歴史として確認してみよう。

エジソンのシリンダー式蓄音機の誕生

　音を物理的現象として記録するメディアの元祖は、かの発明王トーマス・エジソンが1877年に発明し、特許を取得したフォノグラフ phonograph という蓄音機である（6-2.1）。これは錫の箔を施したシリンダー（円筒）を回転させ、音の振動を伝導する針がシリンダーの表面を刻んでいくことで録音を可能にし、また、別の針がその刻みから振動を読み取ることで音が復元（再生）された。なお、フランス人のシャルル・クロもエジソンと同じ年に蓄音機の考案書を発表していたことが知られている。

　ただし、今日からみれば意外かもしれないが、エジソンの考案は音楽の収録と再生を想定していなかった。むしろ、筆記や速記等の補助器具として人間の話し声を記録することにあった。実際、1本のシリンダーで1分程度しか録音できず、再生時の音量も小さく、6回程度で摩耗してしまい、耐久性も低かった。

　このシリンダーの錫箔は、やがてワックス・シリンダー、すなわち蝋管として蜜蝋に置き換えられ、蜜蝋を削れば、再度の録音ができるようにな

6-2.1 ティンフォイル1号機
（The First Edison Phonograph）
のレプリカ
W295 × D270 × H132mm

6-2.2 シリンダー式蓄音機
「Standerd Model A」1901年
2分ワックス・シリンダー用

6-2.3 ディスク式蓄音機
「Trade-Mark Model」1900年
7インチディスク用
（写真提供：3点ともOota蓄
音機ミュージアム）

る。娯楽としての可能性が見込まれ、1890年に商業用録音が始まり、バンド演奏なども吹き込まれたが、このシリンダー式蓄音機（6-2.2）の普及には限界があった。複製ができないために、1回の収録に10台の蓄音機を同時に回すといった、非効率な手段をとらざるを得なかったからだ。

　しかし、前述のように記録という用途の原点からすれば、シリンダー式蓄音機は民俗音楽のフィールドワークで大活躍をした。1890年、米国の人類学者ウォルター・フュークスが米国メイン州のパサマコディ族の歌を録音したのがその最初と考えられている。オーストラリア出身のピアニスト兼作曲家パーシー・グレインジャーは、20世紀初頭、この巨大な蓄音機を背負って、イングランド、スコットランド、デンマークなど各地を旅行し、田舎の農夫等の歌声を多数録音した。歌は細かな説明を施した譜面に起こされ、イギリスの民謡協会の会報に掲載された。その蝋管が大英博物館や米国議会図書館等に現存する。またグレインジャーは、そうした旋律を利用してさまざまな編成の声楽曲や器楽曲を作った。「セッティング」と呼ばれる一種の編曲である。さらにハンガリーの作曲家ベーラ・バルトークも、仲間の作曲家ゾルターン・コダーイとともに、1906年より、民謡採集の道具としてシリンダー式蓄音機を用いている（伊東 1997, 28）。

「レコード」が円盤となる

　今日、「レコード」と言われて想起する録音メディアはシリンダーではなく、ディスク（円盤）である。その出発点にあったのがグラモフォンgramophoneと呼ばれるディスク式蓄音機だった（6-2.3）。ドイツ移民の米国人エミール・ベルリナーが1887年に特許を取得したもので、1895年に彼はベルリナー・グラモフォンという会社を設立し、翌年から蓄音機を発売した。平面に置かれたターンテーブルに載せた円盤を回転させて、針でそこに振動を刻んで録音し、針がその振動を読み取ることで再生する（当初、針には鉄や竹を用いた）。ディスクの直径は当初は5インチ（約13cm）だったが、やがて10インチ（約25cm）と12インチ（約30cm）の2種類となる。回転速度は最終的に毎分78回転に定着し、録音時間は最大で4分30秒程度。材質はシェラック（カイガラムシが分泌する天然樹脂）。

6-2.4 シリンダー式蓄音機による録音実験(写真提供:Oota 蓄音機ミュージアム)

6-2.5 シュトロー・ヴァイオリン(写真提供:浜松市楽器博物館)

なお、グラモフォンは、日本では、LP レコードが生まれると、SP レコード、略して SP 盤、SP と呼ばれるようになる。
　ディスク式は 1 枚で両面が使え、複製が容易かつ安易、また再生音が大きかったため、娯楽のための商業的利用の可能性が飛躍的に高まった。シリンダー式もやがて量産の方法が開発・導入されたので、二つの方式がしばらく競合したが、1910 年代にはディスク式のグラモフォンだけが生き残った。留意したいのは、ディスク式は再生しかできないことだ。そのため、録音物は、もっぱら消費のための音楽メディアとして普及していくことになる。
　ベルリナーの業績は、細川周平の言葉を借りるならば、「盤自体の複製即ち反復という概念をレコードに持ち込んだこと」［傍点原文ママ］にあったが、その結果、「次の三〇年間は音質の向上と録音時間の延長と操作性の改善に費やされ、レコードは、ほぼ音楽専用の機械として普及した」のである（細川 1990, 77）。
　各国でラジオ放送が始まり急速に普及を遂げる 1920 年代前半までに、グラモフォンは上流家庭を中心に浸透し、ポピュラーからクラシックまで、さまざまな音楽の録音が家庭で再生されて親しまれるようになった。1923 年には英国で『グラモフォン』誌が創刊されている。これは今日まで発行の続くクラシック音楽のレコード評論誌であり、レコード文化の誕生を象徴的に物語ると言ってよいであろう。
　しかし、まだ当時のレコードはアクースティカル録音 acoustical recording だった。つまり、あくまで物質の振動音を盤面に刻むものであり、その後シリンダーやディスクの回転にモーターが使われるようになることを除けば、電気の介在はなかった。録音時はラッパ状の集音器にいかに大きな音を直接的に「吹き込む」かが問われた（6-2.4）。そのため、ラッパのついたシュトロー・ヴァイオリン（6-2.5）のように大音量の出る特殊な楽器が使われたり、合奏では目立ちにくい楽器を集音器に近づけたり、不自然な大音量を出したり、あえて強弱をつけないなどの工夫が施された。1910 年代からオーケストラの録音も始まったが、収録の様子は次のように回顧された。

シュトロー・ヴァイオリンは録音管［集音器］の一番近いところにあった。［……］フレンチ・ホルンはその口を録音管に向けなければならないので、演奏者は録音管に背を向けることになり、指揮者がよく見えるように鏡が用意された。チューバは録音管のすぐ後ろに位置をとり、その口は録音管から離され、その奏者もまた鏡を見て演奏した。大太鼓はけっして録音室には入れられなかった。（ジェラット 1981, 147）

　なお、アクースティカル録音を代表する音源には、美しくかつ大きな声量を誇ったテノール歌手エンリコ・カルーソーの録音がある。CDやオンラインで聴いてみるとよいが、機会があれば、SPレコード（グラモフォン）の蓄音機自体で聴くことも勧める。

電気録音の導入とレコード文化
　次に電気録音 electrical recording の時代が訪れる。1917年に発明された感度の良いコンデンサー・マイクロフォンと真空管による増幅装置が備わったおかげで、ラッパ状の集音器の前で不自然な大音量で演奏・歌唱する必要がなくなり、大編成の楽団の演奏は通常の舞台配置のままで収録できるようになる。
　ところで、電気録音が導いた特徴的な芸術的効果はポピュラー音楽の分野に現れた。それは、声を張り上げず、小声でやさしくささやくような声で歌う方法で、クルーニング唱法 crooning style と呼ばれる。ビング・クロスビーがこの唱法で歌う「クルーナー」の代表で、人びとを魅了したが、伴奏との音量のバランスを考えれば、生演奏ではあり得ないパフォーマンスである。これはマイクロフォンの微細な集音能力と増幅装置によって初めて実現する技芸だったのである。つまり、録音テクノロジーは「ただ現在ある音楽の記録のためというよりは、新たな音楽の世界を生み出すために必要な装置の地位を獲得」（増田、谷口 2005, 73）したのであり、聴衆は、電気録音というテクノロジーによって、新しい演奏を享受することになったのである。

また、グラモフォンの普及により、ジャズや軽音楽を含めた広い意味でのポピュラー音楽が、25インチ盤の3分以内の収録時間に適応していった。新しいポピュラー・ソングが3分に収まるように作曲・編曲され、録音されるようになり、レコードでの聴取を前提とした音楽作りが生まれたのである。フレーズを反復しながら音量が下がって消えるように終わる、フェイドアウトで曲をまとめる発想も録音の産物である。

　しかし、クラシック音楽では事情は異なる。交響曲やオペラなどクラシック音楽の長大な作品は録音を前提とせずに作られており、数分では収まらないので、区切りをうまく工夫し、何枚ものディスクに分けて収録されて「アルバム」が作られた。たとえば、アルトゥーロ・トスカニーニ指揮NBC交響楽団の演奏したベートーヴェンの交響曲第5番ハ短調の場合、全楽章が合計4枚（8面＝全4楽章、各楽章1枚・2面ずつ）の盤に収められている。ルドルフ・ゼルキンの弾いた《熱情ソナタ》は計3枚（6面＝全3楽章、各楽章1枚・2面ずつ）である。また、部分的な省略もなされた。レオポルド・ストコフスキーがフィラデルフィア管弦楽団を指揮したジャン・シベリウスの交響詩《フィンランディア》（1930年録音、Victor: Red Seal 7412）は、1枚（2面）に収められて完結しているが、曲の途中で盤面を裏返さなければならないばかりか、最後でオーケストラ全体によって数回鳴り響く和音は省略されて終わる。

　つまり、クラシック音楽のレコード作りは、もともと楽譜として存在する作品を何とかアルバムによって再現したいという試みであった。それに対し、ポピュラー音楽は、レコード作りを通して、新しい作品が作られていく。増田と谷口の表現を借りれば、クラシック音楽のレコードは、あらかじめ楽譜に書かれた作品の「後ろに来る」ものであり、ポピュラー音楽のレコードは、作り出される作品と「ともにある」のだ（増田、谷口 2005，60）。

　グラモフォン時代末期の1940年代になると、磁気テープによる録音がレコード製作のプロセスに導入される。振動を電気的に変換し、磁気によって記録する磁気録音方式は、1888年にデンマークのヴェルデマール・ポールセンが開発したもので、当初の媒体には鋼線が用いられたが、

1935年に磁性体を塗ったプラスチックのテープ（磁気テープ）に記録していくマグネトフォンが商品化された。

　これによって、収録する演奏をディスクに直接「吹き込む」必要がなくなり、磁気テープに保存した演奏のうち、最良のものをディスクに移し替えればよくなったばかりか、磁気テープの継ぎ接ぎによる編集が可能となった。編集行為は、演奏のミスの除去はもちろん、舞台上の生演奏では現実には存在していない演奏をスタジオという密室で生み出すことができる。編集行為の是非が問われる一方で、それが自律的な創造的行為として存分に探究されていったのは、LPレコードとステレオ録音という二つの技術革新を経た20世紀後半のことである。

「ステレオ」を楽しむ音楽文化

　LPレコードとは、長時間再生レコード long-playing record の略である。直径30cmのポリ塩化ビニル製のディスクで、1分間に33と1/3回転する。サファイヤやダイヤモンドといった宝石の針が盤に刻まれた溝を読み取っていく。高音質で片面20分以上の収録が可能となり、長大なクラシック音楽の収録に適していたほか、ポピュラー音楽でも、短い作品を両面に組み合わせたアルバムが自由に作れるようになった。LPレコードは1948年より商品化が始まり、short-playing record すなわちSPレコード（グラモフォン）の時代は1950年代に終わった。直径17cmで1分間に45回転するシングル・レコード、いわゆるドーナツ盤（中央の穴が大きいための通称）もほぼ同時に普及が始まり、流行を狙ったポピュラー音楽の発売に主に用いられるようになった。

　そして録音再生機器の性能も上がる。音質も向上し、「高忠実度」を意味するハイ＝フィデリティ high-fidelity、略して「ハイファイ」という言葉も定着していた1950年代、その後半よりステレオ録音のレコードが発売されるようになる。

　そもそもステレオ録音・再生技術は、左右の二つの耳が周囲の音の発する位置や響きの広がりを認識することを応用した技術である。音源に対して左右に分離して置かれた2本のマイクロフォンが受け取る音を別個

かつ同時に二つのトラックに記録し、2台のスピーカーで再生する。これによって位置感や臨場感を伴う広がりのある立体的な音響が現れる。対して、1本の、あるいは2本以上のマイクロフォンが音を受け取ったのちに一つにミックスされ、一つのトラックに記録され、1台のスピーカーで再生される方式はモノーラル monaural と呼ばれるが、ステレオ方式で明確に出せる音源の位置感や立体感はない。

　ステレオ効果は19世紀末から知られていたが、技術の開発は1930年代になってからである。その輝かしい初期の実現例として知られるのが、ディズニーによる1940年公開のアニメーション映画『ファンタジア』である。この場合、磁気ではなく三つのトラックを用いた光学式の記録だったが、ストコフスキー指揮フィラデルフィア管弦楽団の演奏は臨場感をもって作品を演出したのである。いずれにせよ、このステレオ方式の録音がレコードになったということは、盤面に二つのトラックの信号を刻み、また1本の針でそれらを読み取る技術が開発されたことを意味する（谷口 2015, 175-6）。

　実際、ステレオ録音のレコードの音響空間はさまざまである。実際のコンサートをそのまま録音したり（ライヴ録音）、生演奏の臨場感に近づける努力をもって録音・編集を施したレコードもあれば、生演奏にはない、レコード独自の立体感を追求するレコードもある。ヘルベルト・フォン・カラヤン指揮ベルリン・フィルハーモニックは、複数のレコード会社にまたがって、同一作品の録音で数種類聴けるものが多数あるので、聴き比べると興味深い。たとえばベドジフ・スメタナの交響詩《モルダウ》には、1958年録音（EMI）、1967年録音（ドイツ・グラモフォン）、1977年録音（EMI）、1983-4年録音（ドイツ・グラモフォン）、1985年録音（同前）などが入手可能である。少しずつ解釈も異なるし、録音会場も、プロデューサー、エンジニア等の携わったスタッフも使用機材もさまざまだが、大別すれば、EMIの録音はコンサート・ホールの客席に伝わる響きの再現を目指しており、オーケストラはやや遠いところから残響を伴ってきこえてくる。ドイツ・グラモフォンの録音は、残響は伴うものの、すぐ目の前に個々の楽器が置かれているかのようであり、響きの分離はよく、旋律は聴き分

けやすいが、粗削りに感じる音もあるかもしれない。客席よりは指揮台で聴き取れる音に近いかもしれないが、生演奏では存在しない、スタジオでしか作れない音の合成である。今日の録音は、楽器や楽器群ごとに多数のマイクロフォンを配置し、マルチトラックの機材で録音し、ミキシング処理を施したあとにトラックダウンといって、2チャンネルに合成する作業が行われるのが通例であり、まさに「人工的」な音響空間を構築可能である。もっとも、カラヤンのEMI録音が目指すような「自然な」音響であっても、実際はマルチトラックでの録音・編集のもとに生み出されている可能性が高い。なお、ポピュラー音楽では、マルチトラックでの録音・編集作業が通常である。

このLPレコードとステレオ録音の時代、いわゆる「ステレオ」と呼ばれる家庭用の再生機器のセットが発達を続け、「オーディオ」が趣味の対象となった。LPレコードを中心に音楽を享受する文化が成熟し、日本では全国各地に、主としてクラシックやジャズのLPを聴かせる名曲喫茶が現れた。活字メディアでもレコードの購入や鑑賞を重視した音楽受容文化の高まりとして、1951年にレコード愛好家のための雑誌『ディスク』が、翌年には『レコード芸術』が創刊されている（前者は1966年に廃刊、後者は現在も続く）。

FM放送＝テープ録音＝エアチェック

聴衆にとってのオーディオ文化を眺望する場合、ラジオのFM放送とテープ録音の存在も無視することができない。

FM放送とは、周波数変調 frequency modulation に基づく放送方式で、超短波の周波数帯（30～300メガヘルツ）を用いる。電波は、いわゆる中波放送ほどは遠くまで届かないが高音質のステレオ音声が送信できることから、音楽番組向けの放送として、先進諸国では1950年代より導入された。日本では1960年代に試験的に導入され、1969年から正式の放送が始まり、1982年の多局化により、全国に多くの放送局が生まれた。

この聴取と家庭での録音が音楽ファンの楽しみに加わったのである。録音については、1950年代より、オープン・リールと呼ばれる大きなリー

ルのテープを用いた録音再生機が家庭用に市販されるようになったが、その後、家庭録音の文化の担い手となったのは、1963年に商品化され、日本でも5年後に国産化されたカセット・テープである。縦6cm×横10cm×厚1cmのケースには、レコード盤のように二つの面が設定され、テープを往復させて録音・再生をする方式がとられていた。なお、それぞれのカセット・テープは録音・再生時間の長さに合わせて「C60」「C90」などと明記されていた。それぞれ計60分（片面30分ずつ）、計90分（片面45分ずつ）の意味である。

　カセット・テープは70年代に普及が進んだが、それを担ったのは高級なステレオ装置ではなく、ラジオつきカセット・テープレコーダーだった。「ラジカセ」と呼ばれたこの家電製品の多くには、AM放送とFM放送のチューナーが内蔵されており、ラジオ番組が簡便に録音できた。当初のラジカセはモノーラル録音方式だったが、70年代後半からステレオ録音方式も増え、FMのステレオ放送がそのまま録音できるようになっていったのである。

　FM放送とカセット・テープの普及によって、音楽ファンはFM放送を録音テープに録音する、いわゆる「エアチェック」の楽しみを発見した。『FMステーション』誌の元編集長、恩蔵茂は「FM放送が始まった当初、リスナーにとってエアチェックのお目当ては主にライブ番組だったと思う」と回想する（恩蔵2009、111）。つまり、その番組でしか聴けないものだから、エアチェックする価値があった。FM放送ではさらに市販のレコードも放送され、十分な高音質であったので、一般の音楽ファンはそれらのエアチェックも日常的に楽しんだのである。

　この、いわばFM放送聴取文化の隆盛を物語るものとして、FM情報誌の存在があった。FM情報誌とは、FM放送の番組表と番組紹介を軸としてアーティストに関わる記事をまとめた雑誌で、隔週で発行された。1966年創刊の『FM fan』（共同通信社）に始まり、1971年創刊の『週刊FM』（音楽之友社）、1974年創刊の『FMレコパル』（小学館）、1981年創刊の『FMステーション』（ダイヤモンド社）と続いた。

　このように、LP盤とシングル盤によるレコード文化とカセット・テー

プによる録音文化は共存していたのだが、1980年代にこのバランスが崩れる。1980年に都内の大学生が創業した黎紅堂(れいこうどう)を皮切りに、全国に貸しレコード店が続々と出現し、やがて社会問題に発展する。1982年2月6日（土）づけの『読売新聞』朝刊に時事問題として「貸しレコード」の解説が載っている。

> 「レコード（LP）一枚、二百円で貸します」という新商売で、借りた方はこれをカセット・テープに録音する、という仕組み。つまり、二千八百円のレコードの〈音〉が二百円プラス、テープ代だけで手に入るわけで、これがヤングにうけて、今全国に約千軒の貸しレコード店がある。
> 　レコードには作詞、作曲家の著作権、歌手、演奏家、レコード会社の音楽製作の権利、複製（レコード化する）の権利など、さまざまな権利があり、売り上げの中から、これらの権利料が支払われているが、貸しレコード店はこれを無視して、商売している。
> 　そこで昨年十月にレコード協会加盟の十三社が「著作権法違反だ」として貸しレコード四業者を相手取り、十三社のレコードの差し止め訴訟を東京地裁に起こした。［……］貸しレコード店の登場で、一般レコード店は売り上げがダウン、悩みはかなり深刻だ。

このように一般レコード店の売り上げを圧迫し、裁判沙汰になるほどに音楽ファンが貸しレコード店を利用するようになった背景には、家庭で十分に高音質のダビング（複製録音）が可能になったことがあるが、ダビングをさらに促したものとして、ウォークマンの存在を忘れてはいけない。

ウォークマンとは1979年にソニーが発売したヘッドフォン式携帯用ステレオ・カセット・テープ・プレイヤーである。この種の再生機の世界共通の代名詞にもなったウォークマンだが、それが革新的だったのは、室内や車内で楽しんでいた録音の聴取体験をアウトドアにもち出したことである。細川周平が指摘したように、「ウォークマンが、都市の一部に浸透した聴取体験の実践を可能にしてくれ」たため（細川 1981, 34-5）、若者を

中心に街や交通機関でヘッドフォンをつけて音楽を楽しむ文化が定着していった。ダビングする音源は購入しても借りても同じなので、必然的にレコードの売り上げは落ち込んでいったのである。

貸しレコード問題は裁判を経て、やがて、一定の使用料をレコード会社側に支払うことで合意が生まれ、販売業と賃貸業が共存できるような著作権法の改正にもいたるが、この時期、もう一つ音楽メディアに大きな変化が生じていた。CDの登場である。

デジタル時代の到来

CD（コンパクト・ディスク）とは、1982年に世界で初めて商品化され、標準となったデジタル・オーディオ・ディスクである。ポリカーボネートを材質とする直径12cmの盤にデジタル信号を記録し、アルミニウムの薄膜を反射材として蒸着させたもので、レーザー光線でこれを読み取り、アナログのオーディオ信号に戻す。ほこりや傷が大敵であった従来のレコード盤とは異なり、取り扱いが簡便でサイズも小さく、音のひずみや雑音がなく、鮮明だったため、プレイヤーが廉価になるとともに普及が進み、日本では1987年にCDの生産額がレコードの生産額を抜いた。

CDでの音楽聴取はさまざまな面でレコードのそれと異なった。計46分（最大でも約60分）のLPと較べ、CDは標準で74分（最大79分58秒）を収録できる。CDにはコントラストを生み出すウラとオモテがない。そのためLP盤以上に長大な時間を、区切りなく活用できるわけで、アルバムの作り方が変わったし、聴き手も途中で盤面を裏返す必要がなくなり、長時間の連続的な聴取体験を得た。

もっとも、最大の違いは音質である。恩藏は最初にCDを聴いた時、「一つ一つの音があまりクリアなため、何十というさまざまな楽器の音がどっとあふれ出て、てんでんばらばらに鳴っているような気がした。［……］とくに高音の自己主張が激しく、［……］まるでドラッグ体験のようにさえ思えた」と回想し、レコードの「やわらかな、暖かい音」に対比されるCDの「金属的な音」や「硬い音」を説明している（恩藏 2009, 166）。また、レコードは再生のために盤に針を落としてから音

楽が始まるまで盤面のノイズがきこえ、期待感を高めるが、CDの場合はノイズがないので、「無音状態からいきなり音楽が始まる」ことに多くの人が戸惑った（同書、164-5）。

とはいえ、多くの人はこの驚きを肯定的にとらえ、CDは市場に受け入れられた。それに伴い、貸しレコード屋もCDレンタルに移行し、音楽産業への圧迫は続いた。1985年の著作権法改正で、演奏家、歌手、レコード会社に「複製物を公衆に貸与する権利」が認められ、貸しレコード・CDに使用料の支払いが義務づけられるようになったが、録音をめぐる著作権と使用料の問題は、今日にいたるまで関係者の間で納得が得られているわけではない。

1980年代後半にはFM放送のエアチェック文化が衰退する。CDの普及に加えて、1988年10月開局のJ-WAVEのように、曲目を事前公表しない放送スタイルの登場も大きな要因となったようだ。この衰退はFM雑誌の売れ行きにも現れ、『週刊FM』は1991年、『FMレコパル』は1995年、『FMステーション』は1998年に、事実上の廃刊に追い込まれた。最後まで残った『FM fan』が2001年に「休刊」となり、ほぼ番組表のみを掲載する継続誌『FM CLUB』のみが続いている。

パッケージからダウンロード、ストリーミングへ

『FM fan』が休刊した2001年は、アップルが携帯型デジタル音楽プレイヤーiPodを発売した年である。同社はその2年後にiTunesミュージック・ストアを始め、音楽をデータとしてダウンロードして聴く時代を導くこととなった。

CDも音楽のデジタル・データだったが、このデータ（ファイル）だけが流通する動きは、パーソナル・コンピューターとインターネットの普及が進んだ1990年代後半から始まった。CDの音声データを約10分の1に圧縮するMP3という方式が広まり、著作権のある既存の音楽データもMP3のファイルとしてインターネット上で交換・共有される事態が生まれていた。これは世界的な動きで、さまざまなファイル共有ソフトウェアが流通したが、その代表はナップスターという会社のものだ。しかし、ほ

かのソフトウェア同様、ナップスターのものによる交換・共有の違法性が問われ、同社がサービスを停止したのは 2001 年の 7 月だった。iPod の発売はその 4 か月後であり、まさに合法的にオンライン・ダウンロード（音楽配信）のビジネスを始めたのである。

　かつてのウォークマンのように、iPod がデジタル音楽プレイヤーの代名詞となった。ユーザーが行ったのはオンラインの交換・共有だけではなかった。CD から直接のデータ取り込みも盛んになり、音楽産業は不振を危惧した。また、データを書き込んだり、市販の CD をそっくりコピーできる CD-R が生まれたことも音楽産業の脅威となった。従来のカセット・テープのダビングとは異なり、データのままダビングができるのは CD の販売に著しいダメージをきたすからである。2005 年に始まった動画共有サービス YouTube にも CD の音源が掲載されることが多く、CD の売り上げは世界的に落ちるばかりとなった。

　歴史的に俯瞰すれば、これは CD という・パ・ッ・ケ・ー・ジの音楽聴取メディアが首座から退いたことを意味する。人びとが音楽を取得する手段としてはオンラインでのダウンロードが優勢となったのだ。当初は違法なものが多かったが、iTunes などのさまざまなオンライン・ストアが登場し、2000 年代以降、ブロードバンド化したインターネットの音楽配信で曲を買うのがあたりまえの時代が到来したのである（クラシック音楽の分野では、古い録音の大量廉価販売の市場もあり、CD のパッケージを買う傾向はいまだ根強いが、今後の動向を注視したい）。

　2015 年、アップル、グーグル、LINE など、世界各国の企業が定額制音楽配信サービスに参入するようになった。ここで採用されるのは、ダウンロードしながら同時に再生する・ス・ト・リ・ー・ミ・ン・グ方式である。日本で言えば、月額 1000 円前後で国内外の数百万曲のポピュラー音楽が自由に聴ける。もちろん、プレイヤーで取り込んで特定の楽曲をオフラインでも聴けるわけで、数年前より普及が進むスマートフォンが音楽プレイヤーとしても機能するようにもなった。

　本節では、録音メディアを中心に音楽聴取のメディアの変遷をたどって

きた。音を記録したいという人間の欲望が振動を刻む技術を生み出し、やがて円盤（ディスク）という形態が発案され、音楽の保存・流通・再生のメディアとなった。それはLPレコードの時代に総合的な物的価値をもつパッケージとして高まったが、CDの登場によるデジタル化を境に解体に向かい、今や音楽のデータのみが流通することになった。

　しかし、パッケージの形成と解体という録音メディアの歴史が音楽メディア全体の歴史ではないし、これだけで音楽文化を語るのも誤りである。実際に作られ続けた各ジャンルでの音楽との動態的な関係をもっと考えないと、個々のメディアの特性や、個々の音楽の魅力を十分に把握することはできない。また、生演奏と録音の関係や、発達を続けたメディアを扱うアーティストの営みも、聴き手の態度も考察に値する。

　とくに、録音テープの発達によって編集作業が可能になって以降のアーティストや聴き手の音楽への関わり方は重要である。さらにデジタル化の進んだ今日、聴き手はただ完成された音楽を受け取って楽しむのではなく、音源を編集することで創造行為に加担するアーティストとして振る舞うことができる。かつて1960年代に、ピアニストのグールドは、複数の録音を編集して音楽を楽しむ「新しい聴き手」の登場を待望したが、それはデジタル時代の今日にこそ現実化している。

　そして今日の音楽芸術が、録音を主軸にし、テクノロジーを介在させつつも、生演奏や、他のさまざまな芸術・文化ジャンルとの関わりをもって存在することも周知のとおりである。第1節で述べたようなメディアの多面的性格を考えながら、音楽文化を読み解いていくべきだろう。

第3節　現代日本の音楽文化とミュージッキング

グレン・グールドの「予言」

　前節で論じた録音メディアと音楽聴取の問題を考える場合、ピアニスト、グールドの考察に触れることが有用であろう。グールドの場合、32歳になった1964年をもって演奏会活動を引退した。以後、録音や放送番組等の電子メディアでの音楽活動に専念した彼は、自分がコンサートを開かない理由を説明し続けたが、その主張は、電子メディア、とくに録音メディアの本質や可能性を探求するものであった。

　グールドが提唱した概念に「新種の聴き手 a new kind of listener」というものがある。これは、米国のオーディオ雑誌『ハイ・フィデリティ』誌（1966年4月号）に寄稿した論考「レコーディングの将来 The Prospects of Recording」に現れる（グールド 1990）。

　その論考や各種のインタヴューで、グールドは次のような意見を述べた。電子時代を迎えたこれからの聴き手は、家庭で電子機器に積極的に関与し、自分の好みでよりよい音で聴けるように調整するばかりか、テクノロジーを駆使して、既存の複数の録音を編集して自分だけの演奏を作って楽しむようになるのだと。たとえば、ベートーヴェンの第5交響曲の演奏で、第1楽章の「呈示部と再現部はワルターの演奏が好きで、展開部はテンポの大きく異なるクレンペラーの指揮がいい」とすれば、ピッチと速度の調整を施して、それらを組み合わせて聴くことが技術的に可能になるし、そうするべきだと訴えた（フリードリック 2002, 122）。それは音楽作品の創造への参加であり、そのようにして作曲家と演奏家に占有されていた役割分担を奪い、ヒエラルキーを壊すことになるのだとグールドは主張した（宮澤 2004, 65-6）。また、ある種の実用案として、テンポや強弱など、多様な表現による録音の断片を揃えた編集キットを売り出し、演奏の完成を聴き手に委ねる案も別の場で公表していた。これも「新種の聴

き手」の簡易な参加構想だった（宮澤 2004, 75-6）。

これは一種の「予言」だったのだろうか。この説明は、録音メディアで編集行為によって音楽を創造できる可能性を述べたにすぎないのかもしれないが、あえて「予言」だとすれば、答えはノーでもあり、イエスでもある。(6-3.1)

少なくとも、事例に挙げられている伝統的なクラシック音楽のファンは、テクノロジーによって既存の録音を編集することに関心はなく、答えは「ノー」である。同じテクノロジーであればむしろ、SP盤やLP盤やライヴの録音テープといった歴史的な録音がいっそうの高音質で復元されることを聴き手は求めるし、実際、レコード会社はそのために最新の技術を投入する。

しかし、ポピュラー音楽のジャンルでは「イエス」である。デジタル技術の発達した今日、既存の録音を素材として編集する技術はすでに存在している。さらに、ある録音を編集・加工して新しいヴァージョンを作るリ

6-3.1　グレン・グールド
(Photo: Don Hunstein. Courtesy of Sony Music Entertainment.)

ミックスと呼ばれる手法などは、まさにグールドがクラシック音楽で考えていた操作の延長線上にある。専門の録音スタジオでなく家庭でも、プロの音楽家や技術者でなく一般音楽ファンでも、すでにこうしたことが可能になっており、「新種の聴き手」が登場している。また、クラブなどでのいわゆる DJ の活動も、曲を組み合わせて再生していく創作行為として、これに沿うものであろう。

　結局、ここで注目するべきは、すべての音楽ジャンルではないが、21 世紀の現在、録音のメディアが、単に一つの音源を収録・保存・再生するという機能にとどまらず、新しい創作の素材提供・交換と再創造の場となっていることと、そこに関与し、再創造を担う人間が、これまでの、作曲家、編曲家、演奏家、技術者といったプロの作り手に限らず、アマチュアの聴き手までもが含まれるようになったことであり、まさに「新種の聴き手」が実現しているのである。

　しかし 21 世紀の「新種の聴き手」は、グールドの想定を超えていた。デジタル・テクノロジーとインターネットを活用したマルチメディアの音楽活動である。第 5 章でのスモールの議論や、それを承けた井手口彰典の語法を借りるなら「ネットワーク・ミュージッキング」（井手口 2009, 220-1）の時代に突入したのだ。ここでは、「参照の時代」を示唆した井手口の定義から離れ、議論を進めることになるが、それはどんな時代か。それを確かめるために、日本の過去 50 年の若者主導の音楽文化の歴史を振り返っておきたい。そこには、「聴く」「歌う」から「創る」へのプロセス（石鍋 2014）が見えてくる。

〈帰って来たヨッパライ〉の衝撃

　昭和時代の日本の流行歌は、レコード会社が仕切った分業体制だった。各会社には専属の作詞家と作曲家がいて、やはり専属の歌手に歌を提供する。ところが、1960 年代後半以降、この体制が次第に崩れていく。1965 年のベンチャーズ来日と、1966 年のビートルズ来日がそれぞれ大きな刺激となったと考えられるが、いわゆるエレキギターとドラムのサウンドを前面に押し出したバンドが次々に現れ、歌謡界を席捲していった。ザ・ス

6-3.2　ザ・フォーク・クルセイダーズ〈帰って来たヨッパライ〉
東芝音楽工業

パイダース、ザ・タイガース、ザ・テンプターズ、といったバンドが脚光を浴びた、いわゆるグループサウンズ（略称 GS）と呼ばれた音楽ブームであり、作品を提供するのは、フリーの作詞家や作曲家だった。すなわち前者なら、なかにし礼、橋本淳、後者なら、すぎやまこういち、鈴木邦彦、筒美京平、村井邦彦などがいた。音楽はむしろこうしたフリーの作詞家・作曲家が主導権を握っていくことになり、やがて演奏するバンドのメンバーたちも自ら曲を作る時代を迎える。

　それをはっきりと打ち出したのが、1965 年に加藤和彦、北山修らが結成したバンド、ザ・フォーク・クルセイダーズである。

　1967 年 12 月にデビュー曲〈帰って来たヨッパライ〉(6-3.2) が東芝音楽工業より発売される。「おらは死んじまっただ」という歌詞（作詞は松山猛）で始まるこのコミカルな曲は、飲酒運転の交通事故で亡くなった男が「雲の階段」を登って天国へ行く話である。「天国よいとこ一度はおいで」と歌いつつ酒色に溺れていると「神様」に「もっとまじめにやれ」と怒られる。しかし男は行動を改めないため、天国を追い出され、「雲の階段」を下りるうちに転落し、「畑のど真ん中」で目を覚ます。

　主たる歌声と伴奏は、テープを早回しして再生して構成した奇妙なもので、自主制作盤として誕生し、ラジオ各局で取り上げられると、聴取者からのリクエストが相次ぐようになった。噂を聞きつけてメジャー発売を決めたのが東芝音楽工業である。そのディレクターだった高嶋弘之によれば、会社側からは録り直しを求める声もあったが、あえてそのまま発売し、180 万枚のヒットとなった（清田 2015）。

　〈帰って来たヨッパライ〉は、録音のテクノロジーを活用して生まれた作品であることや、未発売の録音がラジオを通じて人気が出たことなども新しい側面であったが、高嶋の言葉を借りれば「若者が自作する時代に移っている」ことを実感させるものだった（同前）。これ以降、自ら作詞作曲をする若手のフォーク歌手が次々と現れ、シンガー・ソングライターと呼ばれるようになる。

シンガー・ソングライターの時代

　60年代後半は、ベトナム戦争を背景にした時代であり、学生運動も盛んだった。「フォークの神様」と呼ばれ、〈山谷ブルース〉（1968年）などで知られる岡林信康らが登場し、各地で反戦を訴えるフォーク集会が開かれた。やがて70年代に学生運動が勢いを失うと、風呂なしアパートに暮らす典型的な学生たちの恋愛・同棲や日常生活などを歌った「四畳半フォーク」がブームとなる。1970年にデビューした吉田拓郎の〈結婚しようよ〉、〈旅の宿〉（1972年）、南こうせつとかぐや姫の〈神田川〉（1973年）、〈赤ちょうちん〉、〈妹〉（1974年）、風の〈22才の別れ〉（1975年）などがその典型であり、小椋佳、井上陽水、荒井由実（のち、松任谷由実）なども70年代前半から活躍を始めている。日常生活を盛り込んだ歌詞と語りかけるような旋律の生み出す自前の音楽は、レコード会社専属の作詞家や作曲家が分業体制で作り専門の歌手が歌う従来の流行歌にはない親密さを生み出し、若者を魅了した。「昔なら小説家になった才能の持ち主がシンガー・ソングライターになり、時代の空気や若者の心を代弁していた」とは音楽評論家の富澤一誠の弁である（富澤 2014）。

　シンガー・ソングライターの流れは、アコースティック・ギターを典型的な伴奏とするフォーク・ミュージックにとどまらなかった。日本語歌唱によるロック・ミュージックを確立させたとされる、はっぴいえんどのアルバム『風街ろまん』は71年に発売された。翌年には財津和夫率いるチューリップがビートルズの影響の色濃いデビュー・アルバム『魔法の黄色い靴』を世に問うている。以後、アーティストは多様化し、70年代末から世良公則＆ツイスト、サザンオールスターズなどロック系のバンドが増え、80年代のニューミュージックを導いた。80年代は富澤が指摘するように、シンガー・ソングライターの歌謡曲への進出と経済的な成功があり、「優等生の音楽だったニューミュージックに続き、矢沢永吉や尾崎豊など不良文化が生むロック勢も台頭」し、「自分の言葉で歌い、また違った若者の心を代弁」したのだ（同前）。

カラオケというミュージッキング

　79年のウォークマン発売、82年のCD商品化などを経て、日本のポピュラー音楽受容は進むが、「聴く」だけでなく、「歌う」という関与が加わるようになる。いや、娯楽という意味では、音楽鑑賞を凌いで、より多くの人が楽しむようになったのはカラオケである。

　空(カラ)のオーケストラ伴奏を意味するカラオケだが、そのような録音自体は日本では戦前から放送局などに存在していたし、「ミュージック・マイナス・ワン Music Minus One」という楽器の独奏パートを除いた練習用レコードも米国で第二次世界大戦前からあった。カラオケが「アマチュアの歌い手が娯楽として歌をうたうための機械と音源、周辺機器」(烏賀陽 2008, 21) として誕生したのは、1960年代末から70年代初めである。神戸のマルチ演奏家の井上大佑、東京の技術者の根岸重一などが、ほぼ同時に機械を発明し、それぞれの地元で実用化を果たした。誰もが伴奏つきで流行歌を歌えるカラオケは、やがて全国のバーやスナックに広まり、さまざまな会社が参入した。当初は8トラックテープというカーステレオ用のエンドレス・テープを用いたが、1982年よりレーザーディスクの映像つきカラオケが普及していく。

　とはいえ、普及は限定的であった。カラオケは、本来は「接待」の文化として拡大したもので、「酔っぱらったオジサンが歓楽街の酒場で歌う娯楽」(烏賀陽 2008, 73) にすぎなかった。それが、老若男女を問わずマイクを握る国民的な娯楽に成長するには、新しい仕組みが求められた。カラオケボックスである。

　当初、カラオケボックスは、輸送用のコンテナを改造した設備で、1986年に岡山県で誕生した。人びとが集い、個室で歌い合うという娯楽のスタイルは世代や性別を超えて親しまれ、80年代後半に全国に広まる。90年代初めにバブル経済が崩壊するが、安価な娯楽として90年代中頃まで、その店舗数は拡大した。

　烏賀陽はカラオケ普及の背景に1980年代の「自己表現ブーム」を捉え、「歌手に代わって消費者がその曲を歌ってしまう」営為は能動的な「音楽消費形態」であり、80年代後半の若者によるバンド・ブームと重

なると説く。前述の70年代前後のフォークやロックにはカウンター・カルチャーとして社会への反発・抵抗、社会からの逸脱の表明があったが、80年代後半のバンドも、中高年が好んで書いた自分史も、自己表現にすぎなかった。表現したい内容があるというよりは、表現すること自体に欲求があったのであり、それは「自己表現の大衆化」でもあった。日本の経済成長がピークを迎え、物質的な豊かさに満たされた結果、心の豊かさを求めた動きの現れだった。カラオケもその一環として普及したと考えられるのである（烏賀陽 2005, 122-32）。

やがて自己表現の娯楽であるカラオケは、プロの音楽活動にも影響を及ぼすようになる。1992年に通信カラオケが導入され、電話回線を通じて新曲が早くかつ豊富に提供されるようになった。その結果、カラオケで好んで歌われる曲がヒットすることとなり、逆にカラオケで歌われるのを見込んで曲が作られる時代に変わった。これはメディア（カラオケ）が音楽とその受容を規定した一例でもある。

カラオケ産業は90年代後半以降は停滞し、縮小傾向になったが、21世紀を迎えてからも続いている。「歌う」文化は国民に定着し、また海外にも輸出され、karaokeは世界の共通語となった。カラオケの歌唱は持ち歌の歌手の模倣を前提としている場合も多く、創造的な音楽活動とは呼べないとする批判的な見解もたしかにある。しかし、たとえ模倣であっても聴き手の積極的な参加態度は存在するため、電子テクノロジーによって生まれたミュージッキングと見なすべきであろう。

Jポップからストリートとヴァーチャルへ

1990年代初めにバブル経済が崩壊したが、カラオケは娯楽として定着し、音楽ソフトの生産額はうなぎのぼりに増えていった。前節で述べたように、FM放送のJ-WAVEが1988年10月に開局し、それに呼応して「歌謡曲」や「演歌」が占めてきた日本の流行歌の世界は若者向けの「Jポップ」というジャンルに席捲されるようになった。

Jポップとは、烏賀陽の表現を借りれば、「日本の土俗的な要素と決別し、洋楽に限りなく近づけた音楽」であり、「日本人が国際的、あるい

は西洋的だと思っているもの」という幻想のもとに成立している（烏賀陽 2005, 24）。たとえば、小室哲哉と「小室ファミリー」は、90年代のJポップの代表と言えよう。

　第9章第3節で紹介するように、当時、東京の渋谷ではHMVやタワーレコードのような大型CD店や、CLUB QUATTROなどのライヴ会場、スペイン坂スタジオといった放送局などを取り巻いて若者が集い、「渋谷系」と呼ばれる文化圏を象徴的に形成していた。オリジナル・ラブ、ピチカート・ファイヴ、フリッパーズ・ギターといったグループや、カヒミ・カリィといった歌手の音楽がその代表として人気を博していく。90年代終わりには日本の音楽ソフトの市場規模は10年前の倍になったが、それは「アナログからデジタルへの技術革新や消費性向の変化という土壌に、テレビ・タイアップ、通信カラオケ、ミュージック・ビデオ、マーケティングといった『Jポップ産業複合体』から生まれてきたセールス方法や新しい音楽メディアが花開いた結果」だった（烏賀陽 2005, 194）。

　しかし、1998年以降、CDを中心とする音楽ソフトの生産額も売り上げも下がり続けて今日にいたっている。アイドル・グループのNegiccoが2013年に発表した〈アイドルばかり聴かないで〉の小西康陽による歌詞には「ふつうの人は／CDなんて／もう買わなくなった」とある。

　もっとも、大手のレコード会社（メジャー・レーベル）からCDを出すことは「メジャー・デビュー」と呼ばれ、今日にいたるまで、アーティストの世間的な成功のきっかけを意味する。その意味で着目するべきなのは90年代後半から、いわゆる「路上ライブ」出身のアーティストが頭角を現し、やがてメジャー・レーベルからCDを出して「メジャー・デビュー」を果たすようになったことだ。ゆず（1997年結成、1998年メジャー・デビュー）、いきものがかり（1999年結成、2006年メジャー・デビュー）などがその代表で、カラオケ以外の自己表現が地道で原初的な路上ライブの活動に生まれたことは興味深い。不特定ではあれ、聴き手との隔たりの少ない交流によるミュージッキングがそこにあるからだ。

　続く2000年代は、渋谷に加えて東京のもう一つのエリアが若者文化の拠点として定着する。電気街としての歴史の長い秋葉原である。90年代

のインターネットの発達に合わせて、漫画、アニメーション、ゲームソフトなどが「オタク文化」という日本独自のポップ・カルチャーとして発達してきたが、秋葉原はその中心地となった。2004 年にインターネット掲示板に投稿された「オタク男性」の告白に基づく恋物語『電車男』が小説化・映画化されて話題を呼んだことも、2005 年に「会いに行けるアイドル」として秋葉原の劇場に AKB48 が結成されたことも、秋葉原にメイド喫茶が乱立し、同じ 2005 年に「萌え〜」という言葉がユーキャン新語・流行語大賞に輝いたことも、秋葉原を拠点とする文化の存在を確認させるものとなった。携帯電話を駆使するこの文化の若き担い手たちは、パソコンの画面に現れる「ヴァーチャル」な現象と、現実生活での身近な体験とを人それぞれにブレンドして楽しむすべを学んでいったのである。これを土壌として、さらに画期的なミュージッキングが現れる。

初音ミクの誕生

　2007 年 8 月 31 日、「キャラクター・ボーカル・シリーズ 01 初音ミク」が発売された。札幌のクリプトン・フューチャー・メディアが開発した歌声を合成するパーソナル・コンピューター用のソフトウェアである。画面上で発声や旋律を細かく設定・調整し、五十音で歌詞を加えることで、初音ミクという架空の少女が歌う。通常は年間 1000 本売れればヒットとされる音楽ソフトウェア業界で、年間 4 万本近くが売れる異例のヒットとなる。ちょうど同年に始まっていたインターネット上の動画投稿サイト「ニコニコ動画」には、初音ミクに歌わせる既存曲やオリジナル曲の作品が相次いで登場する。「電子の歌姫」初音ミクは、「同人音楽」の中心に位置するようになり、フィギュア、漫画、ゲーム、小説にも広がり、社会現象的に注目されるようになった（6-3.3）。

　ボーカロイドのソフトウェアは初音ミク以前にもあったが、初音ミクの誕生が画期的なものとして大きく受けとめられた理由は何か──。この技術は「ボーカロイド」（ヤマハの登録商標）とも呼ばれ、1990 年代以降に発展してきた DTM（デスク・トップ・ミュージック）の一つに含まれる。つまり、パーソナル・コンピューターを中心に電子音で作曲・演奏をする

制作行為である。前述のように、日本独自のポップ・カルチャーが社会的にも認知され、成熟した時期にちょうど初音ミクが現れた。おまけに声優の藤田咲の声をサンプリングした初音ミクの歌声や、キャラクターの設定、視覚的なデザインが魅力を放っていた。絶妙のタイミングに十分に練られた製品が「電子の歌姫」として登場したのだ。実際の歌手がいなくても、コンピューターだけでヴォーカル曲が完結できる。プロ、アマチュアを問わず、彼女を「起用」し、創作に励むようになったのは当然であろう。

6-3.3　初音ミク　illustration by KEI
© Crypton Future Media, INC. www.piapro.net piapro

「電子の歌姫 誰もが創作者に」とは、ある新聞記事の見出しだが（山崎 2014）、初音ミクを用いた音楽活動は、創作行為に参加する「新種の聴き手」の最新のミュージッキングである。インターネットの端末にいる全国のユーザー（コンピューターとインターネットの利用者）が、初音ミクに歌わせる曲の作曲や編曲に従事する作者となる。この創作活動こそまさに、ネットワーク・ミュージッキングである。これまで述べた説明を含めて、その特徴を列挙すれば、こうなろう。

　第一に、作者が「プロデュースする」という「擬制」をとること（増田 2008, 171）。作者の多くは「〜P」（Pはプロデューサーの意味）と名乗り、初音ミク（あるいは他のボーカロイド）という非実在のキャラクターを育ててコントロールする立場を取る。その歌い方を調整することを俗に「調教」と呼ぶことにも、それが現れている。実際、作者は曲を作ったり、編曲を考えるだけではなく、歌い方まで指定し、その上で自動演奏された作品が完成品なのだから、総合的な創作行為にほかならない。

　第二に、第三者が創作を受け継ぎ、共有するシステムが了解されていることである。作者が「プロデュース」し、インターネット上で発表されたボーカロイドの作品は、一次創作と呼ばれ、他のユーザーがこれを承けて編曲し直したり、動画を付したり、生身の人間が同作品の歌唱・演奏・踊りを実践したり、小説を書いたりといった二次創作、三次創作が無限になされていく。たとえば、2007年9月20日に発表された〈みくみくにしてあげる♪〉という作品（ika作）がある。インターネット上で検索をすれば、YouTubeやニコニコ動画でさまざまな画像を伴う演奏が見つかる。演歌歌手の小林幸子による替え歌〈さちさちにしてあげる♪〉さえもある。このようなインターネット上での動きを濱野智史は「N次創作」と呼んだ（濱野 2008, 249）。絶対的な作者の概念が揺らいでいるかどうかは議論があるにせよ、一つの作品をめぐって、プロ、アマチュアを含めた多くの作り手が関与していく状況が生まれたのである。

　第三に、初音ミクという存在が単なる歌声合成技術にとどまらず、架空のキャラクターとして確立され、各曲の作者のみならず、聴き手全般にも強い存在感をもって受けとめられていることである。2009年8月31

日、発売2周年を記念したライヴ・コンサートが開かれた。舞台には立体映像で初音ミクが現れ、生のバンドをバックに歌うイヴェントで、話題を呼んだ。また、2012年11月、冨田勲は《イーハトーヴ交響曲》を初演し、歌手として初音ミクを起用した。同年12月、渋谷慶一郎は、世界初のボーカロイド・オペラ《THE END》を初演し、翌年11月には、パリのシャトレ座でも上演した。日本の人形文化の電子版としての前者（柴 2014, 96）、死をテーマにした後者（柴 2014, 235）と位置づけは異なるが、ともにこの「電子の歌姫」の存在自体を尊重し、その芸術性を認めていることが示唆されよう。

初音ミク現象の意味

　では、この初音ミクと聴き手の関係がコンサート・メディアにおいて成立している状況はどのように解釈するべきなのか。また、それ以前のディスプレイで向き合う段階での関係は、どうなのか。虚構と現実の相対化といった評釈だけでは議論は深まらない。そもそも、電子メディアによってのみ成立可能な「歌声」にすぎなかった「超『実在』的身体」（広瀬 2013, 266）としての初音ミク、実在するものとしての聴き手、それぞれが、インターネット上で、そして、こうしたコンサートで、どのような位置を獲得し、どのような関係を取り結び、その背後のいかなる意味を表象しているのかについては、今後、議論を深めるべき問題となろう。そして、おそらく音楽メディアと音楽業界の変化の方向性を考えるヒントがここに隠されている。

　柴邦典は、2007年の初音ミクの誕生を3度目の「サマー・オブ・ラブ」だと述べる（柴 2014, 15）。「サマー・オブ・ラブ」とは、1967年の米国西海岸のサンフランシスコから展開したヒッピーを中心とする「ラブ・アンド・ピース」の平和運動であり、ドラッグを背景とした、音楽を含む対抗文化の活動であった。1969年8月にニューヨーク州の農場で行われた大規模な野外コンサート、ウッドストック・フェスティヴァルがその熱狂の頂点として記憶されている。運動は鎮静化したが、そのときに高まったロック・ミュージックが一つの文化として存続していくこととなっ

た（同時に、柴はパーソナル・コンピューターとインターネットの誕生がここにあったことも述べている）。次いで、第2の「サマー・オブ・ラブ」は、1980年代後半の英国でのクラブ・ミュージックの運動で、「レイヴ」と呼ばれる野外イヴェント、倉庫でのパーティーがそれだったという（柴 2014, 54-76）。現代に続くダンス・ミュージックの源流である。

　そして第3の熱狂が初音ミクの時代であると柴は言うのだ。柴によれば、これらと初音ミクの音楽運動の共通点は「遊び場」である。初音ミクにあっては、インターネット、とくにニコニコ動画のような共有サイトが新しい遊び場として人びとを熱中させた。柴の言説に従うならば、初音ミクは「世界を変えた」のであり、今後の音楽のみならず、文化全体の流れを決めたものということになろうか。ちなみに柴は、〈帰って来たヨッパライ〉が流行った60年代のラジオ放送、とくに『オールナイト・ニッポン』と、近年のニコニコ動画に「どことなく通じ合う」磁場を見出している（柴 2014, 52）。

　以上、日本の1960年代以降の若者主導の音楽文化の歴史をたどりながら、「新種の聴き手」の実現形態をいくつか見てきた。注意したいのは、これらの現象に万人が参加しているわけではないことだ。誰もがギターを片手に弾き語りをするわけでもないし、カラオケをやらない人もいるし、ボーカロイドに興味のない人も多い。大多数の人間は、消極的な聴取者であり続けているかもしれない。だが、それぞれの時期に、そうした新しいメディアやテクノロジーを用いて能動的な音楽活動に参加する人が一定数存在することが常に新たな原動力となって、次世代の音楽と文化が生まれるのではないだろうか。聴取とメディアの問題はこうした認識をもって、絶えず問い直すことができよう。　　　　　　　　　　　　　［宮澤淳一］

第 7 章　音楽と想像力

第1節　音楽と「意味」

音楽は何かを表現しているのか

　「音楽に意味なんてないよ、楽しいだけさ」などと言ったら、軽薄に思われるかもしれないし、即座に反論されるだろう。ならば、宗教音楽は何なのか？　讃美歌は？　神を讃える「意味」があるではないか。あるいは、クラシック音楽の宗教曲でなくても、たとえば、〈ウィー・アー・ザ・ワールド〉という歌はどうか？　アフリカを飢餓と貧困から救おうと、マイケル・ジャクソンやスティーヴィー・ワンダーなど、世界のポピュラー音楽のアーティスト45人が歌って1985年に発表した歌だ。「世界は一つだ、みんなで明るい未来を築こう」というメッセージが込められているじゃないか——と。

　たしかにその音楽を聴く時に、メッセージは伝わってくるが、それは音楽自体が意味を発しているのだろうか。歌詞にメッセージがあれば、それが言語的に伝わるのは当然かもしれない。音楽自体にそのメッセージが意味として含まれているのか、それとも、音楽はそのメッセージの伝わり方を何らかの形で補強しているだけなのだろうか。これは声楽曲の本質に関わる難しい問題であり、考察には慎重な手続きが必要なので、ここではむしろ、音楽自体に言葉を伴わない作品に絞って考えてみよう。

　米国の指揮者レナード・バーンスタインが主演した代表的な公開のテレビ教育番組に『ヤング・ピープルズ・コンサート』がある。その第1回「音楽ってなに？」（1958年1月18日、米国にて初放映）は、音楽に意味があるのか、何かを表現しているかを論じる回だった。

　番組冒頭、カーネギー・ホールの舞台に現れたバーンスタインがニューヨーク・フィルハーモニックを相手に振り始める音楽は、ロッシーニの歌劇《ウィリアム・テル》序曲の末尾の有名な行進曲の主題である。勇ましい音楽の指揮を終えたバーンスタインは、会場を埋め尽くす子どもたちに

「これは何の旋律だろう？」と問いかける。

> みんなもきっと納得すると思うけれど、私の小さな娘にこれを弾いて聴かせたらこう言われたよ。「［西部劇の］ローン・レンジャーの曲よ。ハイヨー、シルヴァー号！　カウボーイとギャングと馬と西部の荒野と……」。娘も会場のみんなも、がっかりさせたくないけれど、これはローン・レンジャーの音楽ではまったくない。これが扱うのは音符だ。ＣとＡとＦとＦ♯とＥ♭だ。音楽がどんな意味をもつかについてどんなストーリーを聞かされても、忘れなさい。ストーリーは音楽の意味とは別物だ。音楽は何かを扱うものでは決してない。音楽は音楽でしかない。たくさんの美しい音と響きが上手にまとめられたものであって、それを聴く私たちを楽しませてくれる。だから、「どういう意味です？　この音楽は何を意味しているのですか？」と尋ねるとすれば、それはたいへんな難問なんだ。でもがんばって答えを考えてみよう。（Bernstein 2005, 1-2）

　バーンスタインはそれからピアノに向かい、ショパンの夜想曲やベートーヴェンのソナタや即興的なブギウギを弾いて聴かせる。そして、どれにも意味はないが、「意味はなくても聴いていて楽しい」と語る。
　では、音楽は物語を表現（厳密に言えば、「再現」）するものではないとしても、「意味はなくても聴いていて楽しい」のであれば、感情を表現しているのだろうか。それすらも否定したのがエドゥアルト・ハンスリックという人だ。チェコのプラハ出身で、オーストリアで活動した音楽美学者で、音楽批評家でもあった彼は、その主著『音楽美論』（1854年）において、「音楽の内容とは響きつつ動く形式である」（ハンスリック 1960, 76）と言い切った。ハンスリックは、音楽は特定の概念を表現することはできないし、喜怒哀楽などの特定の感情自体も表現できないと主張した。
　これは現代人にとっても意外な発想かもしれない。あなたは、音楽という形式（容れ物）に何らかの中身が盛り込まれていると考えないだろうか。特定の概念やストーリーや感情が音楽の内容ではないか、と。しか

し、ハンスリックは、あくまで形式自体が音楽の内容だと主張しているのである。概念やストーリーを盛り込まなくても、感情は盛り込めそうだが、ハンスリックは、感情とは音楽作品に内在するものではなく、誰かがそれを演奏する時に聴き手に及ぼす作用であり、作品の形式は無関係であるとした（国安 1981, 222-5）。

　ハンスリックがこうした主張をする背景には、19世紀のロマン主義の芸術思潮において、音楽に文学や思想の「言葉」を積極的に結びつける発想が現れ、その方向で他の芸術ジャンルとの融合を求める動きが盛んになったことがある。ハンスリックの主張はそれに対する反論という意味があった。だから、詩と音楽を一体化させた総合芸術としての「楽劇」を標榜したリヒャルト・ヴァーグナーの仕事などは、ハンスリックの格好の批判対象となった。

標題音楽と絶対音楽

　ハンスリックの説明に従うならば、たとえ題名が付されている音楽作品でも、題名が示す意味はそこに込められていないことになる。たとえば《革命》という名の作品があっても、その作品が「革命」を描いているとは言えないということになる。その音楽が起伏の激しい表現に満ちていても、それは「革命」の凄まじさを表していると聴き手が勝手に辻褄を合わせて考えているだけであって、音楽自体が「革命」の内容や精神やそこに巻き込まれた人の感情を表現しているわけではない、とするのがハンスリックの主張に沿った見解である。

　すると、最初からニックネームでしかない作品は論外ということになる。シューベルトの交響曲第8番（旧第9番）ハ長調は《ザ・グレイト》と呼ばれる。実際に聴くと雄大さを感じさせる作品なので、それを表現していると想像するかもしれないが、シューベルトにはハ長調の交響曲が小規模なものと大規模なものの2曲があり、「大規模なほうのハ長調交響曲」という意味で後者が《ザ・グレイト》と呼ばれているだけで、シューベルト自身がこの曲について何らかの説明を残したわけではない。

　しかし、少なくとも題名が音楽を説明し、あるいは題名の内容を音楽に

盛り込むことを、作曲家本人が意図した音楽は存在する。そして、その場合、題名 title ではなく、標題 program と呼ばれるものであり、そのような音楽は標題音楽 program music と称され、逆に標題のない音楽は絶対音楽 absolute music と名づけられている。

　標題音楽と見なされる作品は、現存するものでは 14 世紀後半ぐらいにさかのぼるが、傾向としては、何かを描写するものと、物語や思念や感情を表出するものとに大別される。19 世紀のロマン主義の時代を迎えてからは、文学的・劇的・詩的・哲学的・絵画的な題材を音楽に盛り込もうとする発想が強まった。そのため、狭い意味での標題音楽は後者の表出型を指し、前者は「描写音楽」と呼ばれて絶対音楽に分類されることもある。たとえば、ベートーヴェンの交響曲第 6 番ヘ長調《田園》は、描写音楽と考えられても、標題音楽と見なされないことが多い。ロマン主義な発想からすれば、表出する内容が弱いのであろう。

　後者の狭い意味での標題音楽の代表は、1830 年に初演されたエクトル・ベルリオーズの《幻想交響曲》である。「ある芸術家の生涯のエピソード」と副題のあるこの作品は、失恋をした青年芸術家が阿片によって見る幻想を描いた全 5 楽章の交響曲で、各楽章に題名がある。第 1 楽章〈夢と情熱〉で始まるそれぞれの物語がプログラム・ノートとして付されている。失恋の相手を意味する旋律が形態を変えて各楽章に現れ、作品全体を関連づける。「固定楽想」と呼ばれる手法である。第 2 楽章〈舞踏会〉はもちろん 3 拍子の優雅なワルツで構成されるし、第 3 楽章〈野の風景〉ではコールアングレとオーボエが羊飼いの笛を模倣し、第 4 楽章〈断頭台への行進〉も狂おしい行進曲に、第 5 楽章〈ワルプルギスの夜の夢〉もグロテスクな音楽に仕立ててあるなど、描写性を含めて物語のエピソードが構成され、幻想的な標題音楽として成立している。

　また、思弁的な観念性の高い標題音楽の実例であれば、R. シュトラウスの《ツァラツストラかく語りき》（1896 年作曲・初演）が挙げられよう。ニーチェの同名の著作から着想を得た作品であり、導入部と、著作の中から 8 個の思弁的なテーマを取り出し、有名な導入部に続けてそれを標題とする音楽が展開する構成である。しかし、実際に聴いてみると、標題と

内容の有機的な関係が捉えられるのかどうか疑問に思うかもしれない。初演時も賛否両論だった。

　なお、標題が作品に掲げられていない作品でも標題音楽と見なされる場合もある。作曲者が作品の標題的な内容やテーマについて説明している作品はそれに数えられる。たとえば、チャイコフスキーは、交響曲第4番ヘ短調（1878年初演）について、フォン・メック夫人に対して、宿命との対決と克服を描くストーリーを手紙に書き送っている。ドミートリイ・ショスタコーヴィチは、交響曲第5番ニ短調について、一個人が「大きな内的、精神的苦悩にみちたかずかずの悲劇的な試練をへて、世界観としてのオプチミズムを信ずるようになること」を示した「抒情的英雄的交響曲」だと公式に述べた（ショスタコーヴィチ 1983, 86）。

　あるいは、何の説明がなくとも、固有の意味が知られる旋律や動機が含まれていれば、音楽外の標題的な解釈のヒントとして受けとめられる作品もある。事例を挙げるならば、グスタフ・マーラーの交響曲第5番嬰ハ短調は「タタタターン」という、ベートーヴェンの第5交響曲の「運命の動機」を思わせるファンファーレで始まるし、チャイコフスキーの交響曲第6番ロ短調《悲愴》の第3楽章にも「タタタターン」が飛び出す。もっとも、交響曲とは、第5章第3節のミュージッキングで述べたシンフォニー・コンサートの音楽そのものであり、西洋的な劇的葛藤と解決の「メタ物語」の作品としても解釈可能であるため、標題を取り沙汰するまでもないのかもしれない。

　いずれにせよ、交響詩といったジャンルも生まれたように、標題音楽は19世紀以降、さまざまな作曲家が取り組んできた。聴き手の立場に立つならば、標題とは「この作品はこのように聴いてくれ」という作曲家からの具体的な注文であり、それを念頭に音楽を聴くのは誤りではないし、鑑賞の手助けとなろう。また、演奏者の立場としても、構成の把握や表現の実践において、標題は大きな頼りとなるであろう。標題を無視して絶対音楽として音楽に内在する形式からその劇的展開を想起することも可能だが、標題をイメージすれば、演奏の説得力が増すことは期待できる。

演奏家たちの想像力

　では、何の標題も、作曲家のコメントや何らかの関連するエピソードも知らない絶対音楽の作品は、どのように聴いたり、演奏したらよいのか。聴き手は、あくまで虚心坦懐に聴けばよいのかもしれないし、関心があれば、解説を読んだり、楽譜を読み込むなどの分析的な態度で臨むこともよいだろう。岡田暁生は音楽の組み立てや「分節」やロジックを事前に学ぶことで音楽が「わかる」ようになることの効用を説いている（岡田 2009）。

　演奏する立場であれば、やはり作品を分析し、内在的な形式や論理を理解するべきであろう。しかし、演奏に取り組む時の想像力について、それだけでは満足しない音楽家もいる。また、実際、それとは別の次元の想像力を発揮しながら演奏に取り組んでいる演奏家もいるのである。その実例として、ロシアのピアニストたちに目を向けてみたい。

　ユーリー・ボリソフ著『リヒテルは語る』（ボリソフ 2014）を開いてみてほしい。ロシアの大ピアニスト、スヴャトスラフ・リヒテルの知遇を得た青年演出家・映画監督が、このピアノの巨人との交流と彼の発言を綴った一種の回想録である。この本の大半を占めるのは親子ほど年の離れた若者を聞き役としたリヒテルの自由闊達な語りである。音楽論が中心とはいえ、話題はあらゆる文化・芸術に及ぶ。ギリシャ神話や聖書、ニコライ・ゴーゴリ、アントン・チェーホフ、マルセル・プルースト、トーマス・マンなどの小説も登場すれば、ヨハネス・フェルメール、パブロ・ピカソ、エゴン・シーレ、マックス・エルンスト、サルヴァトール・ダリの絵画や、ジャン・コクトー、フェデリコ・フェリーニ、ピエル・パオロ・パゾリーニ、黒澤明の映画についても、さらには演劇や建築についても、リヒテルは意見を述べる。その博識と鑑識眼の鋭さには圧倒されるが、気になるのは、そうした文学・芸術のイメージを具体的な音楽作品の標題（プログラム）として語る点である。

　たとえば、ブラームスのピアノ協奏曲第 2 番変ロ長調について、リヒテルはこう発言する——「あれには『プログラム』がこめられている。デルフォイにあるアポロンの宮殿に初めて訪れたとき、やっとこれが解明でき

た。これはアポロンの生涯についての協奏曲だ。だからこれほど雄大で、厳かなんだよ、この協奏曲は。このことに気づいてからは、この曲の弾き方が変わった」。そして第 1 楽章の展開部はアポロンの投げた円盤がヒュアキントスの額に当たって死に、花に変えられる様子がすべて音になっていると説く。「変イ長調からイ短調に転調し、ヘ長調の六度の和音が鳴り［……］そうやって花が咲くんだ」。その後は大蛇を退治するアポロン（第 2 楽章）、予言者としてのアポロン（第 3 楽章）、アポロンの愛の遍歴（第 4 楽章）と解釈が続く（ボリソフ 2014、80-3）。

　ボリソフは、ほかにもリヒテルの語ったさまざまなストーリーつまり標題を紹介する。ショパンのスケルツォ第 4 番に描かれているのは「飛び方を習得していない天使」で、「岩壁に衝突し、自分で翼を繕う」のだそうだ。ベートーヴェンの《ハンマークラヴィーア・ソナタ》終楽章のフーガは「ノアの箱舟の建造」の様子、リストのソナタロ短調は『ファウスト』第 2 部、シューベルトのソナタはプルーストの小説……。

　いや、これはナンセンスではないだろうか。作曲家本人が何らかのプログラムを示したり、具体的な説明をしていたのならばまだわかるが、「絶対音楽」に演奏家が勝手にそんなストーリーを作ったり、詩的・絵画的なイメージを付与して語ってよいのか。そもそも音楽が音楽以外の内容を伝えられるはずがない、というハンスリックやバーンスタインの批判がきこえてきそうである。

　しかし、これをナンセンスと決めつけるのは性急かもしれない。「標題音楽」という言葉を導入したのは 19 世紀のリストであり、その対立概念として「絶対音楽」が生まれるまでは、これらの明確な区別は存在せず、作曲者も演奏者も聴衆も柔軟で、どんな音楽も「標題性」を排除されるものではなかった。アルベルト・シュヴァイツァーの長大な『バッハ』（1905 年）の中ほどには音楽における「詩的および絵画的志向」を擁護し、「絶対音楽」的発想を戒めるくだりがある。芸術家の魂には画家、詩人、音楽家が共存し、それらの協働によって創作が生まれるのだから音楽を切り離すことはできないこと、芸術の受け手も全感覚を動員して複合的に想像力を働かせていることなどが縷々説かれている（シュヴァイ

ツアー 2009, 中 164-85)。そういう発想に基づけば、リヒテルの連想も邪道ではない。「こういうストーリーを作ることはめったにない。すべての音楽がこんなことを考えさせるわけではないんだ。ただし、こういう想像力を働かせて演奏したい作曲家は確かに存在する」と、リヒテル本人は控えめではある（ボリソフ 2014, 84）。

　実際、標題に基づくストーリーを語ることはリヒテルの専売特許ではない。日本では少数派かもしれないが、欧米の演奏教育の現場では生徒の想像力を刺激し、表現力を養うのを好む教師もいる。また、青柳いづみこによれば、こうした思考は通常、言語化されないだけで、じつは多くの演奏家が共有する「意識の流れ」なのだという（青柳 2003）。

　『アート・オブ・ピアノ』という20世紀の名ピアニストを総覧する1999年の映像番組（NVCアーツ）にも標題は出てくる。往年の名手ベンノ・モイセイヴィチが初のアメリカ公演でセルゲイ・ラフマニノフの前奏曲ロ短調（作品32の10）を弾いたところ、終演後にラフマニノフ本人が訪ねてきたので、この曲に秘められた標題を作曲者本人から聞き出すエピソードがある。ラフマニノフは「一言で済む短いもの」であると述べる。答えは「リターン（帰郷）」だった。故国を離れて音楽活動をするラフマニノフのノスタルジーが込められた曲だったのである。これは、作曲家と演奏家が標題を議論する珍しい事例である。

　同じ映像番組の中で、ヴィルヘルム・バックハウスがベートーヴェンのピアノ協奏曲第4番ト長調についてハンス・リヒター（19世紀後半の指揮者）の考えたストーリーを語る場面もある。それはオルフェウスとエウリディケの物語であり、死んだ妻エウリディケの奪還のために冥府へ下ったオルフェウスと冥府の神ハーデースとのやりとりを描いているというもので、最後にオルフェウスの願いが聞き入れられる瞬間が第2楽章末尾の終止の和音だという。2015年の来日時にベルナルト・ハイティンク指揮ロンドン交響楽団と同曲を演奏したマレイ・ペライアも、テレビ放映時のインタヴューで第2楽章に触れ、「ピアノが別世界からオーケストラを説得しようとしている」ようだと述べ、やはりオルフェウスとエウリディケの物語に喩えている（Eテレ、2015年11月1日放映）。

ペライアは曲を演奏するにあたっては分析的な研究にも取り組むが、加えて「メタファー」をイメージすると別の機会に述べている。ベートーヴェンのいわゆる《熱情ソナタ》の場合、「この曲がシェイクスピアと関係があるならば、それはおそらく『ハムレット』だ」と主張する。第1楽章の冒頭は亡霊の出てくる感じがするし、終楽章（第3楽章）には父への復讐心を抱くハムレットの姿がある。そして第2楽章はハムレットの父を殺した叔父による神への祈りなのだそうだ（2013年10月24日の来日リサイタルのテレビ放映時のインタヴュー、BSプレミアム、2014年10月30日放映）。

　他方、こうした標題の発想を嫌う音楽家もいる。しかし、その一人とも思えるグールドにも詩的・絵画的志向はあった。バッハの《フーガの技法》の世界を「果てしなく続く灰色の陰影の世界」だと褒め、「静寂で厳粛な世界、荒涼としていて厳しく、色も光も動きもない」というシュヴァイツァーの形容を好んで紹介していた。

　今日、標題の発想を率先して語る演奏家は少数派かもしれないが、上述のように、決してロシア人独自のものではなく、普遍性がある。音楽の発信者・受信者を問わず、こうした発想を共有できるだけの文化的素養が求められるべきではないか。その上で音楽の「メタ物語」を構築するのである。とりわけピアノ音楽は、即物的・技術的に磨かれるだけの演奏や、表面的な効果を狙う演奏ばかりが生産・消費されても虚しい。

　その意味では、残した演奏も発言も膨大かつ刺激的で、今後もっと紹介されるべきロシアのピアニストがいる。マリーヤ・ユージナ。ソロモン・ヴォルコフ編『ショスタコーヴィチの証言』にも登場する、ソヴィエト政権下で反体制を貫いた強烈なパーソナリティである。モスクワの出版社コンポジートルより1996年に発刊されたバッハの《ゴルトベルク変奏曲》の奇妙な楽譜がある。いくつかの変奏にユージナが弟子のために注釈を書き込んだもののファクシミリである。ただし、技法的な記述は皆無で、聖書の引用やエピソードばかりが並ぶ。たとえば第9変奏には群衆を前にしたイエスの教え（ルカ伝第12章）が、第10変奏には、天国でいちばん偉いのは子どもだという話（マタイ伝第18章第1-3節）が、メモ書き

されている。第 11 変奏は、ヨセフがヘロデ王を逃れ、幼子イエスとマリアを連れてエジプトへ避難するエピソード（マタイ伝第 2 章第 13-15 節）。第 15 変奏は、イエスのゴルゴダの丘への行進とその全生涯。第 25 変奏は磔刑（マタイ伝第 27 章第 31-38 節）といった調子だ。この種の宗教的な「プログラム」は音楽の修辞学に基づくものなど、それなりの伝統があり、別にユージナに始まったものではない。しかし、敬虔なキリスト者であったこのピアニストの発想の一端がうかがえ、その宗教的な想像力のもとに彼女が演奏を実践していたことがわかる。実際にユージナの演奏を録音で聴いて、どのような印象を受けるかを確かめてみるとよい。

　本節では、標題音楽と絶対音楽という概念をめぐり、音楽と想像力について若干の考察を試みた。音楽の内容が形式そのものなのか、観念や感情、物語なのか、また、そうしたものを表現したり再現したりしているのかどうかは、永遠の課題であり、人間の想像力をどう取り扱うかにもよるであろう。また、逆に、音楽から人間は想像力を刺激され、言葉によって観念、感情、物語を表現（再現）する場合がある。どちらの方向においても、人間の想像力の何らかの関与があり、その実践に言葉の介在が欠かせない。音楽的営為において、言葉を切り離すことは本当は容易ではないことを、この際、確認してほしい。　　　　　　　　　　　　　［宮澤淳一］

第 2 節　音楽と美術

　音楽と美術にはどのような関係があるのだろう。私たちは、小学校では「音楽」と「図画工作」を必修で、中学校では「音楽」と「美術」を必修で、高等学校では「音楽」と「美術」と「工芸」と「書道」を選択で学んだ経験がある。その体験からも多くの人たちが「音楽」と「美術」は全く異なるもので、別の教科・科目として別の教科書で学ぶものだと思っている。

ところが、日本語として音楽と美術がここまで峻別されたのは、ここ100年ほどのことだ。「この演奏家の美術は優れている」といえば、明治時代の新聞では「この演奏家の演奏技術（もしくは芸術）は優れている」という意味であり、別に舞台の設えや衣装の美しさといったアートを褒めたわけではない。1898（明治31）年5月14日の『読売新聞』第1面に掲載された「音楽会巡り（一）」（神樹生）では、4月30日に、今も上野公園で文化財として活用されている旧東京音楽学校奏楽堂で行われた婦人共立育児会慈善演奏会について、第1部と第2部に日本音楽と西洋音楽を分けたことを評価し、その理由を次のように記している。「第一に基礎の音階を異にし第二に其の目的となる所を異にす即ち日本音楽は主に踊りの側に於てし西洋音楽は純然たる音楽を以て美術の思想を現はすにあり」。この最後の一節、「西洋音楽は純然たる音楽を以て美術の思想を現はす」という部分の「美術」も、今日的な意味での視覚芸術としての「美術」ではなく、現代の言葉なら単に「芸術」と言い換えれば理解しやすいだろう。神樹生というペンネームの批評家は、日本音楽は踊りが主体で、西洋音楽は純粋な音楽そのものによって芸術の思想を現していて、種類が違うのだから、2部仕立てにしたことは良かったと述べているのである。大正や昭和の頃になると、今日の用法と近い意味で「芸術」という言葉が浮上してきて、音楽や美術や建築や演劇などがすべて芸術という言葉に包括された。この言葉が使われるようになって学問も報道も整理され、ひとまとめに論じられるようになったのである。

　明治の「美術」や大正以降の「芸術」は、英語で言えばアートの翻訳語である。第1章第1節で触れた古代ギリシャの芸術の女神には音楽の女神も美術の女神もいたが、彼女たちはテクネーの神である。ギリシャ語のテクネー techne は、英語のテクニック technique の語源だ。現在の技術は技法や工学の意味だが、テクネーは美術と音楽と詩を指すばかりでなく、学問一般を意味していた。このギリシャ語のテクネーを、ローマ人はアルス ars と置き換えた。英語のアート art の語源である。だからアルスは音楽も美術も詩も、もちろん学問一般も含んでいる。第8章第2節で、古代中世以来の自由学芸について述べるが、そこでも説明しているとお

り、今日、大学で学ぶ教養学を英語でリベラル・アーツ liberal arts と呼ぶのは、この用法に依拠している。幅広く教養を身につけるのがアートなのだ。

　そう考えると、音楽と美術はもともと姉妹なのである。音楽家も美術家も文芸作家もみなアーティストと呼ばれるのはそういう理由である。アーティストたちは、古代中世はもちろん、ルネサンス期も、近代や現代においても、お互いに敬意を払い合い、交流してきた。ここでは古代以来の膨大な交流史から20世紀アメリカに照準を定めて、実験音楽の作曲家ケージとアーティストたちの活動、そしてフルクサス Fluxus というムーブメントについて考えてみよう。

アメリカ合衆国という地勢——ブラック・マウンテン・カレッジの夏期講習
　アメリカ合衆国は二つの世界大戦を経験した20世紀という時代に、本国の領土に戦禍が及ばなかった特別な国である。ヨーロッパからアメリカ合衆国への移民は建国以来、ずっと続いてきたが、19世紀後半から増加し、1930年代に入ってナチスの脅威が現実のものとなり始めると、生命の危険に瀕したユダヤ系の人たち、あるいは思想や政治的立場から迫害された学者や芸術家がドイツやその占領地から数多くアメリカに亡命することになる。そして、彼らの受け皿として大きな役割を果たしたのが大学や学校だった。

　1933年、ノースカロライナ州西部の山間部に開校され、わずか24年でその歴史を閉じたブラック・マウンテン・カレッジもその一つである。田舎に校地を置き、共同生活をしながら教育を行う方法は、19世紀末に始まった田園教育や20世紀になってジョン・デューイらが唱えた新教育を原型とした教育運動の流れを汲むものである。専門知識ではなく、生活のすべてを教育する大学として構想され、その中で芸術は重要な科目と位置づけられた。開校当初から亡命芸術家へと門戸を開き、ヨーロッパの前衛的な芸術を積極的に吸収しようとしたのも大きな特徴である。創設期に芸術教育の方向を定めたのは、ベルリンの芸術教育機関であるバウハウスの閉鎖でアメリカへ移住したジョゼフ・アルバースである。彼は「芸術は生

活の精神的なドキュメントである」という理念をもっていて、それを実現する革新的な美術のカリキュラムを作り上げる。さらにアルバースはデッサウのバウハウスでオスカー・シュレンマーの舞台工房に関わっていたクサンティ・シャヴィンスキーを演劇の教師として招いた。つまり、このカレッジでは、ヨーロッパのモダニズム芸術を推進していたバウハウスをモデルとする先進的な芸術教育が展開されたのである。

1948年に初めてケージをブラック・マウンテン・カレッジの夏期講習に呼んだのもアルバースだった。モダン・ダンスのマース・カニングハムと活動をともにしていたケージが、音楽講習ではなく美術講習の一環として、「音楽の構造」と「振付法」という講義を依頼されたことからも、音楽とモダン・ダンスとのコラボレーションに焦点があったことがわかる。ケージはカレッジ滞在中にサティ・フェスティバルを開き、講演でベートーヴェン批判を展開して大学を二分する騒ぎを引き起こした。

4年後に再び、ケージは夏期講習を依頼される。この夏のハイライトはハプニングやイヴェントの先駆けとなった《シアターピース第1番》である。8月のある日、大学の食堂には中央の空間を四方から取り囲むように移動式の椅子が並べられ、対角線に沿って通路が作られた。椅子の上にはコーヒーカップが一つずつ置かれ、天井から4枚の白く塗りつぶされたカンバスが吊られ、白と黒の大きな絵やはしご、ピアノや手回し蓄音機、ラジオ、プロジェクターといった小道具が並べられていた。公演は黒いスーツ姿のケージがはしごに上るところから始まった。45分間、彼は自分のレクチャーなどを朗読し、ピアニストのデヴィッド・テュードアはピアノの鍵盤をたたいたりラジオを操作したり、ロバート・ラウシェンバーグは蓄音機でピアフのレコードを倍速で再生するなど、登場した人たちがタイムテーブルに従ってアクションを始めたり中断したり、再開したりする。最後はポットをもった人が聴衆にコーヒーをついで回って終わった。仕掛けは簡単で、当日の昼食後、ケージはアクションに参加する人たちを集めて、易で占って決めたタイムテーブルを1枚ずつ手渡した。そこには開始から何分後にアクションを始めて、何分後に中断するか、また、何分後に再開して何分後に終了するかといった指示が書かれている。しかし、何

を行うかについては指定がなく、参加者思い思いの行為をすることになった（Harris 1988）。

　じつはこの時の会場の形態はフランスの俳優で劇作家のアントナン・アルトーの『演劇とその分身』にヒントを得たものだ。「生活から分離された文化という理念に対する抵抗」を演劇という形で実現したアルトーの理念は、ケージの活動へと接続された。タイムテーブルによって秩序は与えられているものの、それぞれが即興的な行為を行う《シアターピース第1番》は、個々の構成要素をみれば「音楽」や「文学」、「舞踊」、「美術」に属していると言えるが、それらが同時にランダムに行われる全体は既存のメディアの区分を超えている。芸術と生活の壁を取り去って、日常的な行為をそのまま提示する作品。これをひと言で表現するなら、「行為としての芸術」ということになるだろう。

ニュー・スクール・フォー・ソーシャル・リサーチ
　ブラック・マウンテン・カレッジと同じく、ヨーロッパからの亡命者を受け入れ、芸術教育に力を入れた大学として、次にニューヨークのニュー・スクール・フォー・ソーシャル・リサーチを紹介しよう。1919年、マンハッタンの南西部に成人教育を目的として設立された学校で、デューイら創立者たちはドイツの国民高等学校 Volkshochschule をモデルとしていた。1922年から初代校長をつとめたアルヴィン・ジョンソンは『社会科学エンサイクロペディア』の共同編集者の一人で、ドイツを初めとするヨーロッパの学者たちと交流があった。1933年、彼はニュー・スクールの中に亡命大学を作り、ナチスの台頭によって生命を脅かされていた学者や芸術家を受け入れ、ビザと仕事を提供し始める。当初、経済学者五人、心理学者二人、社会政治学者と社会学者が一人ずつと、全部で九つのポストが用意されたが、心理学者の一人は音楽学者としても著名なホルンボステルだった。のちにフランスからの亡命も受け入れ、その中には人類学者のレヴィ=ストロースや言語学者のヤコブソンが含まれていた。

　ジョンソンが当初から、大学のカリキュラムで重視していたのは芸術である。彼は学問の自由と芸術の自由、社会調査と芸術活動、社会進歩の理

念と前衛の役割の間には対応するものがあると考えていた。この理念に従って、新しい現代的なものを取り入れていこうとする姿勢が大学に浸透し、そこから醸成される雰囲気が若い芸術家たちを惹きつけた。1926年には芸術形式としての映画を扱うモーション・ピクチャーのコースが創設され、30年には画家トーマス・ハート・ベントンがニュー・スクールの壁に「今日のアメリカ」を描き、31年にはモダン・ダンサーのマーサ・グラハムとドリス・ハンフリーがここでワークショップを開いている。ジョンソンはアメリカの現代芸術家たちを援助する仕組みを作り、30年代にはアメリカにおける最もエキサイティングなモダニズム芸術の拠点となったのである（Rutkoff, Scotto 1986）。

ここで最初に音楽を教えていたのはアメリカの音楽批評の草分けであるポール・ローゼンフェルトで、とくにモダニズムの音楽を推奨した。1927年、アメリカ人作曲家としてのアイデンティティを確立してまもなくのアーロン・コープランドを講師として招き、さらに30年にはヘンリー・カウエルが教員に加わっている。ちょうど亡命大学ができた33年、のちにアメリカ実験音楽の作曲家として知られるようになるケージがカウエルのクラスを受講した。これがきっかけとなって、第二次世界大戦後、1950年代後半に彼はニュー・スクールで講座を開くことになる。

1957年秋学期から始まったケージの講座は1960年の夏学期まで続いた。ヴァージル・トムソンとサティの作品を扱った講座が1回ずつ開かれているのと、キノコに詳しかったケージらしく、「キノコの見分け方」という講座が3学期にわたって開講されているが、それ以外は「作曲」「実験的作曲」と題して、参加者がお互いの作品について対等に議論する演習、実習が行われている（*New School Bulletin* vol.14 1956）。このクラスに通っていたディック・ヒギンズによると、毎週のようにケージは課題を出し、受講生はそれぞれの答えをもち寄って発表し、考えてきた作品を演奏して議論するのだった。たとえば、「ギターとペーパー・クリップで何をするか」とか「持続をコントロールする一連の数字を、どのように作るか」といった課題である（Hansen, Higgins 1970）。

コンセプチュアル・アーティストのジョージ・ブレクトは1958年と59

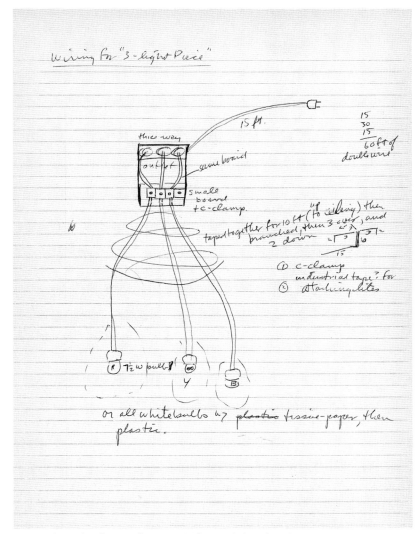

7-2.1　ジョージ・ブレクト《三つのライト》のアイデアスケッチ
(*George Brecht: Notebooks I : June-September 1958* より　武蔵野美術大学美術館・図書館蔵)

年にケージのクラスに参加し、その時のノートが残されている。ケージの講義の内容が書かれたページがわずかにあるものの、大半はブレクト自身の作品のアイディアが綴られている。「クラスで演奏可能な小品を作りなさい」というケージの課題にこたえて、ブレクトは《イヴェント》、《三つのライト》(7-2.1)、《紙ふぶき音楽》などの仕掛けを考えてメモしている(Daniels ed. 1991)。セロファンと声とマレットで音を出す、あるいは三つのライトが点灯するなど、いずれも音楽とも美術とも言いがたいイヴェント＝出来事を仕掛ける作品で、実施のプロセスに偶然性を取り込んでいるのが特徴である。

　このクラスは全く音楽の訓練を積んでいない人も受け入れたので、作曲家もいたが、ほとんどは美術や哲学などに興味をもつ若者だった。映像と音楽の融合を目指したアル・ハンセン、哲学から芸術へと導かれたアラン・カプロー、写真家のスコット・ハイド、女優のフローレンス・ターロウ、音楽からインターメディア作品へと眼を開いていくヒギンズなど、アメリカの前衛芸術を支えることになる名前が散見される。のちにフルクサスという芸術運動のメンバーとして活躍し、インターメディアのジャンルで作品を生み出すことになる人たちがここで出会ったのだ。

行為としての芸術——ケージのクラスからフルクサスへ
　ケージのクラスでは具体的な演奏・上演に基づいて議論が行われたが、技術的な事柄についてはほとんど話題にならず、もっぱら作品の理念がテーマとなった。ケージがもっていた確固とした理念は、こうした議論を通じて受講生へと浸透していったのである。

　その中で最も重要だった考え方の一つは、ケージが美術家マルセル・デュシャンから引き継いだ理念である。受講生の一人、ハンセンは「コースが終わるまでに、あらゆる芸術形式はフィルムのフレームの中ではなく、眼球の中で出会うのだということがわかった。つまり善かれ悪しかれ、観察者の頭の中で、なのである」（Hansen, Higgins 1970）と述べている。ケージは自らを作曲家ではなく、聴く人になったと言っていて、芸術の本質は芸術家が作ったものの中に存在するのではなく、受容者によって

作られると考えた。作品に偶然性を取り込み、生活の中にあるものを用い、普段の行為や状態に焦点をあてるといった彼の指導は、生活と芸術の垣根を取り払い、芸術家と受容者の垣根もなくして、すべての人が生活そのものである芸術を等しく享受することへと向けられていた。

　フルクサスというグループが組織されたのは 1962 年である。建築を学んだジョージ・マチューナスが 6 月にドイツのヴッパタールやパリで行った「小さな夏／ジョン・ケージ以後」というイヴェント、9 月にヴィースバーデンで実施した「フルクサス国際現代音楽祭」を起点として、幅広く作家たちを募って作り上げた芸術運動だ。マチューナスはケージと直接の交流はなく、ケージが去った後のニュー・スクールでリチャード・マックスフィールドが受け継いだ講座に通って実験音楽を知ることになる。のちにフルクサスの運動に参加した塩見允枝子によると、マチューナスは理論家肌で理想主義者だったという。「今の社会にどういう芸術が必要であるかを読み取り、すでに革新的思想で創作活動を始めていた作家たちに強い関心を示した。［……］リアルタイムで、生きたアーティストたちとともに、社会に反芸術のチャートを描くことに情熱を傾けたのだ」（塩見 2005, 12）。

　フルクサス Fluxus という言葉は、「流す、なびく、変化する、下剤をかける」といった意味をもつラテン語の Fluō という動詞の変化形から作られた。当初、マチューナスは雑誌の名前にしようと思っていたが、前述の演奏会で用いると、新聞報道は彼らをフルクサス・ピープルとひとまとめに呼んで話題にした。そこで、マチューナスは急きょ、この活動そのものをフルクサスと名づけることにした。ところで、何を「流す」のだろうか。一つには高尚で希少価値をもつとされる「ハイ・アート」、つまり高価な芸術作品を求める社会そのものを流し去り、浄化することが目指されていた。また、アートごとのメディアの壁も流し去ろうとしたと考えられる。既存の芸術体系によらず、インターメディア、つまり複数のメディアの間に存在するものを推奨した。

　マチューナスはフルクサスのマニフェストを書き、参加するアーティス

トの名簿を作り、作家たちから作品を募って、さまざまな形でエディションを作成し、コンサートを企画して実施した。彼の残したエディションには有名な「フルクサス・キット」がある。トランクに溢れるほど、仲間たちの作品が入っているもので、たとえば、口をぱくぱくさせている様子を見せるヒギンズのループ状の映画、重さが書かれた石を詰めたボブ・ワッツの箱、全部、違う指示が書かれたブレクトのトランプ、箱の中に箱、またその中に箱とたくさんの箱が入っている塩見の「エンドレス・ボックス」など、おもしろいアイデアで作られたものばかりだった。このようにエンドレスな映画、石や箱のオブジェ、トランプ・ゲームなど、まるで美術的な小物が入ったおもちゃ箱のようだ。しかし、たとえば塩見の「エンドレス・ボックス」(7-2.2)はその箱を一つ一つ、開けていく行為によって生まれる時間を意識すると、次第に箱が軽くなり、小さくなっていく持続が、ある種の音楽的な持続と捉えられるといったコンセプトをもっている。つまり、触覚的な、あるいは視覚的な変化を聴覚的な変化と同質のものとして提示しているのである。

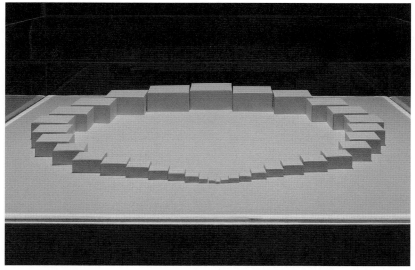

7-2.2　塩見允枝子「エンドレス・ボックス」1963/90　東京都現代美術館蔵（写真は2014年度MOTコレクション「コンタクツ」展示風景　撮影：椎木静寧）

フルクサスのコンサートで上演された作品も、インターメディアの特徴をもったものが多かった。たとえば、ラ・モンテ・ヤングの《コンポジション 1961》。これは「まっすぐに線を引き、それをたどれ」という言葉が記されただけの楽譜＝指示書である。線を引く方法も、どのようにたどるかもパフォーマーに任されているので、上演ごとにさまざまな解釈がなされてきたが、まさしく音楽でも美術でも演劇でもなく、そのどれでもあるようなインターメディアの作品なのである。こうしたインストラクションが作品の本体であることから、それらは「行為としての芸術」と呼ぶこともできるだろう。

　この節の最初に述べたとおり、古代から現代まで、音楽家と美術家はさまざまな形で交流を重ねてきた。19世紀末、フランス近代の作曲家クロード・ドビュッシーが象徴主義の詩人ステファヌ・マラルメの主催する会に足を運んだり、20世紀初頭に抽象画を創始した画家の一人、ワシリー・カンディンスキーが前衛作曲家シェーンベルクの曲を聴いて「印象Ⅲ（コンサート）」を描いたり、1950年代の日本で武満や湯浅譲二などの作曲家と山口勝弘や駒井哲郎などの美術家らが実験工房と呼ばれる若い芸術家たちのグループを結成するなど、メディアを横断したアーティストたちの交流は枚挙にいとまがない。
　しかし、ケージやフルクサスの作家たちの活動は単なる交流にとどまらず、彼らの創作が端的に同じ芸術的衝動から発していることを示している。近代の芸術が作り上げてきた価値観を捨て去り、生活と芸術の垣根を壊し、芸術家と受容者の垣根を取り払って、無目的な行為の連鎖に何かを見出していく。それがどのようなメディアで実現されようとも、彼らにとって問題ではなかった。音楽も美術も演劇も映画も、一つの創作衝動に支えられていたと言える。じつは膨大な交流史にもよくみれば、ケージやフルクサスの作家たちと同じく、芸術的衝動をともにする音楽と美術の交流が数多く見出せるのである。
　ここでは20世紀のアメリカを例として、ケージとフルクサスを中心に、音楽が美術を初めとする芸術や学問と重なり合う様子をみてきた。サウン

ド・アートやメディア・アートの展開もこうした路線の延長上で捉えることができる。21世紀になって、これからの芸術を考える時には常にさまざまなミクストメディアの手法を前提としなければなるまい。時代の先端への好奇心を研ぎ澄ましながら、常にプリミティヴな自然や古典に愛着をもち続けたケージの姿勢は、これからの音楽と美術に関わる人たちに一つの指標を示してくれることだろう。　　　　　　　　　　［白石美雪］

第3節　舞台と音楽——歌舞伎の音世界

　日本の伝統演劇では、筋書、演出、演技・所作、音楽、美術などの舞台表現の総体が人づてに直接に伝承され、それが現在も演じられている。文字や楽譜でレパートリーを残す西洋演劇と大きく異なる点である。この連続性の上に築かれた芸の蓄積は、一般人の日常生活とは縁遠いもののように感じられるかもしれないが、じつは舞台上で繰り広げられる身体動作と音楽の関係性を探るのに適切な事例である。
　ところで、演劇評論家の渡辺保は日本の四つの古典劇である能、狂言、文楽、歌舞伎に以下の共通点があるとしている。まず、いずれも叙事詩であり語り物であること。それを仮面劇として演じるという。歌舞伎は仮面や人形ではないが、厚化粧である点は仮面劇に等しい。そして特殊な舞台をもつこと。また、女性の役を男性が演じ、絵空事（虚構）であることを隠さない。そして音楽や舞踊が重要な役割を果たしていることである。過去に作られたシステムが現代に意味をもつのが古典劇であり、その共通点が上記の点だというのである（渡辺 2009a, 246-8）。これらを踏まえ、主に音と音楽に焦点をあてて歌舞伎を例にみていこう。

歌舞伎とその舞台

　歌舞伎は中学の音楽の鑑賞教材に取り上げられているが、「古典芸能」

というレッテルを貼られているせいか、身近なものとは言いにくい。しかし、言葉、身体動作、音響面、美術面にみられる様式美には現代の私たちでも理解できる部分があり、ハードルは高くない。

　まず、現在上演される歌舞伎の種類を押さえておこう。大まかに「義太夫狂言」「純歌舞伎」「所作事（舞踊劇）」に分けられる。「義太夫狂言」は人形浄瑠璃（文楽）の作品を歌舞伎化したもの、「純歌舞伎」とは初めから歌舞伎のために作られた作品、「所作事」は舞踊がメインだが多くは演劇的要素ももつ作品である。これら以外にも、明治期以降の劇作家の作品や翻案物を演じる新歌舞伎や、演出や音楽面で新機軸を打ち出したスーパー歌舞伎なども演じられている。時代に応じて見せ方、聴かせ方に新しい工夫を加え、かつ古い要素も多くは淘汰させずに並存させ、観客を飽きさせずに楽しませる可能性を増やし、不動の人気を確立したのが歌舞伎なのである。

　前述の渡辺の挙げた日本の古典劇の特徴の一つに「特殊な舞台」があるが、歌舞伎は見せることに徹して非常に複雑な舞台構造をもつようになった芸能である（7-3.1）。よく知られているように、歌舞伎では正面の舞台

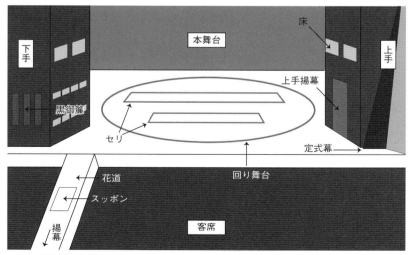

7-3.1　歌舞伎舞台図

のほかに客席を前後に貫く花道が設けられている。これは能舞台の橋掛かりに由来するとされ、中世に確立した能・狂言の特殊な舞台構造を引き継ぎ、独自に発展させたものであることがわかる。客席側の突きあたりの出入り口に能舞台と共通する揚幕があるのはその名残である。また、歌舞伎では「宙乗り」と称して役者が舞台から天井に向かって飛翔する。舞台上でも回り舞台によって場面転換や移動が幕を下ろさずに可能となり、セリやスッポンによって建物やキャラクターが突如出現する。現代ではこれらは機械仕掛けでコントロールされているが、江戸時代にはすべて人力で動かしていたのであり、それだけの人を動員して大がかりで変化に富んだ舞台を実現させていたのである。今でこそ映画で3D上映が行われるが、江戸の昔から歌舞伎の舞台は3Dであった。舞台の三次元的な使用は、歌舞伎に強い影響を与えた人形浄瑠璃において、人ならぬ動きを人形によってとることが可能であったことが関わっていると考えられている。

　歌舞伎の歴史を見てみると、先行芸能を基盤にしつつ、時代に合わせ柔軟に流行を取り入れ、また先取の精神を発揮して新境地を開拓してきたことが現在まで積み重なった、したたかなジャンルであることがわかる。演目の種類や舞台の見せ方を通しても、そのことが理解できるだろう。

歌舞伎とその音楽

　歌舞伎には大きく分けて三つのカテゴリーの音楽があるが、これらのカテゴリーは演目の種類や舞台構造とも関わっていることに注目しよう。

　一つ目は、長唄と囃子である。そもそも長唄は歌舞伎のために作られた三味線伴奏つきの歌曲である。歌と三味線は長唄連中、笛(能管、篠笛)と打楽器(小鼓、大鼓、太鼓、その他の打楽器類)は鳴物社中と呼ばれる専業者からなり、両者をまとめて長唄囃子連中とも称する。演奏する場所は本舞台上での「出囃子」と、下手の黒御簾の中で演奏する「陰囃子(下座音楽)」とがある。

　出囃子は歌舞伎舞踊の際にとられる形態で、中学の鑑賞教材にもなっている《勧進帳》の光景を思い出していただくとわかりやすいだろう。緋毛氈の雛壇上の下手側に唄方、上手側に三味線方が並び、雛壇の前には四

拍子と呼ばれる能管と 3 種の鼓が控え、その前で義経・弁慶の一行と富樫の緊張感溢れるやりとり、弁慶の延年の舞などが繰り広げられるさまは華やかで、歌舞伎の粋を凝縮したようである。

　もう一方の陰囃子は別の意味でいかにも歌舞伎らしい音楽である。黒御簾の中で演奏していて客席からは見えないので、その重要性に気づかない人も多いが、じつは陰囃子がないと歌舞伎は成立しない。それほど重要な役割を担っている。奏者は舞台下手の黒い御簾のかかった小部屋で御簾ごしに舞台の進行を見ながら場面ごとの音楽や効果音を演奏する。手がける音楽はじつに幅広く、場面の情景描写、人物の性格描写、心理や行動の強調、様式化された動きの強調、自然現象などを、三味線と四拍子のほか、驚くほど多様な笛や打楽器を使用しながら象徴的な音に置き換えていくのである。

　ここでは、そうした楽器の中から、オルゴール、チャッパ、雨団扇を紹介しよう（7-3.2）。オルゴールは蝶の飛翔や虫の音を表し、チャッパはお囃子などに使われ、雨団扇は文字どおり雨の音を表すのである。生み出される音の中には、実際の音を置き換えたものばかりではなく、本来は音と結びつかない現象にあえて音をつけ、光景をイメージさせる、いわば約束事のような音もある。よく知られているのが「雪音」で、しんしんと降りしきる雪を、大太鼓で淡々と打つ音で表現する。江戸と上方の雪音を打ち分けるなど、細かいこだわりがあるところも興味深い。こうした場面を表す伝承曲は 800 曲を超えるとされ、これらを使い分けながら芝居を進行していく。陰囃子は興行に関わる儀礼的な側面も担当しており、開演前、幕間、終演を知らせる曲はほぼすべての歌舞伎興行で演奏される。

　二つ目は義太夫節である。歌舞伎は人形浄瑠璃の作品をそのまま取り込んでいるので、義太夫節は歌舞伎においても基本的な音楽の一つとなった。現在の歌舞伎における義太夫節は竹本と呼ばれる。竹本は舞台上手上方の床で語られる。人形浄瑠璃が歌舞伎を圧倒する勢いだったのを受けての義太夫狂言の導入ということもあり、《菅原伝授手習鑑》、《義経千本桜》、《仮名手本忠臣蔵》といった名作揃いである。

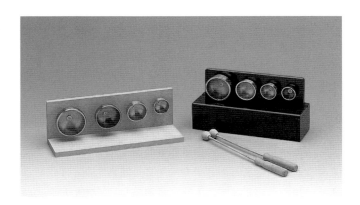

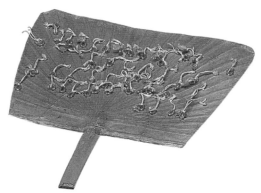

7-3.2 黒御簾の中で演奏される陰囃子の楽器。上からオルゴール、チャッパ、雨団扇
（写真提供：株式会社宮本卯之助商店）

人形浄瑠璃では太夫がすべての声を司り、ナレーションも科白（せりふ）も一人で手がけていたが、歌舞伎では科白は基本的に役者が担当する。あるいは役者と演奏者で科白を分担することもあるが、いずれの場合にも役者が主の関係となり、竹本は役者の科白や動き、意図にきめ細かに合わせることになる。舞踊で長唄などと同時に竹本が演奏する場合には、本舞台の雛壇に並ぶ。この場合は出囃子ではなく、「出語り」という。
　三つ目は常磐津節、清元節である。二つとも江戸で育まれた浄瑠璃（豊後系）で、語る性格の強い義太夫に比べて唄の要素が濃く、語りと唄のバランスがよいとされる。まず宮古路豊後掾（みやこじぶんごのじょう）が創始した豊後節から18世紀半ばに弟子の文字太夫（もじたゆう）が常磐津節を起こした。長唄の細棹、義太夫の太棹に対し、常磐津では中棹（ちゅうざお）三味線が用いられる。ゆったりと重厚な曲調が特徴である。
　この常磐津から富本節が分派し、さらに1814年に清元延寿太夫が分離・独立したのが清元である。語りものの影はさらに薄くなり、やはり中棹三味線を伴ってのびやかな声の高音で情緒溢れる詞（ことば）を唄うように語る。清元にはまた他所事浄瑠璃（よそごとじょうるり）（余所事浄瑠璃とも）と呼ばれる使い方がある。近所や別の部屋から稽古や演奏がきこえてくるという設定をとりながら、しばしば劇の場面を盛り上げる効果をもつ。
　常磐津も清元も舞踊音楽であるために出語りで、常磐津は下手、清元は上手に設ける山台（やまだい）で演奏するのが原則である。
　歌舞伎十八番のうちの《紅葉狩（もみじがり）》は能に題材を得た演目だが、この舞踊劇では長唄、竹本、常磐津が交互か同時に演奏する三方掛合（さんぽうかけあい）という華やかな形態がとられ、それぞれの音楽性の違いを楽しめる趣向になっている。
　この三つの主要なカテゴリーのほかにも、お座敷芸として知られる河東節（かとうぶし）が歌舞伎十八番の《助六由縁江戸桜（すけろくゆかりのえどざくら）》の、助六が登場する時の出端（では）で演奏され、かつて歌舞伎に出演していた名残を残している。もはや独立したジャンルではなくなってしまったが、長唄の演奏者が手がける大薩摩節（おおざつまぶし）も歌舞伎を彩る音楽である。荒事に用いられる豪壮な音楽として知られ、18世紀半ばには市川團十郎家と密接な関係をもつようになったが、今は長唄に吸収され、《矢の根》などいくつかの演目で聴くことができる。大

薩摩連中として山台で演奏されるほか、幕の前で壮士風の太夫と三味線が立奏で派手な演奏を聴かせることもある。

さらに、歌舞伎らしい音を生み出している柝(き)とツケも忘れてはならない。これらは文楽でも同じように使われる。柝は拍子木のことであり、柝の合図によって芝居は進行していく。幕が開く、幕切れ、道具替りのきっかけを知らせるほか、俳優に時刻を知らせる役割も担っており、客席からは見えないものの、柝がないと文字どおり何も展開しないのである。

柝は歌舞伎や文楽といった伝統劇のほかにも大相撲でも用いられるので、日本人にとっては聴き慣れた存在である。一方、ツケは日本の芝居独特の音響を生み出す工夫である。上手の幕だまりのあたりで2本の柝をもった黒子がしゃがんでいる様子が角度によっては見えることがある。この黒子がツケ板という板に2本の柝を打ちつけることを「ツケ打ち」という。ツケ打ちは見得を切る時のほか、駆け足、立ち回りなどの場面でも打たれ、芝居や場面を強調するための効果音、擬音の役割を果たす。この鋭く誇張されたバタバタという音は劇場の中に活気とエネルギーをもたらし、観客の目だけでなく耳をも引きつけて、芝居をぐっと引き締める効果をもっている。

《勧進帳》にみる歌舞伎の音と音楽

では、こうした知識をもとにしながら、実際の歌舞伎を見てみることにしよう。ここでは、中学校の鑑賞教材となっていて映像が比較的入手しやすい《勧進帳》を取り上げることにする。市川宗家のお家芸として選定されている、いわゆる歌舞伎十八番の一つで、上演回数が多い人気の演目である。

《勧進帳》はストーリーも比較的知られているので科白(せりふ)劇と思われがちだが、カテゴリーとしては歌舞伎舞踊である。能の《安宅(あたか)》をもとにしており、そのために、能舞台正面に描かれた鏡松を模して、大きく松を描いた羽目板が正面に掲げられる。この種の演目を、「松羽目物(まつばめもの)」と総称する。《勧進帳》はその松羽目物の初めての演目である。ところで、歌舞伎舞踊は所作事(しょさごと)とも言い、所作事の時には所作台と呼ばれる板が敷きつめられ

て、普段の舞台面より少し高くなっている。これは表面が滑らかで踊りやすいということもあるが、踊りの足拍子がきれいに響き、飛び上がったりする際に適度なクッション性も提供している。踊りから生まれる音にも耳を傾けてみよう。

松羽目の前には緋毛氈を敷いた山台の下手に唄方8人、上手に三味線8人の長唄連中が並ぶ。下段の下手に大鼓、中央に5人の小鼓、上手に笛の囃子が並び、演技は山台前の細長いスペースと花道で展開されることになる（7-3.3）。

大まかな筋としては、源頼朝の怒りをかった義経の一行が奥州平泉へ落ち延びる際、安宅の関（現在の石川県小松市安宅町）で関守の富樫左衛門に怪しまれ、武蔵坊弁慶がいつわりの勧進帳（寺院などの建立にあたって寄進を集めるための公認の趣意書）を読み上げるなどの機転を利かしその場を逃れた、という流れになっている。

以下に冒頭の音楽的な構成を見てみよう。

7-3.3 《勧進帳》山伏問答の段。武蔵坊弁慶：9代目松本幸四郎、富樫左衛門：4代目中村梅玉、平成10年1月公演、国立劇場（写真提供：国立劇場）

富樫の名乗りがあって、義経一行が山伏に扮しているとの報があり、守りを固めるよう、番卒に言い渡している。
　「旅の衣は篠懸の　旅の衣は篠懸の　露けき袖やしをるらん」と唄われる部分が始まるが、冒頭は「謡がかり」といって明らかに能の謡を踏襲した独特の口調で、囃子も「ィヨー」との掛け声を伴った能楽手法をとって格調の高さを感じさせる。
　三味線が入り、「時しも頃は如月の、如月の十日の夜」と続くが、この勇壮な自由リズムの部分は大薩摩節の様式が使われている。ここまでは「ワケ口」という独唱部分で、タテと呼ばれる中央の唄と三味線が一人ずつで演奏する。続く「月の都を立ち出でて」で「ツレ」と呼ばれる全員による斉唱となり、三味線も合奏となる。ここまでやんでいた囃子が、「出でて」の最後に掛け声とともに加わる。
　この後に器楽だけの部分が続くが、これは「寄せの合方」と呼ばれ、高揚感を誘う有名な箇所である。合方とは唄のない部分のことを指す。

7-3.4　《勧進帳》弁慶の飛び六方。武蔵坊弁慶：9代目松本幸四郎、平成10年1月公演、国立劇場（写真提供：国立劇場）

ここで花道から義経一行が登場する。「これやこの、行くも帰るも別れては、知るも知らぬも、逢坂の山隠す霞ぞ春はゆかしける、浪路はるかに行く船の、海津の浦に着きにけり」と囃子入りで唄われる間に四天王と呼ばれる亀井六郎、片岡八郎、駿河次郎、常陸坊海尊、一足遅れて弁慶がそれぞれ山伏の姿で現れ、花道に居並ぶ。〈寄せの合方〉からここまでの囃子は、冒頭の能楽手法に対し、歌舞伎手法、別名「チリカラ拍子」と呼ばれる、長短の異なるリズム型を三味線に組み合わせる、いかにも歌舞伎らしい雰囲気を作り出すものとなっている。

　冒頭の短い部分を見ただけでもわかるように、唄と三味線に囃子というシンプルにみえる組み合わせながら、謡がかりから長唄への移行、独唱と斉唱、唄と合方、囃子の有無やそのパターンの変化をさまざまに対比させるといった手法をとって、変化に富んだ音楽を組み立てているのである。

　この後、弁慶による「勧進帳の読み上げ」、富樫が山伏について弁慶に問いただす「山伏問答」、危機を脱するために弁慶が主君の義経を金剛杖で打つ場面、通行を許可した富樫への感謝の意を込めた弁慶による「延年の舞」、最後に花道で弁慶が一行を追いかける「飛び六方」と、見どころの数々が次から次へと繰り広げられる。「山伏問答」では富樫と弁慶の畳みかけるようなせりふのやりとりがまるで音楽のようにきこえてくる妙、要所要所で弁慶が見得を切る場面では、その瞬間に唄も三味線も囃子も止まって耳目を集めようとするかのようであること、飛び六方に入る直前の弁慶の大仰な動作をツケが一層盛り上げたあとに、たまったエネルギーを一挙に解き放つように足音も高らかに花道を引っ込んでいくさま等々（7-3.4）、いかにも歌舞伎らしい音の使い方をいくつもみつけることができる。

　《勧進帳》は長唄として単独で演奏されることも多い名曲だが、やはり歌舞伎ならではの音響が加わることで、ドラマとして盛り上がることが理解できよう。

　また、この演目は花道の使い方が効果的であり、演劇空間を楽しむにもうってつけである。2007年パリのオペラ座で上演された《勧進帳》では花道を設けることができず、正面舞台に段差をつけ、上段にいる富樫に弁慶が別れを告げたところで定式幕が引かれ、その前の下段を弁慶がまず下

手から上手に移動し、再度、下手に向かって（途中で上段に移りながら）飛び六方で去っていく、という苦肉の策がとられた。こうした例を見ても、歌舞伎のおもしろさを味わうことができるのは独特の劇場があってこそなのだと確認できる。

歌舞伎の行われる場

　どんな演劇でも劇場で観ないとそのよさと実際はわからないものだが、歌舞伎はとくに生で観ることを強く勧めたいジャンルである。独特な劇場空間を駆使した芝居と、その空間のさまざまな場所からきこえてくる音はそこに身を置くことによってしか体験できないものだからだ。したがって、歌舞伎専用の、あるいは歌舞伎特有の舞台機構に対応している劇場にぜひ足を運びたい。東京であれば歌舞伎座、国立劇場（大劇場）、新橋演舞場、そのほか大阪の松竹座、京都の南座、福岡の博多座が挙げられる。これらはすべて現代的な機構をもった劇場であるが、この中でも古典的な劇場の雰囲気を味わいたいということであれば、歌舞伎座、松竹座、南座での観劇を勧めたい。とくに南座は年末恒例の顔見世興行が京都の風物詩になっており、ほかにはない古式ゆかしい要素をいくつも見つけることができて楽しいだろう。

　近年では現存する最古の劇場である旧金毘羅大芝居（金丸座とも。1835年築、香川県）での春の歌舞伎定期公演が高い人気を誇っている。枡席や人力での舞台機構をもち、江戸の情緒を残していて、かつての芝居小屋の雰囲気を味わえるからだ。これがきっかけとなって、20世紀初頭に作られた各地に残る伝統的な劇場も見直され、これらの劇場でも歌舞伎公演が行われるようになってきた。永楽館（1901年築、兵庫県）、八千代座（1910年築、熊本県）、康楽館（1910年築、秋田県）、内子座（1916年築、愛媛県）はいずれも修理が行われて再び往時の姿を取り戻しており、文化財としての価値も高く、芝居がかかっていない時に見学することもできる。かつての芝居小屋のたたずまいや構造を知るだけでも十分に意味がある。

［横井雅子］

第8章　音楽を語る

第1節　言葉で音楽を体験する

　心身ともに熱くなる高揚感、思わずひき込まれた忘我の時間、脳裏で反芻される響きの記憶……私たちはこうした音楽体験を「良かったね」というひと言で語り始める。自分はどこにぐっと来たのか、どんな技巧や音楽性に魅せられたのか、演奏会のあとに興奮して誇張ぎみに語り合っている人たちの姿をよく見かける。すばらしい演奏を聴いた時の感動は、なぜか一人で噛みしめるより、誰かに伝えたくなるものである。CDやネット配信で聴けば誰にも邪魔されずに没頭できるかもしれないが、生演奏で味わう臨場感は格別だ。それはもちろん、生身の演奏家が眼の前で妙技を繰り広げるという視覚的な楽しみもあるし、再生装置では拾えない息づかいや気配が感じられる音質や空気感もあるだろう。だが、それに勝るとも劣らないのがホールに集った聴衆たちの存在なのではないか。指揮棒が最後の一振りを終えると身じろぎ一つない静寂に包まれ、一瞬ののちに割れんばかりの拍手が起こった時、無意識のうちに「良かったね」という、声にならない言葉を見知らぬ人たちと交わしているのではないだろうか。

　音楽に感動して何かを語るのはこれほどまでに自然なことだが、逆に「音楽を語る」こと、すなわち音楽の言語化は不可能だという主張は根強い。「良かったね」というのは音楽がもたらした感動を表現した言葉にすぎず、音楽そのものを語っているわけではない。あるいは、どこがどうだったかという言葉をどれほど積み重ねても、たしかに演奏の全貌を捉えたことにはならない。音楽は音楽でしか伝えられないことを表現しているのだというのは至極、全うな意見なのである。それでも私たちは音楽を語ることをやめないどころか、あの手この手で音楽に言葉で迫ろうとする。そもそも、この本そのものが言葉で音楽を捉えようとする試みではないか。

　ここでは「音楽を語る」という営みについて、あらためて考えてみる。

まずは音楽について書かれたさまざまなタイプの文章を読んでみよう。

フロレスタンとオイゼビウス──シューマンの『音楽と音楽家』

「諸君、帽子をとりたまえ、天才だ」という一節で有名なシューマンのショパン評では、モーツァルトのオペラ《ドン・ジョヴァンニ》の中の〈お手をどうぞ〉を主題とした変奏曲（作品2）が論じられている。

> この時はまるで見覚えのない眼、何というか、花の眼、怪蛇(バジリスク)の眼、孔雀(クジャク)の眼、乙女の眼が妖しく僕をみつめているような気がした。そうしてところどころそれが特に鋭く光るのだ。
> ［……］この曲の結びの感じは［……］彼（筆者註：フロレスタン）にいわせれば、ちょうど美しく晴れた日のたそがれの日の光りが、山々の一番高い頂まで高く高くよじのぼった末、ついに最後の光線も消えてしまうと、一瞬真白なアルプスの巨峰が限界を圧するといった時の感じで、正に天国の威容に接したような気がするというわけ。
> （シューマン 1958, 16-9）

　この文章は最初から最後まで詩的幻想に溢れ、霊感に満ちた言葉で綴られていて、音楽そのものというより、音楽のもたらす陶酔を言語化しているようだ。楽譜からきこえてくる音楽への絶賛と、ショパンを類まれな才能の持ち主として評価していることはよく伝わってくるが、およそ現代の音楽評論がもつ一種の即物的な視点や分析的思考とはかけ離れているので、最初に読んだ時は小説か戯曲として発表されたものだと思った。『音楽と音楽家』という評論集はまるごと、こうした詩的言語で貫かれ、シューマン自身が「ダヴィッド同盟」と名づけた架空の人物たち、瞑想にふけるオイゼビウスや英雄的なフロレスタンらが登場して対話するという設定で書かれている。まさにロマン主義時代の文学的評論の典型である。
　岡田暁生は『音楽の聴き方──聴く型と趣味を語る言葉』の中でシューマンやベルリオーズの批評を取り上げ、ロマン派の音楽評論が分析的言語を嫌い、音楽についての語りを詩的に神秘化したと述べている。しかも、

こうした評論に導かれて、音楽が一種の宗教体験に高められていくことは、音楽産業にとって好都合な「語らない聴衆」を作り出すことに繋がっていたと説く。シューマンを典型とするロマン派の音楽評論家は読者に対して楽譜に即した具体的な説明をすることなく評価を下し、音楽と聴衆の間に位置する目利きとして君臨していたのである（岡田 2009, 41-56）。

　ここで確認しておきたいのは、シューマンの音楽評論が特異なものではなく、E. T. A. ホフマンに始まり、ベルリオーズやリスト、ヴァーグナーら作曲家たちの批評と同じスタイルの語り方であること、しかも取り上げた作曲家や下された評価からみてシューマンの審美眼はたしかなものであったことだ。シューマンは、「ヘボ批評家」という短文で「この連中は材木をやたらに鋸で切り刻むものだから、せっかくの誇らしい欅が鋸屑になってしまう。［……］音楽は、霊魂を自由に、不確定に、刺激するところの最も普遍的な言葉で話す」（シューマン 1958, 31）と書いているとおり、同時代のハンスリックのような分析的な評論家は「ヘボ」だと信じていた。だからこそ、神秘化する詩的な言葉で真摯に作品のすばらしさを表し、その真価を伝えようとしたのだろう。そして、その営為は現代の眼からみれば19世紀という時代の産物だが、その文脈の中ではたしかに機能していたのである。

「ひびの入った骨董品」——吉田秀和の音楽評論

　「ひびの入った骨董品」という言葉は、1983年6月11日、NHKホールで開かれたウラディーミル・ホロヴィッツのリサイタルの休み時間に、NHKのインタビューのマイクを向けられて即座に語った吉田秀和の演奏評である。ホロヴィッツを神様のように慕っていた愛好家の一部はこの言葉に深く傷ついたようだが、ミスタッチの多かった当日の演奏をずばりと、しかし、ホロヴィッツへの敬意を込めて批判した名言として広まった。当日、薬のせいで不調だったホロヴィッツ自身もこの批評には納得したと伝えられている。まもなく6月17日の『朝日新聞』夕刊に掲載された「音楽展望」ではあらためて、次のように書かれている。

今私たちの目の前にいるのは、骨董（こっとう）としてのホロヴィッツにほかならない。骨董である以上、その価値は、つきつめたところ、人の好みによるほかない。ある人は万金投じても悔いないかもしれないし、ある人は一顧だに値しないと思うかもしれない。それはそれでいい。だが、残念ながら、私はもう一つつけ加えなければならない。なるほど、この芸術は、かつては無類の名品だったろうが、今は──最も控えめにいっても──ひびが入っている。それも一つや二つのひ
・・
びではない。彼の演奏では、音楽が続かなくなった。少し進んだかと思うと、ひびの割れ目におちて、音楽がとぎれてしまう。忌憚（きたん）なくいえば、この珍品は、欠けていて、完全な形を残していない。

　「ひびの入った骨董品」は短い言葉で核心に触れる吉田らしい評論である。録音で聴いてきた、これまでのホロヴィッツの演奏は間違いなく無類の名品だったという想いと、眼の前で演奏されたミスタッチで途切れてしまう音楽との間のギャップをひと言で結びつけているところがすごいのである。
　戦後の日本にあって、音楽評論の社会的位置づけを格段と高めた吉田は、生活感があって瞬時に伝わる言葉をもった評論家だった。膨大な数にのぼる評論集を繰ってみると、特徴的なのが譜例である。1953年に初版が刊行された彼の最初の評論集『主題と変奏』は「ロベルト・シューマン　à mes amis」という一文で始まる。冒頭は海外のピアニストがシューマンの《交響的練習曲》などを日比谷公会堂で聴いた日のことから始まるのだが、これは私小説なのかと思うような出だしである。

　　初夏だった。手のひらのなかで、会堂のまえでひろった小石がつめたかった。ぼくは、それを、その夜ここであうにちがいないある人にぶつけてやろう、と思っていた。ぼくには、Gegenliebe というものが、まるで信じられなくなっていた。人間と人間との関係を規定するものは、憎悪だけだ。［……］その夜、ぼくはバッハの半音階的幻想曲とフーガとシューマンの交響的練習曲を、はじめてきいた。［……］

> バッハとシューマンをならべてひいてくれたことを、ぼくは生涯での最も幸福な偶然に数えいれたい。[……] 天才とは、才能の量の問題じゃない。根元的な、初発的な存在感を、ぼくらにあかす人だ。（吉田 2011, 10）

　最初の節はこんな感じで、吉田の信奉するロマン派の評論と似た物語的スタイルなのかと思ったのだが、数ページ進んで第3節になると、ベートーヴェンのピアノ三重奏曲第7番《大公》とシューベルトのピアノ三重奏曲第1番の、どちらも第1楽章第1主題、そしてシューマンの《フモレスケ》第1曲の冒頭の楽譜が出てきて、リズムや和声の動きがどのような効果をもっているかが論じられる。こうした楽譜との対話は最晩年まで続けられ、可能な限り、本や評論にも取り入れられた。
　同じ文章で吉田は音楽を、「ほとんど数学的な思考の厳格と透明をもちながら、心情と感情の世界を通じて、陶酔と忘我を実現してくれるもの」と表現しているが、まさにこの数学的思考と心情と陶酔とを結びつけていくのが、彼の方法だったのである。即物的な分析に基づきながら、作品の世界と日常的な感覚や多種多様な情感との関連を詳らかにして、切れ味のよい言葉で表現する。まさに20世紀的な音楽評論だ。

「鏡として発明されたもう一人のバッハ」——高橋悠治の言葉とピアノ

　作曲家であり、ピアノの名手である高橋悠治は、深く鋭い文章の書き手としても知られている。紙の本が消費文化に巻き込まれ、すぐに返品断裁されていくことを嫌って、高橋は頼まれて書いた原稿をネットにあげておくようにしたのだが、そこからダウンロードして出版された『音の静寂 静寂の音』という本に、「バッハから遠く離れて」という一文がある。

　　一七五〇年の死から二五〇年もたつというのに
　　ヨーロッパ音楽はまだバッハを鏡として
　　自己中心的な夢にひたっているのか
　　[……]

記号となった音　テキストとして読むことができる音楽
　　楽譜に書くことができる固定された音の列
　　楽器をつかわずに頭で考えた音のイメージを
　　次々に紙に書き出す能力
　　［……］
　　楽器ではなく　洋傘と杖を使っても
　　バッハの音楽は演奏できるだろう
　　［……］
　　音から離れて記号となった音楽は　生活からも離れていく
　　［……］
　　音楽の啓蒙主義はまだ世界を支配している
　　あらゆる伝統文化に寄生し　内側から造りかえ
　　存在しなかった起源を発明しながら
　　［……］
　　バッハの曲のどれかを鍵盤の上でためしてみる
　　完成されたものとしてではなく
　　発明された過去としてではなく
　　未完のものとして
　　発見のプロセスとして
　　確信にみちたテンポや　なめらかなフレーズを捨てて
　　バッハにカツラを投げつけられたオルガン弾きのように
　　たどたどしく　まがりくねって
　　［……］
　　そして　この音楽と現代社会とのかかわりについて
　　さらに　日々の生に　その苦しみにこたえる音楽をもたず
　　過去の夢に酔うことしかできないこの世界の不幸について
　　瞑想してみよ　　　　　　　　　　　　　　（高橋 2004, 15-20）

　啓蒙主義の時代を先駆けたバッハの音楽を、手や体で生み出す感覚なしに自律している記号としての音楽であると表象し、それをいまだに崇め信

奉している現代人に日々の生と苦しみを省みよと説く。現代の消費文化を否定し、ヨーロッパ文化を解体しながら、音楽することの意味を問い続ける高橋の、鋭い刃を突きつけてくる評論だ。そして、ここでふと思いあたるのが、高橋の弾くバッハである。10本の指がばらばらの長さであることを意識させるかのようにでこぼこと音が不揃いで、コンサートホールの音楽から民衆の踊りに戻ったかのような猥雑なリズムで奏でられる彼のバッハ演奏が、この文章を読んでいると自然によみがえってくる。

　彼の文章はいつも鮮烈だ。西洋の価値観から遠く離れた地点に立ち、独自の価値観で生きることすべてを律していく高橋しか書けない、説得力のある音楽評論である。

「音楽を語る」むずかしさとおもしろさ

　ここまで、19世紀ロマン主義時代に典型的な文学的評論家だったシューマン、音楽分析と日常的に味わう情感を結びつけて鮮やかに読み解いた吉田秀和、一貫して非西洋的な価値観で創作し、ピアノを弾き、文章を書く高橋悠治という三人の評論を読んできたが、それらの相違点と共通点を確認しておこう。

　まず大きく違うのは評者の立ち位置である。シューマンは自分自身がロマン派の作曲家でありながら、1834年から10年にわたって『音楽新報』の中心的編集者として活動し、自ら数々の評論を掲載した。この時、シューマンが語ろうとしていたのは、19世紀前半に頭角を現したヨーロッパの才能ある作曲家たちに対する賛美にほかならず、実際、シューマンの筆を通して、彼らの評価は高まったのである。吉田秀和は日本における自立したジャンルとしての音楽評論を確立した評論家である。東京帝国大学仏文科を卒業しているが、好きだった音楽について書くとともに、欧米の新しい音楽をテーマにした20世紀音楽研究所に関わり、桐朋学園の「子供のための音楽教室」の創設にも尽力した。こうした活動や執筆を通じて、戦後の日本に洋楽の楽しみを広めることによって、平和な社会の実現を願っていたと言える。そして、この音楽教室の出身者の一人に高橋悠治がいた。高橋は音楽の早期教育の中で才能を開花させ、ピアニストとして

も作曲家としても若くして前衛の最前線に立ってコンピュータ音楽も手がけた。だが、70年代に入る頃から、前衛的な現代音楽の在り方に疑問を感じ、タイの抵抗歌を紹介する「水牛楽団」を結成する。それからの高橋は創作も演奏も執筆も、生活の只中から表現を始め、欧米の価値観をそのまま受け入れている社会を鋭く批判してきたのである。

　ここからも明らかなように、私たちは作品について言葉で表現する時、いつでも何らかの社会的な、あるいは制度的な文脈において発言している。評論は科学ではないし、哲学的真理を打ち立てることもできないのであって、最良のものは一種の芸術である。評論とは知的な分析と直感、そして音楽のもたらす感動が交わるところに成立する。評論家は短い文章の背後に、おのおのの前提を背負っている。音楽評論には原理的に唯一絶対の解答はない。

　もう一つ、忘れてはならないのは、評論の言葉にははかり知れない「力」があることだ。つまり、他の人にとって意味をもち、他の人から関心を引き出し、他の人に影響を与える。そして、この「力」は判断の下される文脈の性格、たとえば私たちが語りかける人たちと私たち自身との関係によって性格が変化する。

　シューマンの世界は現代の日本とはかけ離れているので、なかなか実感するのは難しいかもしれない。だが、吉田の「ひびの入った骨董品」で明らかなように、彼らの言葉は同じ時代、同じ社会的文脈の中にいる人たちの直感に訴えかけるものがある。これらの評論を読んだ時、何かしら自分の中にあるものと響き合い、ハッとさせられる。まさにこうした響き合う言葉によって、私たちは彼らと音楽についての理解を共有することができ、音楽の本質に触れる喜びを得るのではないだろうか。

ケージの《4分33秒》をめぐって

　アメリカ実験主義の作曲家ケージについては第7章第2節でも触れたが、彼の沈黙の作品《4分33秒》は今日にいたるまでさまざまな角度から言及されてきた。《4分33秒》とは1952年8月29日にニューヨーク郊外のウッドストックのメイヴェリック・コンサート・ホールで、ピアニス

トのテュードアによって初演された曲である。初演の楽譜は五線紙に書かれていたが、そこには音符も休符もいっさいなく、単に小節線の引かれた五線譜が三つの楽章に区切られているだけだった。これをテュードアは現代曲によるリサイタルで取り上げ、舞台に出てきてストップウォッチを見ながら、時間どおりに楽章の始まりで鍵盤の蓋を閉め、楽章の終わりで蓋を開けるという動作をしたのである。一音もピアノが弾かれていないのは、蓋を閉めるので、視覚的にも明らかとなる。会場に集まっていた聴衆は途中から野次を飛ばし始め、「もう帰ろう」と叫ぶものまで現れて騒然となった。この初演の模様は瞬く間にニューヨークを中心とする芸術家仲間に広まっていくのである。

　ピアニストがいっさい鍵盤に触れない、つまり意図して音を奏でることのない、この摩訶不思議な作品に対して、作曲家も評論家も研究者も数多くの言葉を費やし、作品の核心を捉えようとしてきた。ここでいくつかの文章を参照してみよう。

　まず、作曲家で知的な文章を書く近藤譲の『音を投げる――作曲思想の射程』の一節である。

　　このこと［筆者註：音楽の枠が四次元の時空間の器だということ］はケージの名をスキャンダラスに高めた有名な作品《四分三十三秒》4'33"（一九五二年）にもよく顕れている。周知のように、この作品では、演奏者は何も音を発しない。聴き手は、その「沈黙」を聴く――すなわち、演奏者が沈黙しているとき、人は、会場内の人々のざわめきや、外から聞こえてくる色々な騒音、そして会場の屋根を雨が叩く音等々、要するに、日常の生活を取り巻いている音を聴くわけである。その会場という空間の中で、演奏者が舞台に居る四分三十三秒の間、その時空間の器の中に入ってきた音が、音楽なのである。器を設定した時に、そこに「音楽」が生じる。

　　《四分三十三秒》は、空の器である。空の茶器が空気で充たされているように、この音楽の器は「沈黙」で充たされている。（近藤 2006, 118-9）

ケージの曲とはそもそも時間的・空間的な枠を設定するもので、その枠に、意図的に発せられたのではない諸音響が入ってくるのが《4分33秒》だと、近藤は主張している。この「沈黙」を満たしている日常音を「出来事」と呼んでいるのが、音楽学者の庄野進である。

> 音響学的な目的で作られた無音室での体験から、沈黙とは無音のことではなく、意図しない音が生起していることであると定義することによって、『四分三十三秒』という枠の中で、作曲家及び演奏者によって意図されたものではない、様々な音（椅子の軋みや咳ばらい、会場の外の風の音や雨の音）の出来事が生じる、「沈黙」の曲が成立したのである。音響的出来事は、作曲家や演奏者とは無関係の所からやってきて、ケージの設定した枠の中へと落ち込んでくる。（庄野 1991, 70）

　この作品でケージが唯一、行ったことは時間を区切ることである。これは伝統的な作曲でも行われる作業だから、その延長上に位置づけて捉えることができる。ケージの《4分33秒》が音楽作品として成立しているとしたら、この枠あるいは器がその根拠となるのであって、枠あるいは器があって初めて、音響＝出来事としての音楽が生まれるという主張である。近藤と庄野の語り口は極めて近く、ケージの創作の美学という視点からこの作品に迫っていることがわかる。
　筆者を含めて、多くのケージ論者が触発されて、その延長上に持論を打ち立て、また、論破しなければならない議論として向き合ってきた「枠／器と出来事」という考え方は、とりわけ伝統的な作品観を背景にすると理解しやすい。もっとも筆者自身は枠や器が最終的には消え去るものとしての宿命を負っていて、聴取体験にこそ、ケージの重点はあったと考えてきた。なるほど時空間の枠をケージが設定しなければ、日常音は日常音として私たちの審美的な知覚をすり抜けていき、耳を傾けるべき音として受けとめられることはないかもしれない。その意味で枠や器は不可欠でもあった。だが、ケージ自身がのちに「編曲版」として何度も試みていたように、たとえば森の中を散歩しているとき、耳のスイッチを切り替えて「聴

こう」としたら、その瞬間に《4分33秒》は始まる。つまり、当初は枠や器を設けることが耳のスイッチを切り替えるために必要だったかもしれないが、その意図が浸透していくと、もはやあらかじめ枠や器を作っておく必要もなくなると、筆者は理解してきた。

だが逆に、枠の設定する時間に焦点を絞った論考もみられる。たとえば、佐々木敦は次のように述べている。

> 時間がやはり重要なのです。[……] どんな『4分33秒』にも四分三三秒という時間が流れている。枠、フレーム、フレーミングという言葉で表されているのは、あくまでも四分三三秒という時間だと考えてみましょう。[……] 中身を体験するという問題を全部括弧で括ってしまうと、これは何かといえば、タイムマシンだと思うんですよ。つまり『4分33秒』という作品は、体験したら絶対に四分三三秒後に行ってしまうんです。[……] この残酷なまでの世界の原理。これは冗談で言っているんじゃないんですよ。『4分33秒』という作品はタイムマシンなんです。(佐々木 2014, 215-6)
>
> [……] 枠と出来事でいうと、聴取は出来事の部分に属しているわけですが、出来事は聴取じゃなくてもいい。「体験」でいいんです。[……] 人間は目で見て、耳で聞き、その他諸々があるから、聴取じゃなくてもいいと考えたほうが、より広がりというか豊かな展開がある。(同書, 231-2)

5回にわたる講演を記録した本からの引用だが、1冊すべてが《4分33秒》をテーマにしたユニークな著作だ。「聴取体験」から考え、「時間」から考え、「体験」に注目する佐々木の柔軟な思考は、語りかけられる人たちの理解を導くというより、彼ら自身の思考の展開を誘う。ケージを「自分の文脈で考えてみる」というきっかけを与えてくれるのである。

このほかにも建築家、美術家、文芸評論家など専門や立場の異なる論者がこの作品について論じているが、最後に全く異なる角度から述べている評論を1点、引用しておこう。岡田は先に引用した『音楽の聴き方』で、

次のように書いている。

> 私が言いたいのはつまり、サティ゠ケージ的な「音楽の再音楽化／脱意味化」が、本来それと相容れるはずがなかった現代の文化産業にとって、まことに好都合なものであったと考えられること。しかもそれが、これまた本来その仮想敵であったはずのロマン派（とりわけその「音楽の宗教化」）と癒着し、一見しても分からないようなこんがらがった状況を作り出していると思われることである。（岡田 2009, 130）

　彼によると、音楽における「する」と「聴く」を分業としたロマン派の延長上に、ケージやサティのサウンド型の聴取を促す音楽があって、音楽を聴くことは本来、「人がおのれのすべてを賭けて行うに値する行為」なのに、パブロフ的な刺激と反応に還元されてしまうのではないかと指摘する。音楽としての成立と価値に焦点をあてた前三者の議論に対して、岡田の論点は社会的文脈の中でこの作品がどのように受けとめられ、どのような作用を及ぼしているのかに絞られている。
　ここでは立場の異なる評者によって、研究論文や評論、レクチャーの形態で論じられた《4分33秒》への言説を紹介してきた。まだ、この作品を視聴したことがない人も言葉のみで理解できた部分はあるだろうし、視聴の機会をもって読み直せばあらためて、どの評論にも感じるところがあるだろう。論述の形態や主張の方向性が異なっているにもかかわらず、いずれも《4分33秒》の本質を解明しようという営為であり、その意味を読者と共有しようと、読者に響く言葉を模索しながら綴られているのである。

音楽の言語化をめぐる不可避性と不可能性
　ここまでの議論を踏まえながら、最後に次の2点を強調しておきたい。一つは、そもそも全く言語化されない音楽体験などあり得ないのではないかということ。そして、もう一つはどのような言語化によっても、音楽そのものを変換することはできないということである。

これまで紹介してきた評論家や学者のように多くの言葉を紡がないまでも、どの人にとっても「聴くこと」と「語ること」は切り離せないのではないだろうか。音楽を体験している時の心身は忘我の状態かもしれない。おそらく夢をみているような感じだろう。それはとりとめもなく流れていくが、目覚めてすぐに夢を想起すると、「階段を落ちる恐怖」とか「恋しい人の笑顔」など、夢の内容は言葉ないしは言葉によって切り取られた情景に落とし込まれて記憶される。音楽もまた、分析的に聴こうと、文学的に聴こうと、響きに何らかの輪郭を与えることなしに私たちの脳裏には残るまい。その手段は、第一に言葉なのである。このことはすでに第7章第1節においても「音楽と意味」という別の視点から論じた。

　しかし、《4分33秒》に寄せられた言説が示しているように、輪郭を与える言葉は一つではない。語り手の社会的文脈もあわせて考えれば、どのような音楽であっても言語化の可能性は数多く存在している。つまり、どれか一つの言語化によって、音楽そのものをすべて変換するといった魔法の評論は原理的にあり得ないのである。

　こう考えると、音楽の言語化は差出人と宛名のある手紙のようなものではないだろうか。一つの社会的文脈の中で発せられた言葉を、同じく社会的な文脈を背負った読者に向けて発するのであり、響き合う言葉を介して、どちらも音楽の理解を深めようとする。「音楽を語る」ことも、それを受けとめることも、どちらも音楽の喜びを分かち合う「共有の感覚」と結びついているのである。それは評論でも学術論文でも、本質的な違いはない。

第2節　音楽をめぐる研究
——古代の音楽理論から近現代の音楽学まで

　第1節で論じたように、私たちは自らの音楽体験を言葉で表現し、他人の演奏批評をきいたり読んだりすることで、他人の耳で捉えた音楽をも

享受できる。自分で聴いた音楽の記憶も、他の人から伝えられた音楽の体験も、言語化することと切っても切れない関係にある。

　さらに日常のごく自然な言語化とは異なったレベルで、音楽は学問的研究として、言語によって論じられ、探究されてきた。この本でもさまざまな角度から音楽についての考察を繰り広げてきたが、まさに音楽の直接体験から少し距離を置き、体験そのものを語るのではなく、より多様な視点から音楽の本質に迫ろうと試みてきた。もちろん、こうした試みも究極的には音楽の喜びや価値を他の人と共有しようとする語りにほかならないが、この一歩、距離をとる姿勢は身のまわりの多くの分野で行われている。たとえば気象について。「今日は暑いですね」とか「すごい雨！」「風邪をひきそうな寒さだ」など、私たちは天気について言葉で表現して、他の人と共感したり、注意を喚起したりする。天気予報も雲の様子を示す図などを用いて、これから私たちが体験するだろう天候について教えてくれる。だが、天気予報が可能になっているのはその背景に気候についての膨大な研究が積み重ねられてきたからである。その研究が気象学である。つまり、実際に人が体験することとは別次元での学問的研究が、その対象についての知見を深めてくれるのである。

　音楽に関する学問的研究領域は「音楽学」と総称されている。現在、その広がりは隣接領域と融合しながら、拡大を続けているのだが、ここではまず、人びとが音楽を研究してきた歴史を振り返りつつ、音楽と学問の関係をあらためて考えてみよう。

学問・教科・教養としての音楽——七自由学科と六芸

　音楽の理論的研究がすでに古代ギリシャにおいて始まっていたことは、第1章第2節で述べた。それは教育にも反映され、自由民、つまり奴隷ではない市民は教養を身につけた。これをローマ人は自由科 artes liberales と呼んだ。現在のリベラル・アーツ、自由学芸または教養学の語源である。そして、古代ギリシャ時代を通じて伝統的に若者の教育の科目とされたのが体操と音楽の2教科だった。ちなみに、この時の「音楽」は第1章第1節でも触れたような、詩歌を含む広い意味の名称である。ピュタ

ゴラスは自由科として文章の読み書き、算術、幾何、天文、音楽理論、哲学の6種類を教え、プラトンは基礎として体育と広義の音楽を、中等以上の教科として算術、幾何、天文などを学ばせ、さらに高度な教科として少数の優秀な者たちに弁証法を学習させたという。アリストテレスは詩歌を含んでいた広義の音楽から、私たちの考える狭義の音楽を独立させて1科とし、「文章」として文法、修辞学、弁証法、算術、幾何、天文学などまで含めて1科として、そこへ体育と図画を加えた4科を基礎とした。これらを修了したものが、論理学そのほかの哲学諸学科の学習へと進んだのである。

　こうした古代ギリシャの流れを汲みながらローマ末期に成立し、中世ヨーロッパの大学で教授された基礎学問が「七自由学科」である。文法、修辞学、弁証法の3科と算術、幾何学、音楽、天文学の4科に分かれていて、最初に学ぶ3科は形式科 artes formales とされ、言葉と関係のある科目が並んでいる。つまり、まずは語学力、読解力をしっかり身につけよということだ。続いて学ぶ4科はやや上級の実質科 artes reales とされ、数と関係のある科目となっている。数に関する学問が重視されたのは、古代ギリシャの思想からの流れに加えて、キリスト教において神の創造した世界が数の関係の上に成り立つ調和に支配されていると考えられていたからだ。世界をより深く知るためには数の学問を学ばなければならなかったのである。

　教科書としては古代に関して詳しい知識人の著作が使われた。ローマ貴族出身の学者ボエティウスは若い頃、4科に関する著作をまとめたが、現在まで伝えられているのは『数学教程』と『音楽教程』の二つのみである。『音楽教程』はピュタゴラスに代表される古代ギリシャの数学的な音楽論を中世に伝えた書物で、今日まで第1巻から第5巻の途中までが残っている。第1巻と第2巻は中世を通じて芸術教育を代表する「音楽」の教科書として使用された。金澤正剛の『中世音楽の精神史——グレゴリオ聖歌からルネサンス音楽へ』によると、この2巻が最も権威のある教科書とされ、「中世大学においてこの著書は、必修の書であって、その内容は、当時の教養人、とくに音楽に興味を持つ者にとっては知っておかなく

てはならない常識だった」（金澤 1998, 41）。二つの巻は調和の概念の解明を目的として、ピュタゴラスの発見、音階の基礎、天文学との結びつきなどが詳しく説かれている。音楽は実際の礼拝でも用いられることから、音楽家たちはボエティウスの著作で音楽理論を学ぶと同時に、聖歌の作曲法、唱歌法など実践的な教育を受けていた。古代ギリシャに続いて中世においても、音楽が基本的な学問と認識されていたことがわかる。

　古代中国の周代にも士大夫という身分の支配階級が身につけるべき基本的な教養として「六芸（りくげい）」という必修科目があった。いくつもの「芸」が周代の古典に出てくるが、「六芸」とカウントしたのは、周王朝の官制について記した『周礼』であり、このテクストの成立自体は時代が下って前漢の頃ではないかと言われる。後漢の鄭玄（ていげん）の注釈が今に伝わっている。ここで六芸は礼・楽（がく）・射・書・御（ぎょ）・数となっている。つまり「礼」は儀式と制度、「楽」は音楽、「射」は弓術、「書」は文学や文字学、「御」は馬車操縦術、「数」は算術である。

　周代に続く春秋時代に生きた思想家、孔子も豊かな教養を重視していた。『論語』述而篇には次のように書かれている。

　　子曰、志於道、拠於德、依於仁、遊於芸
　　子曰く「道に志し、德に拠り、仁に依り、芸に遊ぶ」（阮元 1980, 2481）

この「芸」は芸能ではなく、教養とか能力という意味で用いられていて、『周礼』の「六芸」と同じである。芸の中でも孔子が音楽を重視したことはよく知られている。同じく『論語』泰伯篇では次のような言葉がある。

　　子曰、興於詩、立於礼、成於楽
　　子曰く「詩に興り、礼に立ち、楽に成る」（同書, 2487）

つまり、文学を学んで世の中のことや人情の機微を知り、礼すなわち行動をめぐる礼節をまもって実社会に参加し、音楽から美しい調和を学んで自分の教養の基礎を完成させるという意味である。さらに『論語』八佾篇

では「子曰く、人にして不仁ならば礼を如何せん、人にして不仁ならば楽を如何せん」(同書、2466) とあり、礼や楽を仁のない人が行っても意味がないと述べている。楽は内面と外面を調和させるものであり、それを行う人は仁のある人でなければならないというのである。

このように音楽は古代から中世にかけて、ヨーロッパでも中国でも教養を高めるための「学問」として重視されていたことがわかる。

近代における音楽学の成立

音や音楽に関する学問的な研究は古代から行われていたし、音楽という学科も重視されていた。だが、音楽に関する学問研究を総括する概念として「音楽学」という体系が成立したのは19世紀後半のドイツだった。ドイツ語のMusikwissenschaftのほか、英語のmusicologyやフランス語のmusicologieなどの言葉も使われ、日本では「音楽学」と訳されたが、時期によってこの名称が指す学問領域は変化している。以下、竹内敏雄編『増補版 美学事典』(1974年) や久保田慶一編『キーワード150 音楽通論』(2009年)、ジョゼフ・カーマンほか『ニュー・ミュージコロジー――音楽作品を「読む」批評理論』(2013年) などを参照しながら、概観していこう。

近代的な「音楽学」を提唱し、組織化を試みたのはドイツの音楽史家フリードリヒ・クリュザンダーである。19世紀半ばには芸術学、文芸学が精神科学の分科として確立されようとしていたが、これに刺激を受けたクリュザンダーは1863年版の『音楽研究年報 *Jahrbücher für musikalische Wissenschaft*』の序文で、音楽研究が他の学問研究、とりわけ歴史学と同レベルの緻密さと厳格さを備えたものへと高められるべきだとして、「音楽学」の名称を主張した。さらにオーストリアの学者グイード・アードラーは、クリュザンダーやフィリップ・シュピッタと共同編纂した『季刊音楽学 *Vierteljahrsschrift für Musikwissenschaft*』の第1巻 (1885年) に「音楽学の範囲、方法および目標」という論文を掲載して、音楽研究全体を体系化した。ちなみに、Musikwissenschaftという言葉はクリュザンダーよりも早く音楽理論家のアードルフ・ベルンハルト・マルクスが使っていて、彼はこ

の言葉で「美学」あるいは「音芸術の哲学」を意図していたという。また、音楽学という名称は使っていないものの、すでに1770年には『音楽の歴史と理論、実践のための雑誌 Journal de musique, historique, théorique et practique』に掲載されたニコラ・エティエンヌ・フラムリの「音楽分類表 Tableau de la musique」で包括的な音楽学の構想が語られている。

ところで、アードラーが行った音楽学の体系化とはどのようなものだったのか。彼はまず、全体を「歴史的音楽学」と「体系的音楽学」に大きく二分して、次のような分類をした。

(1) 歴史的音楽学　記譜法の研究、楽式研究、楽器研究
(2) 体系的音楽学　音楽理論、音楽美学、心理学、音楽教育、比較音楽学

また、音楽学の学問としての基礎を固めたドイツの音楽理論家フーゴー・リーマンは、クリュザンダーやアードラーの成果を継承しながら、(1)音響学、(2)音楽生理学（音響心理学）、(3)音楽美学、(4)音楽理論、(5)音楽史研究（比較音楽学を含む）の5分野に分けている。

このほかハンス・ヨアヒム・モーザーらの試みもあり、分類方法は学者によって異なるが、いずれにしても音楽学が諸学問の集合体として構想されたことは明らかである。

音楽学とは——その広がりと隣接学科との関係

したがって、「音楽学」とは互いに研究対象や研究方法の異なる分野を含む学問の集合体であり、音や音楽に関する学問的研究の総称である。つまり音や音楽を研究対象として扱うものすべてが含まれることになり、隣接する研究領域も多く、また、それらとの境目も曖昧になっている。

音楽学に含まれる代表的な学問の内容を簡単に整理してみよう。
(1) 音響学　音楽の音響物理的な側面を対象とする。発音体と空気振動に関する研究や楽器構造、演奏会場の共鳴、残響等に関する研究が含まれる。

(2) 音響生理学・心理学　聴覚に対する諸現象を対象とし、生理学は聴覚器官の構造や機能を探究し、心理学は聴覚作用のプロセスを研究する。
(3) 音楽心理学　音楽作品の創造と聴取における精神活動を解明する研究である。フロイトの流れを汲む精神分析派と、アメリカ流の実験心理学の系列がある。
(4) 音楽美学　芸術音楽の美的本質を研究する。音楽の基礎となる形式原理や音楽の美的価値を探求し、創作と演奏と聴取、形式と内容などを対象とする。
(5) 音楽史学　古代から現代までの音楽の変遷を研究する。作曲家の伝記や音楽様式の変遷を記述する自律的音楽史と、社会史等の一分野としての音楽史がある。
(6) 音楽民族学　ヨーロッパの芸術音楽に限定されていた対象をそれ以外の伝統音楽や民俗音楽にまで広げた研究。比較音楽学、民族音楽学とも呼ばれてきた。
(7) 音楽社会学　音楽現象と人間社会の関わりを考察する研究である。社会学の一般理論を初め、人類学、民俗学、哲学、歴史学などとも広く連携している。
(8) 音楽理論　音楽の諸要素（音響、音律、音程、音階、旋律、リズムなど）に内在する原理を理論的に体系化する。創作や演奏に根拠を与えることができる。

上記の八つはおよそ19世紀後半から20世紀前半にかけての音楽学において主流をなしてきた学問領域である。19世紀後半、クリュザンダーらが思い描いていた音楽学の中心は音楽史学だった。このとき対象としていたのはヨーロッパの芸術音楽のみで、世界の伝統音楽や民俗音楽は全く関心の埒外だった。厳密な学としての在り方を求めて歴史学をモデルに史料を収集し、文献学の規範による資料批判を行い、楽譜に基づいて作曲家とその作品の成立過程、作風などを解明したのである。また、一人の作曲家の様式だけでなく、楽派の様式、時代様式の変遷といった様式史も記述

された。

　研究対象を絞っていたのは、音楽史学だけではない。音楽理論や音楽美学、音楽心理学や音響学さえも、長らくヨーロッパの芸術音楽のみにターゲットを定めていた。しかし、20世紀半ばになると、こうしたヨーロッパ近代の価値観に基づく学問の在り方を克服しようとする動きが活発になる。つまり、研究対象をヨーロッパの芸術音楽以外の、世界の伝統音楽やポピュラー音楽などへと広げ、楽譜だけでなく、演奏や音楽を聴く体験へも目を向けたのである。また、自律した音楽の歴史ではなく、社会史や政治史、制度史などの方法を応用することで、新たな理論を打ち立てる試みも盛んになる。音楽心理学や音響生理学はそれぞれ心理学、生理学の発展に伴って、どのように音や音楽を知覚しているのか、音楽の認知と脳の働きにはどんな関係があるのかなど、新たな課題に取り組んできた。音組織の社会学的分析に取り組んだマックス・ヴェーバーが1920年代に開拓した音楽社会学は、戦後、ドイツの哲学者で思想家のテオドール・W・アドルノによって新たな展開をみせる。

　こうして研究対象と研究方法を一方的に拡大してきた音楽学は、もっぱらヨーロッパの芸術音楽を対象とする音楽史学として発展してきた学問だったのだが、第二次世界大戦後、いくつもの方向から、その近代的な価値観に対する修正を迫られた。さらに1980年代に入ると、「カルチュラル・スタディーズ」や「ニュー・ミュージコロジー」などのキャッチ・フレーズを伴って、新しい局面を迎える。

比較音楽学から民族音楽学、音楽人類学へ

　最初の兆候は、比較音楽学から民族音楽学への転換である。比較音楽学 comparative musicology はドイツで音楽学が体系化された時から一つの領域として言及されていたが、とくに19世紀末から20世紀にかけて、オーストリアの音楽学者ホルンボステルらの研究によって学問としての基礎が固まった。これは西洋近代の芸術音楽と非西洋の民族音楽の「比較」を通じて、音楽の普遍性を見出そうとする学問で、とくに西洋音楽を考える時に重視されてきた点、たとえば音階やリズムなどの音楽構造やシステムの

視点から非西洋の民族音楽の特徴を分析した。ホルンボステルがドイツ出身の音楽学者ザックスとともに考案した楽器分類法や、アレキサンダー・エリスがアジアやアフリカの楽器の音高を測定するために考案したセント法は、現在も広く用いられている。

しかし、「比較」という言葉に象徴されるとおり、彼らの視点はあくまで西洋近代の芸術音楽を基準としていて、そこから他の時代や地域の音楽を考察する学問だった。対象こそ広がりをもっているものの、それぞれの民族音楽の背景となっている固有の価値観に依拠した分析ではなかった。比較音楽学は根本において音楽の進歩史観を前提としていたと考えられる。つまり、西洋近代音楽以外の音楽を比較研究することで、やがて芸術作品へと発展していく音楽の原理をさぐるために、プリミティヴな段階の音楽を探究しようとしたのである。

1950年、ジャワ島のガムラン音楽研究で知られるオランダの音楽学者ヤープ・クンストが民族音楽学 ethno-musicology を提唱し、1955年にアメリカでは民族音楽学会 Society for Ethnomusicology が創設された。非西洋音楽を主な研究対象とする点では共通しているにもかかわらず、比較音楽学から民族音楽学への転換は西洋近代の芸術音楽を暗黙の規範としてきた研究の前提をくつがえすものである。学会創設の中心となった一人、アラン・メリアムは『音楽人類学』(1964年) という著作で、音楽構造の分析だけでなく、人間の行動、つまり身体行動、言語行動、社会行動などの行動としての音楽を研究することが必要だと説いている。彼が批判するように、音楽の内的構造を解明するために音や音楽といった純粋な音現象を取り出すこと自体、西洋近代の方法であって、そのことで社会的コンテクストが切り離されてしまうことを意にも介さない。しかし、個人から共同体、部族、民族、国家、人種にいたるさまざまなレベルで見出される音楽表現ないし音楽文化にとって、個々の社会と文化が規定する人間の行動と音楽は切っても切れない関係にあるはずだ。だからこそ、比較音楽学から民族音楽学への転換は単なる名前の問題ではなく、個々の民族の文化に依拠して、それぞれの音楽行動を考えようという文化相対主義の提案を含むものだった。これは音楽構造の分析にも投影され、チェコ出身のアメリカ

の音楽学者ブルーノ・ネトルが主張しているとおり、ある音楽はその音楽の文化が提供する理論システムによって研究されるべきだという考え方が民族音楽学に共通の見解となった。

さらに、メリアムの書名にもなっている音楽人類学 anthropology of music という言葉を使う学者もいる。この名称は、この学問の研究対象と方法が民族学ないし文化人類学と重なることから、音楽学の一領域ではなく、文化人類学の一領域と捉えようとする主張を含んでいる。

カルチュラル・スタディーズ——文化中心主義の音楽研究

ここで浮上してくるのが「文化」という概念である。私たちが日常、気軽に使っている言葉なので、その内容の複雑さや難しさは伝わりにくいが、じつは文化をめぐる理論は第二次世界大戦後、大きな潮流をなしてきた。『音楽のカルチュラル・スタディーズ』の編者の一人で、イギリスのポピュラー音楽の研究家リチャード・ミドルトンは、その序章「音楽研究と文化の思想」で次のように述べている。

> 文化は、ある意味で人類の普遍的な特質であるが、ある特定の文化はその独自の起源があることや、それが独自に歴史的に発展することからのがれることはできない。この発展の伝統においては、文化は政治権力（非政治的な態度をもつものであれ）をもつ。［……］文化はまた、自然と対置するものとしても定義されている。文化とは学ばれたものであり、耕されたものである。それは遺伝子のなかにはなかったものであり、文化の理論は諸々の人種学だけでなく、進化人類学や社会進化論、最近では進化心理学などの、より定評のある学問領域との長年にわたる批判的関係のなかでかたちづくられてきた。同時に、文化は「自然」とみなされることもある。（ミドルトン 2011, 5）

このように文化は一義的ではないばかりか、その定義は矛盾に満ちている。しかし、こうした多義的で曖昧な文化を対象とするからこそ、さまざまな領域を横断する文化構造やその社会性、政治性をあぶり出すことがで

きる。

　カルチュラル・スタディーズ cultural studies は名前が語っているように、文化一般に関する状況を分析する学問領域だが、とくに、イギリスでこの言葉が生まれ、研究が始まってまもなくの頃には政治色が濃厚だった。1964 年、バーミンガム大学にスチュアート・ホールとディック・ヘブディジという二人の学者が「現代文化研究センター」を設立した。これが端緒となって、70 年代に文化がもっている政治的な側面、たとえば社会階層や性、民族といったグループの間の力関係を分析する研究が広がった。

　音楽に関しては、たとえば『サウンドの力』の著者サイモン・フリスや、現代文化研究センターの設立者で『サブカルチャー——スタイルの意味するもの』の著者でもあるヘブディジらによって、大衆文化、若者のサブカルチャーを対象とした研究が現れた。そもそもバーミンガムの研究者たちは当時のイギリスが抱えていた深刻な経済不況と労働者階級の文化やコミュニティが解体に瀕しているといった事情を背景に、若者のサブカルチャーを支配階級への反抗の一形式としての、独自文化の創造と読み解いた。つまり、それまで学問領域では市民権を得ていなかったポピュラー音楽やサブカルチャーなどを研究対象として、音楽現象の根底にある文化の政治性を明らかにしたことが、カルチュラル・スタディーズの成果の第一歩だったのである。

ニュー・ミュージコロジ——実証主義的音楽学への批判

　1985 年、カリフォルニア大学バークレー校で音楽学を教えていたカーマンは『音楽を熟考する *Contemplating Music: Challenges to Musicology*』という本を出版する。のちにニュー・ミュージコロジーの誕生として位置づけられ、大きな影響力をもつことになった著作である。カーマンはルネサンス期のイギリス音楽およびベートーヴェンの室内楽曲の研究で業績を残してきた音楽史家で、『音楽を熟考する』も自らが携わっていた西洋芸術音楽の分野について、とくに同時代のアメリカの研究や研究者がもっていた問題を顕在させ、音楽学そのものを批判的に改変していこうという意図をもっていた。したがって、この著作もまた、1980 年代のアメリカ文化の

所産ではあるのだが、それまでの音楽史研究が自明のこととしていた点に批判の矢を射たことにより、その後の音楽学の新たな展開へと道を開いたのである。

カーマンが批判したのは 19 世紀以来の音楽史研究において重視されてきた実証主義である。実証主義とは、たとえばバッハやベートーヴェンといった古い時代の音楽を研究する時に、自筆楽譜の紙の透かし模様や、作曲家とそのまわりの人たちによる筆跡を識別することによって、作品の作曲年代を証明するといった研究の方法である。多くの研究者が膨大な実証作業そのものに埋没することこそが、音楽史の研究だと思い込んできた。しかし、透かし模様や筆跡によって明らかになる事柄はあくまで一つの仮説にすぎない。作曲家の様式や特定の曲における特定の楽節、あるいは複数の作曲家の作風の間の関係などについて考えていく時には、歴史学者は実証のみならず、想像力を働かせて研究対象を検証していかなければならない。

さらにもう一つ、カーマンが批判したのは音楽史において、特定の作曲家や作品を「正典 canon」とし、「偉大な作曲家」の物語を作り上げてきた構築作業が無意識に前提としてきたイデオロギーである。どの作曲家を選び、どの作曲家を排除するのか、それによって、どのような音楽史を編むのかは、意識的であれ無意識的であれ、じつは研究者のイデオロギーを反映する。たとえば、19 世紀後半に始まるドイツの音楽史は非西洋と区別される「ヨーロッパ」というアイデンティティと、「芸術」という上流階級の音楽を対象として形成された。そこには非ヨーロッパの音楽はもちろん、同じヨーロッパであっても無名の大衆や女性作曲家は登場しない。つまり、ここにも文化の政治性が働いているのである（カーマンほか 2013, 7-39）。

フェミニズム批評、ジェンダー批評、クイア理論
「正典」に女性作曲家の作品がほとんどないという事実は、過去に優れた女性作曲家が本当にいなかったのだろうかという疑問を抱かせる。音楽をめぐるフェミニズム批評は、こうした素朴な問いから出発した。

1948年に原著が出版されたソフィー・ドリンカーの『音楽と女性の歴史』は、女性音楽家に視点をおいて歴史を読み直した先駆的な研究で、多くの優れた女性作曲家の発掘の端緒となった。知られざる女性音楽家に関する資料研究が積み重ねられていく傍らで、まもなく浮上してきた問題は、なぜ、彼女たちがこれまで「正典」として名を残すことができなかったのか、その文化的、社会的、政治的背景を解き明かすことだった。社会参加が制約された事情を作曲家の個人史から読み解くばかりでなく、正典の構築作業において女性の作品が排除されてきた機構や、教育の中で音楽における性別役割分担が植えつけられてきた仕組みも俎上にのぼった。

　1990年代、文学におけるフェミニズム批評、あるいはジェンダー批評の手法が美術や映画といったジャンルで成果をあげていく一方、ようやく女性史に着手したばかりの音楽は隔絶された領域のままだった。ジェンダーとは文化的、社会的なコンテクストの中で構築された男女の性差のことである。主人公が少女の小説とか、ドレス姿の女性が描かれた絵など、他のジャンルでは自明な「女性」あるいは「男性」というセクシュアリティの表象が、音楽では見えにくいという事情があった。とくに純粋な器楽曲は音の連なりからなる抽象的な芸術であって、自律美学に依拠する分析方法が客観的だと信じられ、その反面、意味論的解釈は遠ざけられていたと言える。

　新たな局面を切り開く起爆剤になったのが、1991年に刊行されたスーザン・マクレアリの『フェミニン・エンディング──音楽・ジェンダー・セクシュアリティ』である。彼女は社会学者で音楽評論家のアドルノに影響を受けたアメリカの音楽学者で、バロック時代のオペラやロマン派の交響曲からポップ・スターのマドンナやローリー・アンダーソンのパフォーマンスまで、大胆かつ愉悦に満ちた筆致で論じたこの著作によって、ジェンダー研究のみならず、人種や階級などの分析にも道を開いた。96年に同書の翻訳が出版される際に書き加えられた序文で、マクレアリは原著が出版されてからの5年間に音楽研究に生じた変化を語っている。とくにタブー視されていた感情や表象についての研究を導入することで、音楽学は文化的意味を回復しつつあると自負している（マクレアリ 1997, 6-19）。

先に芸術音楽ではジェンダーのあからさまな表象がないと指摘したが、唯一の例外はオペラである。登場人物が性別をもち、男女の表現が明示的であることから、盛んにジェンダー分析が行われてきた。さらに、それまでの作曲家作品論としての実証主義的研究を超えて、オペラが社会的な通念における「差異」、つまり男性性と女性性、西洋と東洋、支配者階層と労働者階級といった差異の概念をどのように内包し、差異の形成に加担しているのかといった視点による研究も展開されている。また、ジェンダーは文化的に構築されてきたという認識に立つ非異性愛者の研究、いわゆるクィア理論の応用も行われている。1994年に『楽音のクィア化』を出版したフィリップ・ブレットは、この本所収の論文「ブリテンのオペラにおけるエロスとオリエンタリズム」で、ホモセクシュアルだったイギリスの作曲家ベンジャミン・ブリテンのオペラにおける登場人物たちの音楽表現を、実体験やセクシュアリティの美意識と結びつけて論じた（カーマンほか 2013, 203-28）。

音楽記号論──言語の記号論的分析から音楽の記号論的分析へ
　ジェンダー批評において純粋な器楽曲に男性性や女性性、セクシュアリティといった文化的コンテクストを読み解くことができるのは、その作品が抽象的な音の形式ではなく、テクストだという前提があるからである。1990年代にジェンダー批評が花開くことになる前段階として、音楽への記号論、テクスト論による研究があったことも重要である。
　そもそも記号論は言語学から始まった。19世紀末から20世紀にかけて活動したスイスの言語学者フェルディナン・ド・ソシュールが、言語の歴史的な変遷を研究してきた比較言語学を通時的言語学として退け、非歴史的な構造を対象とする共時的言語学を創始したことはよく知られている。言語を記号体系として捉えて、「記号が意味するもの」である記号表現（シニフィアン）と「記号によって意味されるもの」である記号内容（シニフィエ）との間の二項の結びつきを恣意的なものと定義した（ソシュール 1972）。さらに同時代のアメリカの哲学者チャールズ・サンダース・パースは、記号を表象、対象、解釈という三項の関係で捉えた。彼らの記号論の影響を

受けた哲学者や思想家も多く、たとえば文化人類学者のレヴィ=ストロースや哲学者のミシェル・フーコーは構造主義を確立し、ロラン・バルトやウンベルト・エーコらは記号論へと道を開いたのである。

　記号論とは世界を記号として読み解く研究である。そこには記号のふるまいに関する研究もあれば、記号と意味の関係を問う意味論も含まれている。音楽を含む芸術もまた、一種の記号と捉えることによって、完全に歴史研究とは切り離された形で、作品における諸要素と記号の機能を結びつけて意味を検出することができるとする。音楽記号学の分野での代表的な研究としては、モントリオール大学で長らく教えてきたフランスの音楽学者ジャン・ジャック・ナティエの『音楽記号論の基礎 Fondements d'une sémiologie de la mugique』が挙げられる。彼の著作は言語学の分析方法の、楽曲分析への厳格な適用を特徴としている（Nattiez, 1975）。芸術記号論そのものの展開に加えて、音楽を記号として捉える研究が、ジェンダー批評を初めとする新たな音楽学の動向に広く示唆を与えたことは間違いない。

　また、60年代末にアメリカの演劇研究から始まったパフォーマンス研究のもたらした考え方や、さらにテクスト論から派生した、音楽における行為を主題にしたスモールの「ミュージッキング」をめぐる90年代末の主張については、第5章に詳しく述べられているので参照してほしい。

　ここまで、音楽人類学、カルチュラル・スタディーズ、ニュー・ミュージコロジー、ジェンダー研究、音楽記号論、ミュージッキングと、1980年代以降、盛んになった音楽学の新しい研究領域の中から代表的なものを紹介してきた。個々の学問領域の研究対象と研究方法はかなり異なっているが、共通しているのは研究や研究者の立脚点そのものを問い直す姿勢である。その意味で、この30年あまりの音楽学の転換は、「批判の学」としての様相を呈していると言えるのかもしれない。

第 3 節　音楽評論と音楽学の影響力

　音楽を語ることが、ともに音楽の喜びを分かち合う共有の感覚と結びついていること、それは評論でも学術論文でも本質的に違わないことは、すでに第 1 節で指摘した。この共有の感覚を抱きつつ、音楽の感動そのものから一歩、距離を置き、より多角的な視点から音楽について考え、分析し、言葉で論じること、それが音楽をめぐる評論であり研究である。
　ここでは第 1 節、第 2 節での論述を踏まえて、音楽学や音楽評論はどのように受容されてきたのか、また、それらを担ってきた職業としての書き手とは、どのような人たちなのかをみていこう。

音楽学の研究成果はどのように受容されてきたのか
　19 世紀に「厳密な学」としての歴史学を中心として音楽学が樹立された頃から、音楽学者に求められてきた要請の一つは楽譜の校訂という作業だった。過去の芸術作品を扱う西洋音楽史においては、古い自筆譜や写譜の形で残されている資料と印刷譜を照らし合わせながら、作曲家が思い描いていた音楽を正確によみがえらせるための楽譜を作ることを基礎作業として行っている。そのために膨大な資料を精査して、紙の透かしや写譜した人の筆跡調査などを行い、様式について考察した上で、最終的には研究者が判断を下して校訂版が完成する。そこには過去の印刷譜にはなかった作曲家の創意のあとが顕わになっていることも大いにあって、演奏家は校訂版を研究することによって、より作曲家の理想とする音楽像へと近づき、自分の解釈を組み立てていくことが可能になる。第二次世界大戦後に主としてアルフレッド・デュールやゲオルク・フォン・ダーデルセンが行った『新バッハ全集』の校訂作業、校訂報告や図版が多く盛り込まれた国際マーラー協会版『マーラー全集』の新批判版など、研究者が知力を尽くしてまとめた楽譜には多くの発見がある。

また、ハンガリーの作曲家バルトークやコダーイがマジャール民謡で試みたように、失われつつある民謡をフィールドワークで発掘して採譜し、民謡集という形の楽譜を編纂することも広く行われてきた。この採譜や楽譜化の段階で、フィールドワーカーの解釈が不可避的に入っていることには注意を払わなければならないが、結果として生まれた楽譜集はそのジャンルの音楽を愛好する人たちの演奏に供することができる。したがって、音楽学の成果として具体的に多くの人たちに受容されたものが校訂された楽譜であり、プロ、アマチュアを問わず、その曲を演奏する人たちにより幅広く、より正統な音楽の姿を伝えるという貢献をしてきた。それはさらに、彼らの演奏に触れる聴衆にも還元されてきたわけだ。

　もちろん音楽学者がどれほど厳密に楽譜の実証研究をしたとしても、カーマンが批判したとおり、それだけですべてが解明できるわけではない。一つ例を挙げてみよう。モーツァルトのピアノ協奏曲第27番変ロ長調K.595をめぐって、モーツァルト研究家のアラン・タイソンの調査結果が多くの愛好家に衝撃を与えたのは、1987年出版の著作でのことだった（Tyson 1987, 33, 135）。

　このピアノ協奏曲の清澄な響きには、静かに流れる音楽が時折、鋭い不協和音で乱される緩徐楽章や、〈春への憧れ〉という歌曲でも用いられた冒頭主題が愛らしいフィナーレなど、「どこかひとつ突き抜けた、この世の先を見てしまったようなところがある。モーツァルトは霊と化したかのように軽々と浮遊し、この世の喜怒哀楽とはとうに一線を画したかのように、すっきりと心を澄ましている」（礒山 2008, 203-4）というイメージが宿っている。力みのない自然でデリケートな陰影に富んだ音楽の性格が、ぎらぎらとした自意識から解き放たれた作曲家の内面を感じさせることから、1791年、亡くなる年に書き上げられた最晩年の境地を伝えるものと捉えられてきた。実際、この年の1月5日、モーツァルト自身の作った作品目録に記されたことから、この日に完成されたことは疑いようがない。だが、タイソンは再発見された自筆譜の紙を実証的に調査した結果、この協奏曲に使われている紙のうち、第1楽章から第3楽章の冒頭までが1787年12月から1789年2月までに使用していたものと同じだったと発

表した。つまり、モーツァルトはこの 1 年 3 か月の間に使っていた紙を、その後、2 年間は全く使っておらず、第 3 楽章の残りの部分のみ、1791 年に使っていた別の紙に書かれているというのである。もし紙の実証する時期と作曲の時期が一致していたとすれば、この協奏曲の 3 分の 2 はすでに 3 年ほど前、《ジュピター》交響曲と同じ時期に書き始められた可能性があるとしたのである（海老沢 1999, 178-9；ヴォルフ 2015, 130-1）。

　この説には異論もあり、さらに実証をたしかなものとするには筆跡鑑定などの証拠も必要とされ、懐疑的な意見を述べる学者もいる。それでも、天国の門を覗いているかのような心境を曲調に感じてきた多くの聴き手はとまどう。私たちの聴き方は間違っていたのだろうか。しかし、タイソンの仮説を知ってもなお、ここにモーツァルトの静かな諦念を感じるとすれば、「モーツァルトが晩秋の空を、死期が近づくまで覗いたことがなかったというのは、われわれの側の、うかつな思いこみかもしれない」（礒山 2008, 204）のである。その一方で「私たちが知る限り、モーツァルトは自分の死期を「黄昏の淡い光」のような諦念をもって迎えるような人物ではなかったように思われる」（ウィンジェル 2014, 8）という意見もある。つまり、若すぎる死という事実を悲劇として強調しすぎているというわけだ。実証研究のみでなく、様式研究などの成果も用いながら伝記的事象について解明されるなら、私たちがこの曲を聴く時のイメージも、モーツァルトの晩年についての理解も、少なからず変わる可能性がある。

　このように、音楽学の研究は実証的なものであれ、様式的なものであれ、作曲家や音楽作品について関心をもつ人に新しい知見をもたらす。しかし、音楽学の成果を受容するのは演奏家やその聴衆、つまり音楽に直接、関心のある人に限られるわけではない。第 2 節で紹介してきた新しい音楽学、カルチュラル・スタディーズやニュー・ミュージコロジーなどの動向を知るならば、ここで論じられていることの多くが、何らかの形で文化に関心をもつ人たちにとって重要な示唆に富んでいることは明らかだろう。美術やデザインの創作に携わる人にとっても、音楽を手がかりとした社会性や政治性、セクシュアリティや意味論の議論はすこぶる刺激的に違いない。

職業としての音楽評論家

　音楽体験について感想を語って共有するだけでなく、音楽についての考察や判断を文章で表明しているものは、ひとまず音楽評論と呼ぶことができるだろう。たとえば、古代ギリシャの哲学者プラトンは『国家』の第3巻においてエートス論を展開し、若者たちにとって適切、不適切な調子（音階）やリズムについて論じているし（プラトン 2009, 上巻 231-40）、古代中国の孔子が音楽について書いた言葉を第 2 節でも紹介したが、これらも音楽評論と言える。

　だが、職業としての音楽評論家となると、事情は異なってくる。とりわけ、定期的に評論を発表していることが職業評論家の一つのメルクマールだろう。そこで、音楽について書かれた定期刊行物の始まりが、近代的な音楽評論家の誕生と重なる。ヨーロッパで新聞や雑誌が不定期に刊行されるようになったのは 17 世紀の終わりだったが、雑誌の中でも音楽の定期刊行物は後発で、各地で音楽の定期刊行物や音楽雑誌が刊行され始めるのは 18 世紀から 19 世紀にかけてのことである。

　啓蒙主義の時代に活躍した評論家の一人、ヨハン・マッテゾンは作曲家で音楽理論家、そして外交官でもあった。だから、評論を書いて生計を立てていたというわけではない。しかし、マッテゾンは評論活動にも熱心で、1722 年から 25 年まで博学的な定期刊行物『クリティカ・ムシカ Critica Musica』を編集して、メロディアスで表現豊かな音楽、理性的な明晰さと自然さを賛美する評論を書き続けた。1728 年には匿名で編集した『音楽的愛国者 Der Musikalische Patriot』でも持論を展開して、バッハを初めとする作曲家たちに影響を与えている。当時の読者は作曲家や演奏家、あるいは音楽家を目指す若者たちだったのである。

　18 世紀終わりから台頭する富裕な市民に音楽愛好家が増え、音楽の知識が浸透するにつれて、音楽雑誌はハイブロウなものから、より大衆的な内容へと変化する。やがて一般の雑誌にも音楽記事が掲載され、また、日刊紙でも短い記事や報告、寸評が掲載されるようになると、読者は文化の洗練を受けた音楽愛好家へと広がっていく。新しい音楽雑誌は音楽の啓蒙を目指し、音楽批評家も音楽理論家や作曲家といった音楽の専門家ではな

く、情報を読み手に受容可能な文学の形式で論じることのできる、いわば音楽愛好家の頂点に立つスポークスマンとなった。たとえば 1792 年 3 月 12 日付の『モーニング・アドヴァタイザー Morning Advertiser』に載った記事はこんな具合である。「ザロモンが第 4 回のコンサートを開き、ハイドンはいつも以上の輝きをみせた。新しいコンチェルタンテ（ヴァイオリンとチェロとオーボエとファゴットのためのコンチェルタンテ）の初演はりっぱな効果をあげた。新しい序曲（変ロ長調の交響曲）はこれまでに聴いたなかで最も大きな作品のひとつで、多いに賞賛される。第 1 楽章と終楽章がアンコールされた。コンサートは 12 時を過ぎて終わった」。さらにロマンティシズムの時代になると、ホフマンに始まる文学的な人物たちが音楽評論の筆をとることになる。第 1 節で論じたシューマンの評論もその一例である（ブラウン 1983）。

　20 世紀以降の音楽評論の現場は新聞や一般雑誌から音楽専門誌まで、啓蒙書から専門書まで、さらにテレビやラジオまで広がり、幅広い種類と内容の文章が書かれ、スポークスマンやジャーナリストとしての報告から音楽の専門家としての分析まで、多種多様な評論のスタイルが求められるようになった。さらにインターネットの発達に伴ってウェブページやブログ、ネット配信といった形での評論活動へとメディアが変化していくと、「職業としての評論家」という在り方そのものがあらためて問われる状況となっている。

　ところで、日本ではどうだったのかというと、職業的な音楽評論の始まりは西洋音楽が導入された明治時代の新聞や雑誌の刊行と直接、結びついていたと言っていい。明治初期から一般の新聞や雑誌では政治的、道徳的な観点による音楽改良が論じられ、さらに専門雑誌『音楽雑誌』では音楽理論や音楽研究をテーマとした論文が発表されてきた。たとえば、明治初期に、現在の『毎日新聞』の起源となる『東京日日新聞』の主筆として活躍した福地源一郎（桜痴）は新聞論説の権威と評される人物だが、1875 年に初めて三味線音楽の改良を論じて以来、音楽をテーマとした数本の社説を掲載し、晩年にいたるまで音楽関連の論説を書いている。その主張は文明開化の推進という持論に基づき、歴史的にアプローチしながら、人心

を感化する音楽の力を重視する点で一貫している。とくに日本の歌曲を歌詞に依拠して論じたのが特徴で、最初は意味内容の評価だったが、のちに言葉の音韻や音数の分析へと進み、歌曲の特徴を論じるための、初歩的ながら有効な方法を提示している（白石 2011）。

しかし、音楽会での演奏そのものを対象とした「批評」はようやく、1898（明治 31）年の『読売新聞』において本格化する。すでに文芸批評、演劇批評、美術批評の連載評論の伝統をもっていたこの新聞では、同声会や東京音楽学校の演奏会、慈善演奏会に加えて、明治音楽会の演奏会が定期的に開催されるようになったこの年、神樹生、霞里生、楽石生（伊澤修二）、四谷のちか、なにがし（泉鏡花）、藤村（島崎春樹）らによって、演奏批評が連載されるようになったのである（白石 2012）。

やがて大正時代になると、ピアノの演奏から音楽の道へ進んだ大田黒元雄がヨーロッパの作曲家の評伝を次々と出版し、『音楽と文学』という同人誌で精力的に音楽評論を展開する。また、東京帝国大学文学部美学美術史学科を卒業した山根銀二は、『東京朝日新聞』、『東京日日新聞』、『東京新聞』、『読売新聞』で音楽評論を執筆した。こうして、新聞記者や文筆家が余業として音楽評論を書いていた明治期から、音楽ジャーナリズムが成立して「初めての音楽批評家」と呼ばれる大田黒元雄が登場し、山根銀二のあと、昭和になると多数の著作に加えて『朝日新聞』で健筆をふるった吉田秀和、『毎日新聞』と『読売新聞』で執筆した遠山一行など、名を残す音楽評論家が登場する。さらに昭和戦後期になると、音楽学者を送り出す教育機関として音楽大学の音楽学の学科が成立して、その中から一部は音楽評論家としても活動を始める。また、ポピュラー音楽の評論家は音楽の専門教育を受けていないことがよくあるが、定期的に執筆している人たちの多くは専門分野の音楽に関する膨大な知識と情報に基づいて、独自の批評軸をもっている。

日本における音楽学の始まりと展開――大学と学会

ここまで論じてきた「職業としての音楽評論家」に対して、その一部をも担ってきた音楽学者とはどのような人たちなのだろう。音楽学という学

問体系は第 2 節で説明したように、ドイツで成立してから 150 年あまりの歴史をもっている。当初は音楽院で演奏と理論を学び、大学で法学や哲学、歴史をおさめた学者が学問の設立に尽力したが、やがて総合大学に音楽学の講座ができた。日本では音楽大学に音楽研究を専門とする学科が設置され、それらの大学から輩出した学者たちが音楽学を推進することになった。

　明治維新のあとの文明開化で日本政府は西洋音楽を本格的に取り入れようとしたが、それを組織的に教育し研究していったのは、文部省の音楽取調掛、その後の東京音楽学校である。この学校は音楽家や音楽教員を世に送り出して、西洋芸術音楽が近代日本を席捲する震源地となった。音楽家や音楽教員は言うまでもなく音楽理論の知識を必要とするので、明治期からさまざまな音楽理論が講じられ、研究されている。1949 年、東京音楽学校が東京藝術大学音楽学部になると同時に、音楽学を専攻する「楽理科」が設置されたのだが、東京音楽学校のカリキュラムにはすでに「音楽史」「音楽理論」「審美学」などが置かれていて、「楽理科」設置以前に、音楽の専門教育には音楽学の知識が必要だと考えられていたことがわかる。

　「楽理科」の英語表記は musicology なので「音楽学」と同じなのだが、当時、音楽学という言葉は一般になじみがなかったことから、声明の世界で用いられていた楽理という言葉を使ったと言われている。学科設置時には東京大学文学部美学美術史科などの出身者が教鞭を執っていて、西洋音楽史と音楽理論を中心としたカリキュラムだったが、その後、民族音楽学、日本音楽史、東洋音楽史の専門科目が加わった。1963 年には大学院修士課程が設置され、第 1 講座：音楽美学、音楽理論、第 2 講座：西洋音楽史、日本東洋音楽史という 2 講座制が施行される。74 年、第 3 講座を増設し、第 1 講座：体系的音楽学、第 2 講座：西洋音楽史、第 3 講座：日本東洋音楽史となる。さらに 77 年には大学院博士課程が設置されて、音楽学を専門とする学者を世に送り出してきた。筆者も楽理科の出身だが、前述のとおり、20 世紀末から 21 世紀にかけて音楽学そのものが大きく変動してきたにもかかわらず、三つの講座制、五つの専門科目を中心とするカリキュラムの骨組みは在学していた頃と大きく変わっていない。

次に東京藝術大学以外の芸術大学で音楽学を専攻できる大学から、いくつか特徴的な学科・専攻を紹介しておこう。国公立系の芸術大学としては、愛知県立芸術大学が1994年に音楽学部音楽科作曲専攻に「音楽学コース」を、大学院音楽研究科に「音楽学領域（前期）」「音楽学（後期）」を同時に開設した。京都市立芸術大学は2002年、音楽学部に音楽学専攻を設置している。私立系の音楽大学では国立音楽大学と武蔵野音楽大学が老舗である。国立音楽大学は1960年に新制大学として設置されたのと同時に「楽理学科」を置き、90年に「音楽学学科」と改称したが、2004年には「音楽文化デザイン学科・音楽研究専修」、2014年には「音楽文化教育学科・音楽情報専修」となった。武蔵野音楽大学も1965年「音楽学学科」を増設していて伝統はあるが、早くから設置された楽理科、音楽学科は志願者の減少に伴って縮小・再編の傾向にある。一方、規模は小さいが、大阪音楽大学は2013年度から音楽学部に音楽学科を増設している。
　もちろん、総合大学でも音楽学を学ぶことができる。西洋の「哲学」の中には、もともと「美学」が含まれている。戦前の東京帝国大学文学部にも美学美術史学科という美術理論や美術史を研究する学科があった。こうした学問は美術だけでなく、音楽や演劇も対象とする。つまり音楽家や美術家の養成ではなく、音楽理論家や美術史家などが養成されていたのである。こうした文学部での音楽研究という流れは戦後の大学でも広がっていった。現在、音楽学者が専任教員として教えている大学学部を思いつくままに挙げてみると、東京大学文学部思想文化学科および教養学部教養学科、大阪大学文学部および人間科学部、早稲田大学文化構想学部および社会科学部、慶應義塾大学文学部人文社会学科、青山学院大学文学部比較芸術学科、明治学院大学文学部芸術学科などがある。ここに挙げたのはほんの一部で、全国を見渡すとかなりの学部学科に音楽学者が籍を置いている。また、明治時代に設置された東京音楽学校が音楽教員養成の機能を果たしたように、国立大学の教育学部でも小学校、中学校、高等学校の音楽科の教員を養成するために、教員として演奏家のほか、音楽学の研究者が在籍することが多い。小学校の先生になるためには音楽の実技も理論も必修だからである。

さらに付言すると、音楽を教養の一部としたリベラル・アーツの伝統は現在も続いているので、思わぬ大学に音楽学の教員がいることも珍しくない。どの大学でも、というわけではないが、理系文系を問わず、教養としての音楽を学生に教える教員がいるところは少なくない。かく言う筆者も美術大学で音楽学を教えているが、ここまでの説明を考えると、美術大学に音楽学の教員がいる意味は理解できよう。このようなわけで、国公立でも私立でもさまざまな学部学科で学生が音楽を対象とする研究に取り組むことが可能だ。

　総合大学での学びと音楽大学での学びにはそれぞれメリットがあり、総合大学では隣接諸学との連携が取りやすく、音楽大学では音楽の演奏や創作の専門的な実践が身近で、楽譜や録音資料にアクセスしやすいのが特長といえる。

　さて、こうした大学、大学院を修了した学者たちが研究成果を発表して互いに知見を深めるとともに、音楽学の発展に寄与する目的で作っているのが各種の学会だ。次に代表的な音楽学会について整理してみよう。

　日本音楽学会は音楽学に携わるすべての研究者を包括する歴史のある学会である。1951 年、西洋音楽関連の研究者たちが学会発足に向けて準備を開始した。翌 52 年 1 月に東京藝術大学において第 1 回発起人会が開かれ、設立実行委員会を設立した。同年 4 月に同じく東京藝術大学において創立総会が行われ、会則案が審議されて名称を「音楽学会」と決定。翌年の関西支部設立に始まり、85 年までに東北・北海道支部、中部支部が増設され、86 年には日本音楽学会という名称に改めている。2011 年には東北・北海道支部が関東支部と合併して東日本支部となり、それに伴って関西支部も西日本支部と改称した。現在、学会誌『音楽学』は年 3 回の発行で、年 1 回の全国大会と各支部独自の例会を実施している。会員は 1200 名を超える。

　東洋音楽学会は 1936 年、比較音楽学の研究者と日本音楽の研究者を中心に、日本を含む東洋諸国の音楽の研究を目的として作られた。現在は一般社団法人として組織され、広く世界の伝統音楽や民俗音楽を対象として多様な視点からの研究を推進する学会となっている。各支部での例会のほ

か、年1回の全国大会の開催、年1回の機関誌『東洋音楽研究』の発行、1983年からは初代会長の名前を冠した田邉尚雄賞で、音楽学、とりわけ東洋音楽と世界の伝統音楽に関する研究を奨励および会員の研究業績を表彰する活動などを行っている。およそ700名の会員がいる。

　1990年に設立された日本ポピュラー音楽学会はポピュラー音楽研究の発展に寄与することを目的とした学会である。各支部での例会のほか、年1回の全国大会、年1回の学会誌『ポピュラー音楽研究』の発行を行っている。国際ポピュラー音楽学会 The International Association for the Study of Popular Music の日本支部としても活動し、会員は300名あまりである。

　1970年に設立された日本音楽教育学会は、音楽教育の研究者や小中高の音楽教員が参加する学会である。学会誌『音楽教育学』と『音楽教育実践ジャーナル』を発行している。会員は1500名を超える。

　なお、日本音楽学会とも関係の深い音楽学の国際学会には、1927年にバーゼルで設立された国際音楽学会 The International Musicological Society、1934年に設立されたアメリカ音楽学会 The American Musicological Society などがある。

［白石美雪］

第 9 章　現代日本における音楽の諸相

第1節　音楽をめぐる文化政策と企業メセナ

　本書の最終章は「現代日本における音楽の諸相」と題して、私たちに身近な音楽状況について考えてみよう。21世紀になって十数年、音楽を取り巻く環境も大きく変化しつつある。第1節では文化政策とメセナ、第2節では伝統音楽、第3節では音楽関連産業に焦点をあてる。

　第1節では文化政策の中で、音楽がどのように位置づけられ、どのような取り組みがなされているのかを紹介する。日本が近代の夜明けを迎えてから150年近い年月が流れ、西洋音楽は現代の私たちの生活において、ごくあたりまえのものとして定着している。重要なことは、このような定着が自然発生的な動きとして起こったのではなく、文明開化や富国強兵を掲げる明治維新政府の政策として実現され、そうした政策が明治、大正、昭和、平成の諸相を反映しながらも一貫して行われてきたことである。21世紀においても、個人の好悪を超えて、政府の政策の中に音楽の保護や育成が位置づけられている。たとえば、グローバル化した経済社会の知的財産権をめぐる諸条約においても、音楽は重要な項目となっている。

　近代を通じて言えることだが、芸術と政治の関係には難しい課題がある。経済的利害や政治的立場などの違いに対して、芸術は独自の価値が存在する領域だと考えられるため、芸術と政治の間にはある程度の距離が存在する。実際、近代日本では政治力で西洋近代音楽が推進されたわけだが、決して伝統的な音楽が廃れたわけではなく、その保存も政策として行われた。そして、自由の価値が重んじられる戦後社会においては、文化行政は「助長行政」と呼ばれるスタイルで、つまり支援や援助を中心としたスタイルで進められることになった。

音楽をめぐる国の行政

　国の行政は、外交は外務省、財政は財務省と、所管を縦割り区分にする

ことによって、効率的な運営を行っている。日本の音楽行政では、国民すべてに保障された義務教育を初めとする学校教育における音楽を文部科学省が所管し、文化としての音楽を文化庁が所管しているので、いわば二重行政となっていた。しかも、情報産業の振興は経済産業省の所管であり、文化の国際交流は伝統的に外務省の所管でもあるから、事実上の多重行政が存在する。防衛省所管の陸海空の自衛隊は高度な演奏技術を誇る音楽隊を擁しているし、宮内庁式部職楽部の雅楽も伝統がある。

　文部科学省は幼稚園から大学までの学校教育行政を所管することで、最大の音楽行政を実施している。学校教育法の規定に基づいて日本の学校の音楽の授業時間数は施行規則で定められる。そしてその内容を定めた学習指導要領も、教科書の検定も、すべて文部科学省の所管事項であった。幼稚園教諭も、小学校の全科教諭（クラス担任をしてすべての教科を教える教員）も、大学で音楽の指導法を身につけなければ免許状はもらえず、就職もできない。さらに中学校と高等学校の音楽科教諭は、その地域の最高水準の音楽指導者と言える存在である。各都道府県の国立大学教育学部にはこうした音楽教員を養成するための音楽専門の教授陣がおり、さらに国立や私立の音楽大学、芸術大学音楽学部が存在する。全く音楽に興味がなくても、小学校から高等学校までの12年間は西洋近代音楽の流れを文部科学省の行政下で訓練されてきたのである。近年、西洋近代音楽のみの偏重を改めて学校で日本や東洋の伝統音楽に触れるように指導したのも、教育基本法全部改正を受けて施行された学習指導要領改正によるものだから、こうした変化さえも文部科学省から発せられた。ただし2018（平成30）年に文部科学省設置法（平成11年7月16日法律第96号）が改正されて、「学校における芸術に関する教育の基準の設定に関する事務」が文化庁に移管されたので、今後は学習指導要領の音楽と美術は文化庁の関与が大きくなるはずだ。義務教育を中心にすべての人びとに対して日本国憲法が定める教育を受ける権利を保障する学校行政の立場から、学校教育としての音楽教育には学習指導要領や検定済教科書を通してスタンダードとしての音楽を教育するという性格が存在する。これに対して、文化庁は典型的な助長行政のスタイルで進められた。

東京虎ノ門にそびえ立つ文部科学省の庁舎の中で、ひときわ目を引く煉瓦造りの建物がある。昭和7年に建てられた旧文部省庁舎で、ここが文化庁の庁舎として使われている。文化財の指定や芸術家の顕彰などのほかは報道されることの少ない中央官庁だが、私たちが用いる文字である常用漢字も文化庁の権限である（告示は内閣の所管）。また、音楽を保護するために不可欠の著作権法と関連する国際条約も文化庁の所管であり、今後は学習指導要領の芸術関連教科の事務も文化庁が所管することになる。

　文部科学省設置法には、文化庁の所管事項として、「文化庁は、文化の振興その他の文化に関する施策の総合的推進並びに国際文化交流の振興及び博物館による社会教育の振興を図るとともに、宗教に関する行政事務を適切に行うことを任務とする」と定められ、文化振興という助長行政であることがうたわれている。さらに行政判断だけではできない事項について、学識経験者や各界の有識者の意見を反映するために重要事項を審議する文化審議会が置かれている。

　文化事業全般について定めた法律に、文化芸術振興基本法（平成13年12月7日法律第148号）があり、この法律に定める文化芸術の振興が最大の課題となっている。この法律で対象とする芸術とは、まず第8条に言う「文学、音楽、美術、写真、演劇、舞踊その他の芸術」であり、次に第9条に言う「映画、漫画、アニメーション及びコンピュータその他の電子機器等を利用した芸術」つまり「メディア芸術」である。さらに第10条に言う「雅楽、能楽、文楽、歌舞伎その他の我が国古来の伝統的な芸能」つまり「伝統芸能」、第11条に言う「講談、落語、浪曲、漫談、漫才、歌唱その他の芸能」、そして第12条では生活文化や娯楽も対象としている。音楽は芸術という枠組みで位置づけられているが、メディア芸術にも、伝統芸能にも、芸能にも、さらに生活文化や娯楽にも多くの位相で関係することは言うまでもない。

　この文化芸術振興基本法に基づいて、文化庁では文化審議会で審議し、政府全体としての施策を「文化芸術の振興に関する基本的な方針」として閣議決定することが求められている。具体的には、2002（平成14）年の第1次基本方針、2007（平成19）年の第2次基本方針を経て、現在は第3次

基本方針が2011（平成23）年2月8日に閣議決定されて、2011年度から2015年度の方針として用いられている。その内容は文化芸術立国を掲げて文化庁の施策全体にわたる総花的なものであるが、文化芸術への総合的な支援、人材育成、子どもや若者を対象とした芸術振興、地域振興や国際文化交流の課題などが強調されている。

　実際の文化庁の施策をみてみよう。1937（昭和12）年以来の文化勲章、1950（昭和25）年以来の芸術選奨、1951（昭和26）年以来の文化功労者などの芸術家の顕彰制度は定着し、音楽関係者の受賞も多い。文化事業の助成では音楽分野は比率が高く、2015年度に独立行政法人日本芸術文化振興会を通じて行われた「トップレベルの舞台芸術創造事業」助成の277件31億2800万円のうち、109件17億200万円が音楽分野である。また、芸術家の海外研修の支援でも音楽分野は大きな位置を占めていて、2015年度の「新進芸術家海外研修制度研修員」では82人中23名となっている。

　国民に開かれた行事として定着した「文化庁芸術祭」やアマチュアを中心とした「国民文化祭」、1997（平成9）年度からの「文化庁メディア芸術祭」でも音楽分野は注目されてきた。文化財保存の分野は建築や美術工芸が中心と思われがちだが、重要無形文化財には音楽も含まれており、2015年で各個認定19件、総合認定・保持団体認定7件に及んでいる。

　このほか、音楽分野では「音楽文化の振興のための学習環境の整備等に関する法律」（平成6年11月25日法律第107号）が制定され、広く生涯学習の観点から、「音楽文化」を「音楽学習」として進めるための「学習環境」の整備がうたわれている。ユネスコの提唱する10月1日の「国際音楽の日」もこの法律によって定められたものである。

　2012年には、先にみた文化芸術振興基本法の具体化のために、音楽の振興に必要な施設を整備することを目的として、「劇場、音楽堂等の活性化に関する法律」（平成24年6月27日法律第49号）が制定されている。その前文では、「劇場、音楽堂等は、文化芸術を継承し、創造し、及び発信する場であり、人々が集い、人々に感動と希望をもたらし、人々の創造性を育み、人々が共に生きる絆を形成するための地域の文化拠点である」として、劇場・音楽堂の公共的な役割が強調されている。

音楽をめぐる地方の行政

　国全体の音楽行政は、国立の機関を通じて行われるほか、実際には都道府県や市町村の地方公共団体によって行われる。学校教育における音楽教育も、実際には公立学校の中で、地方公務員である音楽教員が行っているわけである。

　先に助長行政という説明をしたが、行政機関や企業が音楽などの文化事業に関わる場合には、その経費を負担しつつも、一つの文化事業を行う別の団体を作ることが一般的である。国立博物館や国立美術館などもそうした例である。企業の場合は、その企業名を冠した財団法人を設置して、その経費を寄付しながら文化事業にあたるというスタイルである。これから紹介する地方自治体の場合にも、独立の事業部門を作るとか、経済上の独立性を明確にする財団を設置するケースが多くみられる。

　地方自治体の施策でとくに注目されるのは、地方自治体による音楽堂の設立である。これは個人や民間の努力では簡単には実現しがたいものだ。もっとも、音楽以外にも使える多目的公会堂やホールとして作られることが多い。地域での演奏会を計画して実施し、定期的な音楽祭が定着していくケースもある。さらに少数であるが、地方自治体が楽団や音楽祭を擁していく場合もある。ここでは、全国的に注目される例として、茨城県水戸市の水戸室内管弦楽団の例を挙げておこう。

　水戸市の中心部、偕楽園からも徒歩圏内の市街地に、磯崎新が設計した広大な水戸芸術館がある。遠くからも見えるシンボル、水戸市制百周年を記念する100メートルの塔が置かれ、芝生の広場を囲む形で、演劇のためのACM劇場、音楽のためのコンサートホールATM、そして現代美術ギャラリーが配置されているユニークな建造物だ。もともとは水戸市立五軒小学校があった土地だが、狭隘であることから移転が決まり、水戸市議会に「五軒小学校跡地利用調査特別委員会」が設置されたのが1983年。それから跡地利用に関して市民団体への聴取や市民アンケートが実施されて、基本案がまとめられた。建設当時の市長だった佐川一信は市の年間予算の1％（約9億円）を水戸芸術館の活動資金にするという画期的な制度を日本で初めて導入し、文化による町の活性化を目指したのである。

1988年には財団法人水戸市芸術振興財団が設立された。現在は指定管理者として、公益財団法人水戸市芸術振興財団（平成24年4月1日改称）が運営にあたっている。

　1990年の開館と同時に結成されたのが専属のオーケストラ、水戸室内管弦楽団である。初代館長となった音楽評論家の吉田秀和が「水戸から世界に文化を発信する」という理想を掲げてスタートした水戸芸術館の、まさに象徴といえる楽団で、指揮者の小澤征爾が音楽顧問をつとめ、世界中で活躍している演奏家たちをメンバーとして集めた。年に3回から4回の定期公演を行っていて、小澤や客演指揮者のもとで清新な選曲のコンサートを行うと同時に、指揮者なしの演奏会も開かれ、自主性の高い、のびやかなアンサンブルが好評を博してきた。すでに2014年には定期公演が90回を迎え、数度にわたる海外公演の実績も積んで、市民から親しまれると同時に、東京からも聴衆を集める楽団となっている。

　2011年の東日本大震災では水戸市も被災し、水戸芸術館ではコンサートホールATMの天井がわずかながら破損したのと、ロビーに設置されていたパイプオルガンが打撃を受けた。しかし、震災当日から数日間、芸術館では周辺の被災した市民を受け入れている。その後、世界各地で活躍する水戸室内管弦楽団のメンバーが自主的に水戸を訪れて、市民を励ますための演奏会を次々と開いたことは忘れられない。演奏家たちがこの楽団に寄せる想いと、市民たちが楽団を心の支えとしている様子が感じられる出来事だった。

　なお、地方自治体の音楽振興について、地方財政の負担は決して軽いものではない。実際には地方経済に対応して首長や議会の方針により不安定となることもある。文化庁の白書『我が国の文化政策　平成25年度版』によれば、1993（平成5）年をピークに文化振興の予算は減少傾向にあり、とくに文化施設の建築費の減少が目立っている。さらに『我が国の文化政策　平成26年度版』では「文化芸術振興にあたっての基本的視点」の一つとして、「ハード」の整備から「ソフト」と「ヒューマン」への支援に重点を移すことが挙げられ、文化施設といったハード面よりもソフト面、つまり芸術祭や音楽祭等の開催といった文化行事を起爆剤とした地域の再

生に重点が移行している。平成27年度に新設された「文化芸術グローカル化推進事業」という助成金もその一例で、2020年東京オリンピックの開催に向けて、世界に発信できる水準をもち、外国人に向けた配慮のある文化行事を全国各地に育成することを目指したものと言えよう。

企業のメセナ活動

　国の行政ばかりでなく、企業も社会貢献の一環として音楽の振興に大きな役割を果たしてきた。企業による経費援助、表彰事業から、企業によるコンサートホールの設立まで多様な形態があり、1955年に開始した新日鐵によるラジオ番組「新日鐵コンサート」や、1973年に渋谷の西武劇場（現パルコ劇場）の開館記念として始まった現代音楽祭「MUSIC TODAY」など、日本でも20世紀後半からの歴史がある。こうした活動は、古代ローマで芸術家を支援した政治家マエケナスの名前から、メセナ活動と呼ばれる。たとえば、個人営業の商店が町内で開く音楽コンサートに金一封を贈るのも立派なメセナ活動なのだが、ここでは企業の特色を生かして安定的な支援活動を展開している例を挙げよう。

　「水と生きる」というコーポレートメッセージで知られるサントリーホールディングス株式会社は、ご存じのとおり、洋酒、ビール、清涼飲料水等の製造販売を柱とする企業である。早くから文化、芸術、スポーツ、地域社会といった多方面で活発に社会貢献を行い、ブランドとしての企業イメージを作り上げてきた。音楽活動の中でもよく知られているのが、東京赤坂のアークヒルズにあるサントリーホールだろう。1986年秋に開館し、日本で初めてヴィンヤード形式、つまり客席がぶどうの段々畑のようになっている形を採用したホールとして知られている。また、クロークや案内をするレセプショニストの配置に加えて、ドリンクコーナーを設けたのはいかにもサントリーらしい。演奏会を社交の場としようというアイデアは成功し、毎年、550あまりの演奏会が開かれ、音の良いホールとして世界の名演奏家たちに親しまれてきた。

　現在、このホールの企画運営を担っているのは公益財団法人サントリー芸術財団である。1961年に社長の佐治敬三を初代館長としてサントリー

美術館を開館したのち、69 年にサントリー創立 70 周年記念として財団法人鳥井音楽財団を設立した。この年に日本の洋楽の振興を目的として創設されたのが鳥井音楽賞、現在のサントリー音楽賞である。毎年、その前年度に日本の洋楽文化の発展において最も功績のあった個人または団体を顕彰するもので、第 1 回受賞の小林道夫（ピアノ・チェンバロ・指揮）に始まり、演奏家、作曲家、オペラ演出家、舞台美術家などに贈賞されている。その間、鳥井音楽財団は 1978 年 10 月からサントリー音楽財団と改称し、2009 年 9 月から美術館運営等も担う公益財団法人サントリー芸術財団に移行した。現在のサントリー音楽賞の賞金は 700 万円、音楽関係の年度賞としては最高の金額となった。そのためもあって、初期には若い才能を応援する傾向があったが、次第に力のある中堅・大家への贈賞が増えている。個人団体を対象としたサントリー音楽賞に対して、公演企画を対象として 2001 年度に創設されたのが賞金 200 万円の「佐治敬三賞」。チャレンジ精神に満ちた企画で、かつ水準の高い優れた公演に贈られるもので、音楽家からの応募公演を視察して決定される。

　このほか、サントリー芸術財団は、1990 年に創設された芥川作曲賞、1987 年からサントリーサマーフェスティバル、1981 年からの「作曲家の個展」シリーズと作品委嘱、2016 年からの「作曲家の個展Ⅱ」シリーズと作曲委嘱、2003 年からの大阪での「TRANSMUSIC」シリーズ、1980 年版から出版し、近年はウェブで公開しているリスト『日本の作曲家の作品』（隔年刊行）と幅広い音楽事業を展開している。とくに作曲家への作品委嘱など、現代の創作活動への助成は大きな成果をあげ、財団主催の演奏会は日本の音楽シーンになくてはならない催しへと成長した。2012 年には「ウィーン・フィル＆サントリー音楽復興基金」を設立し、音楽による復興支援にも取り組んでいる。このように持続的な活動が可能なのは、サントリーという企業が本来の飲料製造販売において文化や芸術、地域社会との関わりを大事にする体質をもっているからだろう。

　こうした企業のメセナ活動を組織化して促進する動きもある。公益社団法人企業メセナ協議会はメセナ活動を行った企業を「メセナアワード」によって顕彰する事業を行っており、ここでは文化庁も文化庁長官賞など

を与えている。また、文化庁は企業の助成活動が税法上で優遇される助成認定制度を導入している。明治以来の財団や社団、今日では公益認定制度に基づいた公益財団法人や公益社団法人に対して企業が寄付することにより、税法上の優遇を行う制度も定着している。これも政府による民間の活力を生かす助長行政として注目できる。

　政治や経済と無関係に思われる音楽であっても、じつは法令、奨励、助成、主催、共催などの形で、その活動は陰に陽に国や地方自治体、企業と結びついている。いや、切っても切れない関係にあると言っていい。音楽という営みが砂上の楼閣にならないためには、政策やメセナを足がかりとして、社会に根を張ることが必要とされるのである。　　　　　［白石美雪］

第2節　伝統芸能の現状

日本の伝統芸能とその置かれてきた状況

　第2節では、日本の伝統芸能が文化政策の中でどのように扱われてきたのか、またそれらが人びとの生活の中でどう活用されようとしているのかに焦点をあてる。

　日本の伝統芸能、ここではあえて「無形文化財」というやや堅苦しい表現を使うが、これらを取り巻く環境は明治以降に西洋文化が導入されてから大きく変わった。とはいえ、当初はまだ西洋文化よりも日本固有の文化を楽しむ習慣と環境がそれなりに残っており、第二次世界大戦の敗戦後に、無形文化財は大きな転機を迎えることになる。

　敗戦から立ち直ろうとする日本ではライフスタイルが本格的に西洋化し、同時に欧米を中心とした諸外国の文化も大量に流入した。伝統文化や芸能に関する教育が重視されなかったこともあって、これらを享受する人びとが大幅に減少する状況が顕著になった。国は文化財保護法を1950年に制定したが、これは、とくに価値の高い無形文化財に助成の措置を講じ

ておかないと「消滅の危機」を迎えることを危惧したからである。1954年には無形文化財の指定制度が導入され、消滅の危機の有無に限らず、文化財そのものの歴史的・芸術的価値が重視されるようになって、現在に続く体制ができあがった。伝統芸能や伝統的な工芸技術が歴史的あるいは芸術的に高い価値をもつものであり、それらを国として重要無形文化財に指定しようという一歩踏み込んだ考え方が出てきたことが理解できる。日本の高度経済成長期は、日本の経済状況が戦前の水準に復興した1954年からオイルショックに陥る1973年までの約20年と捉えられているが、それは効率的で機能的なものに対して価値が置かれるようになり、伝統文化に対する価値観が失われそうになった時期でもあった。無形文化財の指定制度が1954年に導入されたことは伝統芸能が現在まで繋がるために結果的に極めて大きな役割を果たすことになったことが理解できる。なお、古典芸能とは別に、民俗文化財は1975年の文化財保護法改正によって重要無形民俗文化財の指定制度が設けられ、ようやく独立した分野として扱われるようになった。これは、日本人の暮らしの変遷を示す上で重要なものを無形の民俗文化財として保護していこうという考え方である。加えて、文化財の修復あるいは保存・継承にとって必要不可欠な伝統的な技術である文化財の保存技術を保護しようという考え方が、やはりこの1975年の法改正の時点で生まれた。

　一方、国際的にはユネスコが中心となって無形文化遺産保護の取り組みが進められ、21世紀に入った2003年にユネスコ総会で「無形文化遺産保護条約」が採択され、2006年に発効した。日本はじつは世界的には無形の文化財保護の先進国と見なされており、この条約の推進にあたることが期待されている。戦後の復興期から高度経済成長期に伝統芸能が直面した衰退の危機を、国が主体となって制度を積み上げることによって乗り切った経験が、この分野で国際的に期待される立場へと日本を変えたことを、この歴史的経緯は物語っている。

伝統芸能の保存と継承について――古典芸能
　このようにして現代にまで受け継がれてきた伝統芸能は、現在どのよう

にして保持され、また受け継がれているのか、少し具体的にみてみることにしよう。まずは古典芸能である。

　日本の古典芸能の多くは世襲制度、家元制度によって受け継がれてきた。世襲制度は日本の宮廷音楽である雅楽において典型的であり、楽家（がっけ）に生まれた男子のみが親の跡を受け継ぎ、親と同じ楽器のみならず、その家に代々伝わる秘曲の伝承も許されてきた。18世紀初頭ぐらいまではこうして宮廷、興福寺、四天王寺系の三方楽所（さんぽうがくそ）の楽家出身の楽人によって受け継がれてきた。その一方で、17世紀後半から2世紀にわたって全員参加型の実技試験である三方及第（または「楽講」）が行われるようになっていたため、楽人たちは常に修練を積むことを心がけ、このことが雅楽の水準を一定に保つことに役立ったとされる。江戸時代には徳川家祭祀の奏楽をつとめるため、三方楽所より数名の楽人が召されて江戸に下向し、こうした江戸在住の楽人組織は紅葉山楽所（もみじやまがくそ）と呼ばれることになる。明治以降、三方楽所と紅葉山楽所が統合され、楽所、楽家による違いを統一したため、雅楽はこの時点でレパートリーの多くを失い、かつ演奏習慣も大きく変化することとなった。現行のレパートリーはかつての十分の一に満たないとの説もある。しかし、千年を優に超える期間を経てなお、生きた伝統として雅楽が機能し得た要因の中で、世襲制度が果たした役割を見逃すことはできない。

　残念ながら雅楽の伝統を色濃く受け継ぐ宮内庁楽部ですら楽家出身の楽師は今ではごくわずかで、世襲制度だけではこうした古典芸能を維持することが困難であることが理解できる。一方、古典芸能の中でも歌舞伎は世襲制度が根強く残り、観客も世襲の役者を支持している。一般人の参入も可能だが、世襲の役者が主要な役柄を演じる歌舞伎は、現在としては珍しいジャンルと言えるかもしれない。現在のこの二つのジャンルでは、世襲制度が対照的な在り方を示している。

　血族が継承するという原則であったものが、次第に組織の長のもとに弟子が集まり、一定の水準に達した弟子に演奏やレパートリー、教授を許可するように制度が変化したものが家元制度である。このような組織構造は「家」という概念が精神的にも強く根づいている日本だからこそ機能する

もので、芸能に限らず宗教や各種産業など各方面に及んでいる。
　このような組織構造のトップを占める家元（「家本」と書くこともある）は、単なる組織のトップというよりは家父長的な存在であり、本来は世襲で継承されるものだった。しかし、ジャンルによっては必ずしも血縁で受け継がれるとは限らず、もともとは血縁で伝承していたジャンルでも時代とともに変化し、「家」のような形をとりながらも実際は他人どうしが集まることが増えた。庶民が芸能を享受するようになった江戸時代には、技芸が上達したと認められて家元から流派固有の名前を与えられ、教授権を認められる名取制度が発達する。名前を与えられて流派の一員であることが公認されるが、免許料を家元に支払うことと引き換えのシステムなので、利益関係が生じる点で古来の世襲制度とは異なる。しかし、このようにして江戸時代以降、多くの芸能が裾野を広げ、伝統と格式を重んじながらもお稽古事として定着するようになったと言えよう。
　伝統的にとられてきたこれらの制度とは別に、国が取り組んでいる制度についても触れておきたい。
　かつては国立劇場が、平成2年度以降は、国立劇場や国立文楽劇場など国立の上演機関を拠点として伝統芸能の保存と振興を実施している日本芸術文化振興会が、伝統芸能の養成事業を行っている。具体的には、振興会が後継者養成プログラムを作成し、研修生を公募してプログラムを実施するにあたり、国が公的に補助するという形をとっており、まさに高度経済成長期であった1970年に歌舞伎俳優養成が、1972年には文楽の技芸員（太夫、三味線、人形遣い）の養成が始まり、歌舞伎音楽、寄席や太神楽といった大衆芸能、能楽三役（ワキ方、囃子方、狂言方）、沖縄の組踊と、養成の対象ジャンルを徐々に増やして今日にいたっている。世襲制度が今もしっかり機能している歌舞伎俳優（主役級）や能楽を別とすれば、活動する人の半数以上がこの養成制度の修了生で占められている文楽の例のように、国が伝統継承に乗り出さなかったならば存亡の危機に立たされていたジャンルもあったかもしれないのである。このことはすでに述べた文化財保護法の考え方とも深く関わっている。
　同振興会はまた「伝統芸能に関する調査研究並びに資料の収集及び活

用」も活動の主な目的・事業の一つとしており、古い文献の復刻・翻刻などの本格的研究調査を行うだけでなく、文化デジタルライブラリーなどを通して教育用コンテンツを公開するなど、広く伝統芸能の普及啓蒙に取り組んでいる。

伝統芸能の保存と継承について――民俗芸能

　先にも記したが、民俗芸能を含む民俗文化財は1975年の文化財保護法の大幅改正により、改正以前「民俗資料」とされていた地域の民俗事象が、無形の「民俗文化財」へと格上げされた。

　しかし、民俗芸能の場合、それぞれの地域における風俗習慣、祭りがコミュニティによって受け継がれる性質のものであり、宗教や信仰と深く関わるものも少なくないだけに、古典芸能と同じような保存・継承を想定することは難しい。たとえば誰を「伝承者」と見なすかという問題一つを考えてみても、コミュニティの成員が携わる場合のみを「伝承者」と見なすケースもあるだろうし、コミュニティ外の人であっても、長年にわたって習得し、技術的な面だけでなく精神的な面からもコミュニティ内の人びとに認められて「伝承者」と見なされるようになるケースも考えられる。一定の基準のようなものを求めることが難しく、以後さまざまな問題を生むことになる。

　というのも、民俗文化財の保護に関して、1950年に国が「地方公共団体その他その保存に当たることを適当と認める者に対し、その保存に要する経費の一部を補助することができる」と文化財保護法の中に定めたからである（第87条）。また、2004年の改正で民俗文化財は「衣食住、生業、信仰、年中行事等に関する風俗慣習、民俗芸能、民俗技術及びこれらに用いられる衣服、器具、家屋その他の物件で我が国民の生活の推移の理解のため欠くことのできないもの」（第2条第1項第3号）と規定され、民俗技術までがつけ加えられた。

　結局、民俗文化財はそれを伝えている人だけで守られるわけではなく、その価値を広く知らしめることによって「我が国民の生活の推移」を理解できるようになるであろうし、それによって保護への意識も高められるで

あろう。

　なお、こうした民俗文化財のうち、とくに必要のあるものは記録を作成保存し、または公開することができるが、これは文化庁長官によって選択される（選択無形民俗文化財）。2016年1月の時点で370件の民俗文化財が選択民俗文化財に選択されているが、詳しくは「国指定文化財等データベース」の「記録作成等の措置を講ずべき無形の民俗文化財」を参照されたい。

　一方、同じく国による制度だが、全く異なる視点から芸能を捉え、これを活用しようという動きも出ている。1992年に制定・施行された「地域伝統芸能等を活用した行事の実施による観光及び特定地域商工業の振興に関する法律」であり、この法律は文部省外局の文化庁のみならず、農林水産省、通産省、運輸省、自治省（いずれも制定当時の名称）共管となっている。いささか長い名称の法律のため、地域伝統芸能等活用法と略称されることがあるが、さらに短く「おまつり法」と呼ばれることが多い。正式名称の冒頭だけを見ると芸能の活用をうたっているようにもみえるが、主眼は地域の観光や産業の活発化に芸能を役立てようとするところにある。これはそれまでの保存に力を入れてきた文化財保護法とは大きく異なる民俗芸能の捉え方である。

　予想されたことであるが、この「おまつり法」が制定された直後、研究者の多くは芸能が商業目的で変化してしまうことを危惧し、批判的であった。しかし、20世紀後半を通じて日本の多くの地域での生活形態は激変し、生産共同とか生活共同というそれまで人びとを結びつけていた在り方が次々に崩れ、本来的な意味での共同体のシンボルであったはずのカミの出番はほとんどなくなってしまったのである。この場合のカミとは、既成宗教の神というよりは、アニミズムの霊的存在と言ったほうがいいだろう。にもかかわらず、日本では祭りは依然として盛んに行われ、それが都市部でも見られる。「カミなき祭礼」としての祭りである。いわばイヴェント化した祭りであるが、日常生活の中に非日常の時間と空間を演出する点では、共同体の絆として機能していた祭りと共通する部分もある。その点で、「おまつり法」は変化した人びとの生活形態や意識により近いところに力点

をもってきたということができるのかもしれない。一部の熱狂的な愛好家や研究者に古体を保ったものとして鑑賞される芸能であるよりも、地域の新参者や外部者にも受けがよく活気のある芸能となるほうがよいという考えに基づいたものであり、そのことで結果的に地域が活性化するのであれば、そのほうがありがたいという地域の現実に寄り添ったものでもある。

　このような変化の中で「保存と継承」を論じることは容易ではない。しかし、古典芸能と異なり、民俗芸能が人びとの暮らしの中から生まれ、担われてきたのだとすれば、その暮らしが変化した時、その在りようも変化するのは必然であり、古典芸能と同じような考え方に立脚した保存や継承をあてはめることはできない。失われそうな民俗芸能に対する措置を講じると同時に、移りゆく人びとの生活の中で姿を変え、あるいは新たに作られる民俗芸能を認識し、見守るという二重の姿勢が求められるのではないだろうか。

伝統芸能の活用——古典芸能

　「日本の古典芸能はどうも近寄りがたい」というイメージをもつ人は少なくない。能・狂言、歌舞伎などの公演に熱心に通っている層を別とすれば、このイメージは若年層のみならずシニア世代にも通じるように思う。

　果たして本当に近寄りがたいのだろうか？

　卑近な例ではあるが、お正月のテレビ番組を見ると多くの番組で金屛風に松、羽子板、独楽といったわかりやすいアイテムのいずれかがタイトルバックに用いられ、お約束のように《春の海》やお囃子がBGMとして流れていることに気づく。コマーシャルなどでも歌舞伎の口跡（独特な科白の言いまわしや声色）を使って視聴者の注意を引こうとするものに出会うことがある。日本的な場面を演出する際に、このような音・音楽は欠かせない素材として活用されているが、逆にそのことから私たちの耳に自動的に特定のイメージを喚起させる装置の役割を果たしていることが理解できる。つまり、くどくどと説明しなくても日本らしさを想起させる力があるということは、この種の音・音楽が多くの日本人にとってまだ生きた存在であることの証左なのではないか。

文部科学省によって日本の古典芸能や音楽が鑑賞教材に含められ、教室で教えられたり、鑑賞教室と称して実際の舞台に接したりすることの重要性を否定するつもりは毛頭ないが、このようないわば「お仕着せ」のやり方では親しみは湧きにくい。現代の日本人は生まれる前の母の胎内にいる時から西洋音楽を聴き馴染んでおり、それが「ふつう」になっているが、日本の音・音楽の感覚に早くから馴染んでおけば、古典芸能もさほどハードルの高い存在にならないのではないか。

　じつは日本の音の世界が自然な形で取り入れられているテレビ番組がある。NHK 教育テレビで 2003 年から放送されている『にほんごであそぼ』というタイトルの子ども向け言語バラエティ番組だ。この番組が始まったあとに子育てをした世代には親しみ深いだろう。「日本語の豊かな表現に慣れ親しみ、楽しく遊びながら『日本語感覚』を身につけてもらうことをねらいとして」（番組ホームページ）いるが、この番組では狂言師の野村萬斎、講談師の神田山陽、文楽の豊竹咲甫大夫、浪曲の国本武春、歌舞伎の市川猿之助、中村勘九郎といった伝統芸能の世界で知名度の高いアーティストが出演し、それぞれの持ち味を生かして「日本語の音の世界」をおもしろく発信している。「狂言の「型」など日本の伝統芸能の手法を取り入れつつ、子ども番組ならではの演出も最大限に活かして」（同）いるとあり、伝統芸能の型がもつアピール力に着目していることが理解できる。中には野村萬斎が演じた戯曲「まちがいの狂言」に出てくる「ややこしや」という囃子言葉が子どもたちの間で流行し、お笑いのネタにまでなったというエピソードもあるほどだ。10 年以上も番組が続いていることから、子どもにも親にもこの番組が支持されていることがうかがえる。

　なんの先入観もない時期から日本の古典芸能が現代まで伝えてきた豊かな音世界に親しみ、意味や意義を堅苦しく考えずに耳から入ってしまえば、本物の古典芸能を鑑賞するようになった時にも違和感はかなり少なくなるだろう。どう発信していくのがよいか、発信する側の大人がもっと柔軟に考え、取り組む必要がありそうだ。

伝統芸能の活用——民俗芸能

　他方、民俗芸能では興味深いことに、先ほど論じた「保存と継承」という次元とは全く別のところから発生してきた新しいタイプのものが広く支持を集めている。いつのまにか日本各地で行われるようになった阿波踊りやよさこいソーランといった、現代の都市型芸能である。

　地縁的な結びつきが強い地域、あるいはそうした地域が多かった時代の祭りは、節目ごとにカミを迎え、カミに祈る行事であったが、現代の都市の住民はカミを奉じて収穫に感謝するために祭りをするわけではない。もちろん、江戸時代、あるいはそれ以前から続いている祭りもあるが、それらもかつての生産共同、生活共同という人びとの結びつきの上に成り立っているものでなくなっている。しかし、そのような結びつきが希薄になった現代でも祭りは盛んに行われ、しかも参加者・観客の数はむしろ増えているのだ。いわばイヴェント化した祭りが増えた背景には、前述した「おまつり法」のほかに、その少し前の1987年に策定された第四次全国総合開発計画（四全総）の影響もあると考えられている。「多極分散型国土の開発」を基本理念とした四全総では、「個性豊かな地域づくりの推進」の必要性が重視され、その手段の一つにイベントの活用が施策として掲げられたからである。これにより、多くの市町村が地域活性化の一環としてイヴェント実施に取り組むようになった。

　都市型芸能の例として名前を挙げた阿波踊りはこの時代に発祥したものではないが、今や全国各地で行われている阿波踊りがほぼ出揃ったのが80年代末から90年代にかけてであり、法律や国策が後押しした部分もあると考えられる。阿波踊りと並んで各地で開催されるよさこいソーランも、本家本元の札幌で始まったのが1991年で、やはり同じ時期である。もっとも、YOSAKOIソーラン（札幌で開催されるものはこう表記される）の場合、そのような動きとは全く無関係に北海道大学の学生が始めたイベントではあった。それに人びとが共感し、短い期間に巨大な祭りへと変貌していった背景には、やはり当時の世の中の大きな流れが関係していただろう。

　全国に広まった阿波踊りの中で最も歴史をもつ東京高円寺阿波おどり

は毎年100万人を超す観客を集めており、徳島の阿波おどりにひけをとらない観客動員数である。YOSAKOI ソーランにいたっては190万人前後と、開催地札幌の人口に匹敵するほどの観客を呼び込んでいる。これらの、いわば「カミなき祭礼」になぜ人は集うのだろうか。都市祝祭を研究する松平誠は「それはかつてのように強烈な非日常性ではないが、自らが選び取ることのできる、日常からの脱却の瞬間である。日常のさまざまな制約を離れて、人と群れる数少ない体験の場である」と述べている（松平 2008, 23）。かつての祭りほどの強い求心力をもたないイヴェント的な場としての都市の祭りではあるが、キャラクターやアイドルで集客するのでなく、日本的な音楽や振りつけ、衣装、編成が見られる踊りを中心とした現代の民俗芸能が今も人びとを引きつけているところが興味深い。このような傾向が今後も続くのか、注目してほしいところだ。　　　［横井雅子］

第3節　音楽産業の展開

　私たちを取り巻く日本の音楽環境は、普段、あまり意識しないさまざまな社会の動きによって作り出されている。その中の一つとして、ここでは音楽に関わる産業について考えてみたい。音楽そのものがある意味では国境と関係なく、世界を舞台に流通しうる性格をもっていることから、日本における音楽関連産業もグローバルな社会や経済の変動と関わりながら変化してきた。ここでは音楽をめぐる三つの媒体、コンサートと楽器、音楽ソフトに焦点をあてて、近年の動向を探っていく。

コンサートと企画制作会社──1回限りの生演奏体験を求めて
　2011年に起こった東日本大震災直後の3月16日から18日まで、アメリカの歌手シンディ・ローパーが予定どおり渋谷でライヴを行ったことがニュースになった。普段、コンサートに出かける習慣がなくても、このこ

とを記憶している人は多いだろう。震災が発生した時、ちょうど日本へ来る機中だったが、「私を迎えている日本に背を向けて帰るなんて考えられなかった」という（寺下 2011）。そして、「音楽は、この世で最も力強い伝達手段の一つ。人間は脈や鼓動のあるリズムの生き物で、リズムに身を置く時、私たちはものすごく自由になる。音楽を必要とする人びとがいる限り、私は歌い続ける」と話していた彼女の歌声は、実際、震災に打ちのめされていた日本の人びとを元気づけたのである。

　震災後という特別な機会には強く意識されることだが、コンサートでの生演奏には独特のパワーがある。演奏家の表情や身体の動きをつぶさに見ながら発せられる音楽を聴く臨場感、聴衆の反応を感じながら演奏家から発せられる音楽のメッセージ、演奏家たちと同じ空気に包まれているという幸福感など、自宅で音楽ソフトを聴くのとは違った魅力があって、ひとたびライヴにはまった聴衆は何度もホールに通うことになる。

　そうした熱狂的な音楽愛好家に支えられて、日本はアジアの中でも音楽の消費国としてトップを走ってきた。クラシック音楽に絞ってみても、1956年から20年にわたってNHKが招聘した「イタリア歌劇団公演」に始まり、20世紀後半には右肩上がりの経済発展に支えられて、海外の歌劇団や有名オーケストラ、スター演奏家たちが毎年、来日公演を行ってきたのである。ところが、21世紀に入って状況は変化してきたようだ。2015年3月のグスターヴォ・ドゥダメル指揮ロサンゼルス・フィルハーモニックの来日公演は香港、北京、ソウル、東京というアジア・ツアーの一環だったのだが、日本では東京での2回の演奏会だけだった。かつて欧米のオーケストラのアジア・ツアーと言うと日本が主な目的地で、全国の主要都市のホールで来日公演を行って、余裕があれば他の国に寄るというイメージだったのだが、今回は四つの国の一つにすぎない。むしろ、他の国々を訪れたついでに日本にも来たという印象がある。もちろん、今も全国ツアーをしている海外の名門オーケストラも少なくないのだが、経済的、政治的に存在感を増してきた中国や韓国が、クラシック音楽の消費国として日本と肩を並べるようになったのも事実である。

　ところで、オペラやコンサートで音楽の魅力を堪能できるのは、何よ

りも優れた演奏家、優れたパフォーマンスのおかげである。しかし、こうした一期一会の体験を生み出しているのは、舞台に登場する音楽家だけではない。一つのコンサートを成功させるためには音楽家以外の人たちによる入念な準備が行われなければならない。その役割を受け持つのが、ホールや演奏団体のスタッフ、そして音楽事務所である。音楽事務所や音楽マネージメントは老舗から新規まで、規模も大小さまざまな会社があり、得意とする音楽ジャンルも分かれているのだが、業務の内容からみると、海外の演奏家の招聘事業を行い、基本的に自主公演を中心とする会社と、自主公演は少なく、コンサートの企画・制作に特化した会社に分けることができる。クラシック音楽では前者の老舗として1951年に創立された梶本音楽事務所（現 KAJIMOTO）や1960年に設立され2003年に解散した神原音楽事務所、1976年創立のジャパン・アーツなどがあって、いずれも海外からオーケストラや歌劇団、スター演奏家を招いて高水準の公演を提供し、長らく日本の楽壇に寄与してきた。

　後者のタイプ、つまり規模は小さくとも独自のポリシーをもってマネージメントを行ってきた音楽事務所の老舗に、1969年設立の東京コンサーツがある。1956年設立のミリオンコンサート協会や1975年設立のカメラータ・トウキョウなど、このタイプの音楽事務所もそれぞれ得意なジャンルがあるのだが、東京コンサーツの特徴はクラシック系の現代音楽に特化して、とくに日本の作曲家をマネージメントしてきた点にある。「音楽の創造的な面での関わりを大切にし、創造活動をしている人と仕事をしてきた」と、東京コンサーツ会長の垣ケ原靖博は語る。じつは東京コンサーツが設立されたきっかけは1970年の大阪万国博覧会だったそうだ。この時、数多くのパビリオンで現代音楽の作曲家たちに曲を委嘱したのだが、委嘱する各企業も委嘱される作曲家も初めての経験でとりまとめできる人材がいなかった。そこで、かねてから現代作曲家たちと関わりのあった東京混声合唱団の事務局にいた瀧淳に話があり、マネージメント会社を作ることになったのだという。

　東京コンサーツの日常的な業務は、演奏会の企画に始まり、演奏家との交渉や契約、チラシやポスター作り、チケットの手配、招待状の作成と送

付、プログラム制作、記者会見や雑誌・新聞への宣伝、そして本番当日のステージマネージャーや受付業務までの、一連のマネージメントである。45年に及ぶ地道な活動の中で大きな変化があったのはチケット販売方法と海外の新作情報の入手方法だという。かつてチケットは東京コンサーツで印刷を手配し、できあがるとそれを都内に十数か所あったプレイガイドにもっていったが、今では「チケットぴあ」や「ローソンチケット」などのチケット販売事業者に情報を送るだけになった。この劇的な変化が起こったのは1983年、劇団四季の『キャッツ』公演からだそうだが、1986年にサントリーホールが開館した時にはクラシックのコンサートでもこのチケット販売の方法が定着していたようだ。

　東京コンサーツは現代音楽に特化していることから、海外で作曲された新作の情報も演奏会の企画などのために必要不可欠だが、かつては武満徹や石井眞木ら、日本を代表する作曲家たちのところに多くの情報が集まっていたという。彼らの人的ネットワークから得られる情報に加えて、たとえば武満にぜひ聴いてほしいと世界の若手作曲家たちが音源や楽譜を送ってくることもよくあった。だから、垣ケ原は武満から多くの情報を入手できた。また、東京コンサーツが新作の日本初演を数多く手がけている実績が注目され、ウィーンの楽譜出版社ユニヴァーサルのプロモーターから直接、新作情報が次々と届くようになったという。

　それが90年代半ばになると、東京コンサーツの社員の机には1台ずつパソコンが置かれ、ネットを通じて海外の楽譜出版社等のホームページから新作のデータが即座に取れるようになった。しかし、膨大な情報を即座に入手できても、注目すべき曲がどれなのかはかえってわからなくなった。「やっぱり人なんですよ」と、垣ケ原は指摘する。つまり、かつては武満ら作曲家や海外の楽譜出版社のプロモーターによる新作に対する評価を、曲を選ぶ上での指標とすることができたというわけだ。ここには独自の価値判断の上に成立している音楽を「商品」として扱う企業の特殊性が感じられる。　　　　　　　　　　　　　　　　　　　［白石美雪］

楽器と楽器関連産業——「すべての人びとに音楽の歓びを」

　日本と欧米を中心としてきた楽器産業はこの数年で大きく構図が変わり、日本以外の東アジアや東南アジアの国々の進出がめざましい。とはいえ、日本は未だ世界最大の楽器売上高を誇る国であることには変わりなく、とりわけヤマハ株式会社は第 2 位以下を大きく引き離す世界最大の楽器メーカーである。世界各地を訪れると実感するのは、ごく一般の人でもヤマハの名前を知っており（たまにバイクのメーカーとして、ということもあるが）、学校やホールにあたりまえのようにヤマハのピアノが置かれているほどの普及率の高さだ。

　世界のトップメーカーには違いないが、どの種類の楽器でも「ヤマハが世界のトップ」と認識されているわけではない。現代のメーカーが製造した楽器をプロの演奏家がほとんど用いないヴァイオリンは別として、その他の楽器は世界のさまざまなブランドが手がけたもので、その上位ランクにヤマハはほとんど入っていない。楽器メーカーとしてのヤマハの特性は、ほとんどの種類の楽器を手がけていることと、新しい楽器、たとえば今では世界中で使われている電子キーボードといった電子楽器などを早くから手がけたりして、新たな需要に応えてきたことにある。

　先見性に加え、ヤマハ、あるいはもう一つのビッグメーカーである株式会社河合楽器製作所（カワイ）は楽器を作るだけでなく、音楽教室という独自の方法で音楽の普及を図ってきたところも特徴的だ。こうした音楽教室は専門家教育を目指すのではなく、ごく一般の人びとが音楽の歓びを分かち合うことを目指している。ヤマハ音楽振興会のサイトには「すべての人びとに音楽の歓びを与える」ことを基本理念としているとあり、さまざまな楽器をあまねく手がけ、比較的入手しやすい価格帯のタイプや電子楽器、サイレント楽器など、多様な要求に応える楽器を供給してきたことと、この音楽教室の方針は一致している。

　音楽を学びたい、自分で音楽を作り、演奏し、楽しみたいという要望を体系化された音楽教育システムによって実現させるヤマハの音楽教育事業は、1954 年の国内での展開から 10 年あまり後の 1965 年に海外へも進出した。今では 40 以上の国と地域で 19 万人の生徒を擁する世界的な事業

となっている。一つの楽器を弾くだけでなく、音楽を作り、歌ったり読んだりする総合的な力の習得を目指すヤマハの音楽教室は、20世紀半ばの日本ではまだまだ敷居が高い存在であった西洋楽器をクラシック音楽というカテゴリーに限定されない身近なものとし、ごく一般の人びとの音楽能力を底上げするのに大きな役割を果たした。その方式がヨーロッパも含む世界でも取り入れられているのだ。今では世界のピアノ市場の60パーセント以上を占めるという中国では18か所に教室が開かれており、ハードとしての楽器と、ソフトとしての音楽教育がセットになるビジネスモデルをここにもみることができる。

　ヨーロッパの植民地を経験したことのあるアジア、アフリカ、中南米の国々や地域では、日本でかつてそうであったようにヨーロッパ起源の楽器に対する一種の憧れがあり、ステータス・シンボル的な意味合いもまだ強い。そのような地域の中間層に向けて音楽教室が手助けするのはクラシック音楽だけでなく、ポップスや電子音楽のような幅広い選択肢を準備し、音楽やその楽器をより親しみ深いものとすることだ。ヤマハに代表される日本の音楽教育事業は、ヨーロッパより随分遅れて日本に導入され、ヨーロッパと異なる土壌に移植されたからこその発想に支えられたものなのである。

〔横井雅子〕

音楽ソフトと製造流通産業――いつでもどこでも音楽とともに
　第6章第2節で詳述したとおり、音楽を楽しむ人たちに身近な音楽ソフトの形は、音楽を聴くための再生技術や装置の開発に応じて大きく変化してきた。幼い頃からの体験を振り返ってみると、音楽を聴いてきたメディアの変化がリアルに感じられる。筆者が小学生だった1960年代後半、ピアノを習っていた私たち子どもの部屋には親が買ってくれたコンパクトなレコード・プレイヤーがあって、アダプターをつけて聴くドーナツ盤をかけていた。居間には父親自慢の立派なスピーカーとレコード・プレイヤーがあったほか、オープン・リールのテープレコーダーも並んでいた。中学生の頃、地方都市の繁華街にあるレコード店へ出かけて、初めておこづかいで買ったのが『カーペンターズ』というタイトルのLP2枚組で、

片面 5 曲から 6 曲を収録したアルバムを何度となく、ひっくり返しては聴いた覚えがある。高校生の頃には友だちどうしでカセット・テープをよく交換していた。大学の時、先生の資料整理を手伝ったお礼として、武満の作品が録音された LP 盤をいただいた。CD が登場して、LP 盤でリリースされていた音源がどんどんと CD 化されていき、あっという間に広まっていったのは大学を卒業したあとのことである。新宿、渋谷、池袋、御茶ノ水など、都内のレコード店を数多く利用してきたが、曲目の解説を書く仕事をするようになって、珍しい音源を探す時にはよく秋葉原の石丸電気 3 号店へ行った。LP、CD の詳しい情報に通じた店員がいて、いろいろなことを教えてもらったのを覚えている。2010 年にこのレコード館は移転し、2011 年には移転したソフト館も閉店となった。秋葉原の再開発の波にのまれる形で、石丸電気そのものが吸収され、いまではレコード・センターは跡形もない。

　ここに「音楽ソフト暦年生産　数量の推移」というおもしろい資料がある。これは一般社団法人日本レコード協会が毎年公刊している『日本のレコード産業』という統計集に含まれているもので、9-3.1 は 2015 年版に掲載された一覧表である。ご覧のとおり、1952 年から 2014 年までにどのような種類の音楽ソフトがどのくらい生産されたのかを千枚単位で表にしたものだ。これ以前の統計も 1929 年から不完全な形で残っているが、その時期は SP の枚数のみで、SP の生産は 1963 年に終わっている。SP 盤の欄の右側に並んでいる「17cm 33 回転」「17cm 45 回転」「25・30cm 33 回転」「25・30cm 45 回転」のディスクはいずれもアナログの音盤で、通常、直径や回転数に応じて、コンパクト LP 盤、7 インチシングル盤（ドーナツ盤）／EP 盤、LP 盤、シングル盤／12 インチシングル盤などと区別される。

　この統計によれば、音楽ソフトがオープン・リールのテープで発売されていたのはわずか 13 年間と短く、70 年代から 80 年代にかけてカセット・テープの数量が爆発的に伸びていることがわかる。そして、アナログ・レコードは 70 年代後半にピークを迎えているが、84 年に CD が出てくると激減し、90 年までにほぼ CD に取って代わられたと考えられる。先ほど述べた思い出はこれらの数値の変化と符合する。

単位：千枚・巻

		ディスク						CD		カートリッジ	テープ		オープンリール	その他	合計
	SP	17cm		25・30cm				12cm	8cm			カセット			
		33回転	45回転	33回転	45回転										
1952 (昭27)	17,806														17,806
1953 (昭28)	19,357			52											19,409
1954 (昭29)	15,896		455	209											16,560
1955 (昭30)	12,781		1,172	547											14,500
1956 (昭31)	11,540		2,379	1,019											14,938
1957 (昭32)	9,877		3,889	1,821											15,587
1958 (昭33)	8,520		5,417	3,264											17,201
1959 (昭34)	5,536		8,726	5,127											19,389
1960 (昭35)	3,078		13,530	7,323											24,004
1961 (昭36)	1,976	73	19,428	10,653											32,822
1962 (昭37)	584	765	26,927	13,462											43,738
1963 (昭38)		2,765	39,234	13,730											59,595
1964 (昭39)	25	6,606	50,954	13,847											73,813
1965 (昭40)		9,012	61,887	14,354											90,934
1966 (昭41)		14,693	63,063	16,142											94,490
1967 (昭42)		15,285	65,338	18,863	213										100,100
1968 (昭43)		15,686	75,489	27,757	217										126,762
1969 (昭44)		16,968	78,473	38,332	55					5,529	631		171		147,422
1970 (昭45)		16,712	71,704	50,095	7					12,394	1,250		206		155,875
1971 (昭46)		11,749	81,414	58,443	1					18,338	3,790		192		171,271
1972 (昭47)		10,453	82,909	61,137	0					14,844	5,837		279		172,594
1973 (昭48)		8,004	86,744	78,520	0					13,535	6,770		239		198,700
1974 (昭49)		6,997	91,166	83,758	0					15,606	10,591		242		205,714
1975 (昭50)		6,735	86,399	84,665	0					12,790	11,154		111		203,665
1976 (昭51)		6,307	99,543	94,599	62					12,160	14,090		44		231,341
1977 (昭52)		5,548	85,759	92,189	219					11,388	20,187		14		218,745
1978 (昭53)		5,896	98,283	93,012	132					9,055	25,612		15		242,788
1979 (昭54)		4,801	106,302	88,346	120					11,699	34,855		6		260,113
1980 (昭55)		4,036	99,172	90,504	79					15,087	46,220		2		274,908
1981 (昭56)		5,188	84,929	80,383	466					22,858	57,107		0		255,313
1982 (昭57)		2,756	76,285	73,022	158					26,152	60,627				249,520
1983 (昭58)		2,451		69,049	469					36,489	61,115				246,467
		2,569	76,649							33,113	64,618				

9-3.1　音楽ソフト暦年生産　数量の推移
（一般社団法人日本レコード協会刊行『日本のレコード産業』2015年版）

年							シングル	アルバム			音楽ビデオ		合計
1984 (昭59)	1,149		69,979	66,708	1,503			6,365		21,973	60,917			228,595
1985 (昭60)	1,180		60,959	58,057	4,320			20,638		13,826	60,694			219,673
1986 (昭61)	1,415		59,152	42,751	2,732			45,120		8,355	62,517			222,041
1987 (昭62)	818		45,432	25,996	1,749			64,992		5,893	68,925			213,804
1988 (昭63)	564		26,855	10,935	1,109			89,980		3,415	76,074			234,490
1989 (平元)	910		6,770	2,182	194	25,557		143,424		1,666	72,301			274,542
1990 (平2)	224		1,382	703	23	47,094		169,129		672	56,541			290,494
1991 (平3)	9		87	885	1	61,820		210,497		254	44,579			345,087
1992 (平4)	14		17	982	1	88,776		222,671		47	38,853			373,142
1993 (平5)	0		76	766	0	110,559		227,756		4	35,333			417,730
1994 (平6)		620				153,795		241,699		0	29,860			410,450
1995 (平7)		534				138,271		275,369			25,031			465,515
1996 (平8)		944				164,581		282,556			22,512			472,305
1997 (平9)		1,034				166,294		289,313			22,534			480,706
1998 (平10)		1,186				167,827		302,913			21,818			480,177
							シングル	アルバム						
1999 (平11)		2,985				154,260	86,333	61,145	276,279		17,608			444,351
2000 (平12)		1,914				33,124	104,601	276,327			17,174			433,140
2001 (平13)		1,297				9,788	99,605	259,233			15,160	音楽ビデオ		385,083
2002 (平14)		697				7,967	74,793	245,919			12,972	14,909	968	358,224
2003 (平15)		580				20,815	67,323	227,129			11,733	32,183	807	360,570
2004 (平16)		894				15,363	66,473	220,420			8,999	34,772	531	347,451
2005 (平17)		306				1,943	62,745	237,116			7,425	43,267	418	353,219
2006 (平18)		248				1,693	65,861	222,698			6,665	49,137	476	346,778
2007 (平19)		324				371	61,324	198,646			5,557	51,846	594	318,662
2008 (平20)		212				239	53,488	188,724			4,586	55,742	498	303,490
2009 (平21)		102				155	44,742	165,162			3,777	59,164	391	273,492
2010 (平22)		105				107	50,503	155,929			2,866	46,475	369	256,354
2011 (平23)		210				3,152	59,247	134,164			2,104	60,174	635	259,685
2012 (平24)		453				51	64,807	150,311			1,800	72,632	609	290,663
2013 (平25)		268				44	60,556	128,137			1,387	56,857	453	247,702
2014 (平26)		401				30	55,428	114,925			1,071	53,680	455	225,989

備考　1. アナログディスクは、94年から17cmと25・30cmの区分を廃止
　　　2. その他は、SACD、DVDオーディオ、DVDミュージック、MDの合計

第3節　音楽産業の展開

さらに20世紀末から21世紀にかけても、音楽を楽しむメディアは様変わりする。この表からは1990年代と2000年代の違いがいくつか、読み取れる。第一に、2002年に音楽ビデオと「その他」に分類されているSACD、DVDオーディオ、DVDミュージック、MDが登場する。CDを越える高音質が追求されると同時に、DVDミュージックでは静止画とともに、ビデオでは動画とともに音楽を楽しむことが定着してきたことがかがえる。第二に、音楽ソフトの総数の変化である。1997年の4億8070万6000枚が最高枚数で、90年代は4億枚台を保っていたが、21世紀に入ると3億枚台に落ち、さらに2億枚台に減っている。2014年にはピーク時の半分以下になった。これだけみると、生活の中で音楽を聴く人が減ってしまったようにもみえるのだが、そこには新たなメディアの登場がある。2015年の『日本のレコード産業』では冒頭に「2014年のレコード生産・有料音楽配信の概況」として、次のようなデータを掲載している。「2014年の音楽ソフト（オーディオレコード＋音楽ビデオ）総生産は、数量で前年比91%の2億2,599万枚／巻、金額では前年比94%の2,542億円と、ともに昨年を下回った。一方で、有料音楽配信売上は、前年比105%の437億円となり、2009年以来5年ぶりに昨年を上回った」。つまり、2000年代には音楽ソフトを買ってプレイヤーで再生することが減っていく反面、インターネットを通じてパソコンやタブレット、スマートフォンで音源をダウンロードして聴くタイプの有料音楽配信が増えてきたというわけである。2009年までは右肩上がりで増えたが、そこでひと段落して減少傾向に転じ、久しぶりに2014年、音楽配信が増加したということだ。

　このことは日常感覚としてもよく理解できる。大学で教えている音楽の講師どうしで数年前によく話したのは、授業中に同じ音源を聴かせるなら、動画のほうが圧倒的に教育効果が上がるということだった。音だけよりも学生の集中力が増すのである。学生たちがある曲を聴きたいと思ったら、まずはYouTubeで検索しているのをみても、動画つきの音楽体験は一般的になっている。また、音楽ソフトを扱っているアメリカの通販Webサービス大手のAmazonではCDごとに買うだけでなく、1枚のアルバムに録音

された曲を1曲ずつばらばらにMP3でダウンロードして購入することもできる。若い世代の音楽愛好家にはもはやCDプレイヤーをもつ必要を感じない人も少なくない。そのほか、携帯電話の「着うた」やiPodの登場、Apple MusicやNaxos Music Libraryなど定額制の音楽配信が開始され、私たちのまわりには何らかの形で利用している人が多くみられる。

　1990年代と2000年代の違いをもう一つ挙げると、1990年代後半にはアナログ・レコードの一時的な増加がある。70年代、80年代の全盛期には及ぶべくもない、ごくわずかな数ではあるが、1996年から2001年まで、ある程度の数量が生産されていて、そのあと再び減少していることがわかる。ここには当時、若者たちを惹きつけたクラブ文化の台頭があったと、大嶌徹は分析する。

> クラブ文化との関わりのなかで、レコードを手にする消費者とは［……］実際にクラブでプレイするDJ、DJ志願者、また直接的にはDJをしないが、そこで扱われているレコードを、クラブに実際に出向いたり、メディア等で間接的に知った人々が挙げられる。［……］注目すべきは、多くの人々にとって、特定の文化圏に参加しているという意識を形作る契機となっていることであろう。（大嶌 2008, 64）

　クラブで客たちが踊るためにレコードをかけるDJの中にはカリスマ的な人気者も出てきて、新しいパフォーマーとして脚光を浴びていく。こうしたクラブ文化と関わった若者たちの中で、アナログ・レコードがかつてとは別の角度から注目された。音楽ソフトの数量が再生技術や装置の発展とは別の文化的な要因で変化した興味深い例である。

　こうした音楽ソフトの変遷に伴って、販売形態にも劇的な転換が起こった。30年ほど前までは、自宅で音楽が聴きたいと思ったら、商店街のレコード店でLPを購入するのがありふれた光景だった。その後、メディアがCDやDVDに変わるのにつれて、購入先も駅前や郊外の大規模店、世界的ブランドを掲げるCD店、あるいは特定のジャンルに絞った専門店へと多様化していった。たとえば1990年代、先に触れたクラブ文化に

関わる若者たちは、とくに渋谷の宇田川町周辺のレコード店に集ったという。大嶌によれば、そこでは一般的なメディアでは扱われないクラブ情報がミニコミ誌などによって紹介され、一つの「空気感覚」を構成していたのである（同書, 64-7）。ちょうど同じ時期、イギリスのヴァージン・メガストアーズの旗艦店である新宿店がオープンし、同じくイギリスから入ってきたHMV渋谷がオープンして、CD販売の世界的ブランド店による都心での展開が目立ってくる。アメリカのタワーレコードは早くも1981年に渋谷宇田川町に出店しているが、95年には移転して新たに大型の渋谷店として進出する。当時は黒地にピンクでHMVと書かれたビニール袋と、黄色の地にタワーレコードと書かれたビニール袋をもった若者たちを、渋谷の街でよく見かけたものである。

　ここに挙げた三つの海外ブランド店の本社は21世紀になると、いずれも経営破綻にいたる。インターネットでダウンロードする消費者が増えたことや欧米の経済の低迷など複合的な要因が考えられる。ヴァージン・メガストアーズとHMVはどちらも2013年、資金繰りに行き詰まった。いずれのブランド店も日本法人を設立しているので、本店の破綻は直接、経営上の問題とはならなかったが、いろいろな影を落としている。

　アメリカのタワーレコードは、1979年に日本支社を開設し、日本やアジアに欧米の音楽をダイレクトに販売し始めて急成長した。しかし、アメリカの本社MTS Corporationは、2001年頃から経営が困難となり、2004年と2006年の2度にわたって経営が破綻した（朝日新聞 2012；日経ビジネス 2006）。タワーレコード株式会社広報室の谷河立朗によれば、「再販制度のない米国で、ゼネラル・マーチャンダイズ・ストアなどのリテールショップやEコマース・サイトが集客のため、CDの新譜をディスカウントして販売し始めたということも大きな要因の一つ。さらに言うと、MTSの場合はCDが売れなくなったというより、海外投資の失敗が最も大きな原因となっています」という（2015年12月24日）。国内のタワーレコードは、2002年にMBO（経営陣による企業買収）で独立、さらに2005年にはNTTドコモと資本提携し、2012年には同社の追加出資で子会社となった。こうした流れから日本のタワーレコード株式会社は、

MTSの破綻による制約から、「一部、海外における商標に制限を受けているのが実情で、その整理と対応も随時行っておりますが、まずは国内でのシェア獲得と多角化を最重要としている」という（2015年8月7日）。

　ヴァージン・メガストアーズ・ジャパンは2009年にTSUTAYA STORESホールディングスに吸収合併され、HMVはローソンが買収して合併し、株式会社ローソンHMVエンタテイメントとなった。タワーレコードを含めて、これらのブランド店は現在、国際的なブランドを掲げながらも日本の企業として、日本国内市場重視の独自戦略を展開している。

　音楽販売業界はグローバルな経営環境の変化に加えて、データ配信によるソフト購買が増加している消費者の動向によって、今まさに大きな転換期を迎えている。　　　　　　　　　　　　　　　　　　［白石美雪］

あとがき

　127回。これは2015年に私がコンサートを聴いた回数である。127回のうち、半分以上は演奏を楽しむだけなのだが、残りは聴いたあと、その体験を言葉に置き換えていく。新聞や雑誌に掲載する音楽批評を書いたり、文化庁や民間財団からの助成の事後評価のために報告書をしたためたり、学術研究の情報として論文にしたりと、形式はさまざまだ。視点を変えれば、批評を読む読者、報告書を読む官僚や企業家、論文を読む研究者は、音楽を私が発した言葉で理解することになる。この「音楽を言葉で論じる／理解する」というのが、「まえがき」にも記した本書のテーマである。

　「音楽を言葉で論じる」と言っても、対象とする音楽の種類、論じる視点や方法は数多ある。ここでは大学の講義で行うように、テーマごとに基礎となる知識を確認しながら、幅広い事例を示したり、最新の研究を紹介したり、独自の考えを語ることによって、多様な切り口があらわになるよう心がけた。共著者は三名とも大学に所属し、音楽学の研究成果を講義する立場にある。だが、同じ音楽学の中でも専門分野は異なり、講義をきく学生も異なっている。世界音楽を研究テーマとする横井雅子は、音楽大学で音楽の研究や演奏を専攻する学生を指導しているのに対して、文芸・音楽・メディアを横断的に研究する宮澤淳一は、一般大学の学生に音楽文化論やメディア文化論などを講じている。現代音楽を研究テーマとする白石美雪は美術大学の教員なので、音楽ではなく美術やデザインを専攻する学生に音楽学の成果を伝えてきた。したがって、おそらく普段の講義での語り口が自ずと反映して、三名の論じ方に少なからぬ違いがあるのを、読者は感じることだろう。言葉でもって音楽を伝え、言葉でもって音楽を表現する私たちの日々の実践がそのまま、映し出されている。そこがまた、本書を通読してもらう醍醐味である。

三名の分担した章と節は次のとおりである。
白石美雪　序章、第1章、第2章第3節の「歌い演じる声を楽しむ――オペラの醍醐味」の項、第4章第1節と第3節、第7章第2節、第8章、第9章第1節と第3節。
横井雅子　第2章、第3章、第4章第2節、第7章第3節、第9章第2節、第9章第3節の「楽器と楽器関連産業――「すべての人びとに音楽の歓びを」」の項。
宮澤淳一　第5章、第6章、第7章第1節。

　序章では音楽に向き合う本書の基本的姿勢を述べ、第1章「音楽とは何か」ではあらゆる音楽に通底する基本的視点を示した。第2章「声」では身体を、第3章「楽器」では道具を手段とする音楽の表現について、地理的な広がりと歴史的な背景を踏まえて記述した。第4章「音楽の伝え方」では楽譜と口頭伝承という伝播の方法について説いた。第5章「音楽とパフォーマンス」では新しいパフォーマンス理論を参照しながら考察し、第6章「聴取とメディア」では日本におけるメディアの歴史とポピュラー音楽の展開を概観し、初音ミクまで論じている。第7章「音楽と想像力」では音楽をめぐる想像力の在り方を三つの角度から取り上げた。第8章「音楽を語る」では音楽と言葉の関わりを批評と音楽学の両面から捉え、第9章「現代日本における音楽の諸相」では音楽をめぐる政策や産業まで掘り下げていった。巻末に「主要参考文献」「事項索引」「人名索引」を付し、本書を「音楽を考える」ための手引きとして活用できるように工夫した。

全体については編者である私、白石美雪が責任をもつが、本書は上記のとおり、横井雅子と宮澤淳一との三名の共同作品である。編集には武蔵野美術大学出版局の掛井育が辛抱強く、丁寧に奮闘してくれた。このほか多くの資料提供者、協力者に心から感謝を表したい。

　『音楽論』の目的は、国際的な文化教育の流行語で言えば、音楽のリテラシーの獲得だろう。どんな人にも音楽は開かれているのだから、どんな人も音楽を聴いて言葉でコミュニケーションして考えるという機会をもってほしい。読者が「音楽を言葉で理解する」という体験をもち、こうした音楽を豊かにするための輪に加わっていくことで、本書の目的は達成されると信じている。

著者を代表して　白石美雪

主要参考文献

【第1章】

- Cage, John. 1961."Experimental Music. " In *Silence: Lectures and Writings*, 7-12. Middle Town, CT: The Wesleyan University Press.
- Conard, Nicholas J., Maria Malina and Susanne C. Münzel, 2009. "New flutes document the earliest musical tradition in southwestern Germany." *Nature 460* (August 6): 737-40.
- Fabbri, Franco. 1981. "A Theory of Musical Genres: Two Applications." *Popular Music Perspectives*, edited by D. Horn and P. Tagg 52-81. Göteborg and Exeter: International Association for the Study of Popular Music.
- Monier-Williams, Sir Monier 1986. *A Sanskrit-English Dictionary*.Tokyo:Meicho Fukyukai.
- Spies, Walter and Beryl de Zoete. 1939. *Dance and Drama in Bali*.［New York］: Harper and Brothers Publishers.
- 青木和夫ほか校注 1982　『日本思想体系１ 古事記』岩波書店
- 伊藤俊治 2002　『バリ島芸術をつくった男──ヴァルター・シュピースの魔術的人生』平凡社新書　平凡社
- ウォーリン，ニルス L., ビョルン・マーカー, スティーブン・ブラウン編著 2013　『音楽の起源』上巻　山本聡訳　人間と歴史社
- 久保田慶一ほか 2009　『はじめての音楽史』増補改訂版　音楽之友社
- 久保田慶一編 2009　『キーワード150 音楽通論』アルテスパブリッシング
- 楠山春樹 1996-8　『新編漢文選 呂氏春秋』全３巻　明治書院
- 小中村清矩 1928　『歌舞音楽略史』岩波文庫　岩波書店（第10刷, 2000）
- 金澤正剛 1998　『中世音楽の精神史──グレゴリオ聖歌からルネサンス音楽へ』講談社選書メチエ126　講談社
- ジェイムズ, ジェイミー 1998　『天球の音楽』黒川孝文訳　白揚社

- シェーファー, R. マリー 2006 『世界の調律――サウンドスケープとはなにか』鳥越けい子, 小川博司, 庄野泰子, 田中直子, 若尾裕訳　平凡社ライブラリー 575　平凡社
- ディールス, ヘルマン, ヴァルター・クランツ 1996-8 『ソクラテス以前哲学者断片集』全 6 巻　内山勝利編, 国方栄二ほか訳　岩波書店
- 田中有紀 2014　『中国の音楽論と平均律――儒教における楽の思想』ブックレット《アジアを学ぼう》30　風響社
- 田村和紀夫 2012　『音楽とは何か――ミューズの扉を開く七つの鍵』講談社選書メチエ 521　講談社
- デーヴァ, B. C. 1994　『インド音楽序説』中川博志訳　東方出版
- 徳丸吉彦, 高橋悠治, 北中正和, 渡辺裕編 2007　『事典 世界音楽の本』岩波書店
- ファーガソン, キティ 2011　『ピュタゴラスの音楽』柴田浩之訳　白水社
- ヘシオドス 1984　『神統記』廣川洋一訳　岩波書店
- ホメーロス 1953-8　『イーリアス』全3巻　呉茂一訳　岩波文庫　岩波書店
- ホメロス 1994　『オデュッセイア』上下巻　松平千秋訳　岩波文庫　岩波書店
- 増田聡 2006　『聴衆をつくる――音楽批評の解体文法』青土社
- 吉成順 2014　『〈クラシック〉と〈ポピュラー〉――公開演奏会と近代音楽文化の成立』アルテスパブリッシング

【第 2 章】

- Berg, Alban. 1937. "Die Stimme in der Oper von Alban Berg." In *Anbruch* 19 /1, 252-4.
- Poizat, Michel. 1992. *The Angel's Cry: Beyond the Pleasure Pinciple in Opera*. Translated by Arthur Denner. Ithaca: Cornell University Press.

- 大橋力 2003 『音と文明——音の環境学ことはじめ』岩波書店
- 音楽之友社編 2007 『日本音楽基本用語辞典』音楽之友社
- カープ, アン 2008 『「声」の秘密』梶山あゆみ訳　草思社
- 川田順造 2004 『アフリカの声——〈歴史〉への問い直し』青土社
- 川田順造 1988 『サバンナの音の世界』白水社カセットブック　白水社
- 草野妙子 1984 『アリランの歌——韓国伝統音楽の魅力をさぐる』白水社
- 小島美子監修 2008 『日本の伝統芸能講座 音楽』国立劇場企画・編集　淡交社
- 酒井正子 2005 『奄美・沖縄——哭きうたの民族誌』小学館
- 田中健次 2008 『図解 日本音楽史』東京堂出版
- 崔吉城 2003 『哭きの文化人類学——もう一つの韓国文化論』舘野哲訳　勉誠出版
- 日本芸術文化振興会［2016］「文化デジタルライブラリー」2016年1月22日アクセス　http://www2.ntj.jac.go.jp/dglib/
- 長谷川秀樹 2007 「地中海地域における『声の文化』とその復興」『地中海学会月報』第301号（7月）　2016年1月22日アクセス　http://www.collegium-mediterr.org/geppo/301.html
- 服部幸雄監修 2009 『日本の伝統芸能講座 舞踊・演劇』国立劇場企画・編集　淡交社
- 増野亜子 2014 『声の世界を旅する』音楽之友社
- 水野信男 2008 『中東・北アフリカの音を聴く——民族音楽学者のフィールドノート』スタイルノート
- 茂手木潔子 1988 『文楽——声と音と響き』音楽之友社
- 横井雅子 2005 「「文化としての音」はどう捉えられてきたのか——19〜20世紀ハンガリーの伝統音楽研究をめぐって」『国立音楽大学研究紀要』第40号：141-51
- レヴィ=ストロース, クロード 2005 『みる きく よむ』竹内信夫訳　みすず書房
- レリス, ミシェル 2014 『オペラティック』大原宣久, 三枝大修訳　水声社

【第3章】
- Dickson, Joshua. 2013. *The Highland Bagpipe: Music, History, Tradition.* Hampshire: Ashgate.
- Dudley, Shannon. 2008. *Music from Behind the Bridge: Steelband Spirit and Politics in Trinidad and Tobago.* New York: Oxford University Press.
- Szabó G., Zoltán. 2004. *A duda. The Bagpipe.* Budapest: Néprajzi Múzeum.
- 上尾信也 1993 『歴史としての音——ヨーロッパ中近世の音のコスモロジー』柏書房
- 阿部勘一, 細川周平, 塚原康子, 東谷護, 高沢智昌 2001 『ブラスバンドの社会史——軍楽隊から歌伴へ』青弓社
- 川田順造 2001 『無文字社会の歴史——西アフリカ・モシ族の事例を中心に』岩波現代文庫　岩波書店
- 国立音楽大学楽器学資料館 1988 『楽器資料集 Ⅷ Bagpipe』国立音楽大学
- 呉茂一 1979 『ギリシャ神話』上下巻　新潮文庫　新潮社
- 郡司すみ 1989 『世界楽器入門——好きな音 嫌いな音』朝日選書　朝日新聞社
- 冨田晃 2005 『祝祭と暴力——スティールパンとカーニヴァルの文化政治』（DVD付）二宮書店
- 奈良部和美 2004 『邦楽器づくりの匠たち 笛——太鼓、三味線、箏、尺八』ヤマハミュージックメディア
- 西原稔 2013 『ピアノの誕生』増補版　青弓社
- ホブズボウム, エリック, テレンス・レンジャー編 1992 『創られた伝統』前川啓治, 梶原景昭ほか訳　紀伊國屋書店
- 楊海英 2001 『草原と馬とモンゴル人』日本放送出版協会
- 横井雅子 1998 『音楽でめぐる中央ヨーロッパ』三省堂
- リョンロット編 1976 『フィンランド叙事詩 カレワラ』上下巻　小泉保訳　岩波文庫　岩波書店

- ロー, リュシー 2013 『世界の民族楽器文化図鑑——大自然の音から、音を出す道具の誕生まで』別宮貞徳訳　柊風舎

【第4章】
- Deva, Bigamudre Chaitanya. 1993. *An Introduction to Indian Music.* Revised edition. New Delhi: Publications Division, Ministry of Information and Broadcasting, Government of India.
- デーヴァ, B. C. 1994 『インド音楽序説』中川博志訳　東方出版
- Ong, Walter J. 1982 *Orality and Literacy: The Technologizing of the World,*. London: Methuen.
- オング, ウォルター J. 1991 『声の文化と文字の文化』櫻井直文, 林正寛, 糟谷啓介訳　藤原書店
- Seeger, Charles. 1977. *Studies in Musicology 1935-1975.* Berkeley: University of California Press.
- 秋山邦晴 1990 『エリック・サティ覚え書』青土社
- 秋山邦晴, 宇佐美圭司, 大岡信, 谷川俊太郎ほか 1993 『武満徹展 眼と耳のために』展覧会カタログ　文房堂ギャラリー
- 新井弘順監修・解説 2006 『豊山聲明大成』豊山聲明大成刊行会
- 稲崎舞 2009 「断片的作曲法を可能にした6音ローテーション・システムにおける「同一音からなる垂直配列」——ストラヴィンスキーの12音技法作品への作曲思考プロセス」『音楽研究——大学院研究年報』第21輯（国立音楽大学）：97-110
- 大崎滋生 1993 『楽譜の文化史』音楽之友社
- 大崎滋生 2002 『音楽史の形成とメディア』平凡社
- カルコシュカ, エルハルト 1998 『現代音楽の記譜』入野義朗訳　全音楽譜出版社

- 川田順造 2001 『無文字社会の歴史――西アフリカ・モシ族の事例を中心に』岩波現代文庫　岩波書店
- 小泉文夫監修 1974 『日本と世界の楽譜』NHK交響楽団編　楽譜の世界3　日本放送出版協会
- 小島美子監修 2008 『日本の伝統芸能講座 音楽』国立劇場企画・編集　淡交社
- 徳丸吉彦, 高橋悠治, 北中正和, 渡辺裕編 2007 『事典 世界音楽の本』岩波書店
- バッハ, カール・フィリップ・エマヌエル 2000 『正しいクラヴィーア奏法 第一部』東川清一訳　全音楽譜出版社
- 増野亜子 2014 『声の世界を旅する』音楽之友社
- マンテル, ゲルハルト 2011 『楽譜を読むチカラ』久保田慶一訳　音楽之友社
- 皆川達夫 1985 『楽譜の歴史』音楽之友社
- 皆川達夫監修 1974 『楽譜の本質と歴史』NHK交響楽団編　楽譜の世界1　日本放送出版協会

【第5章】

- Goehr, Lydia. 2007. *The Imaginary Museum of Musical Works: An Essay in the Philosophy of Music.* Revised edition. Oxford: Oxford University Press.
- Keil, Charles. 1987. "Participatory Discrepancies and the Power of Music." *Cultural Anthropology* 2, no. 3: 275-83.
- Marchand, Philip. 1989. *Marchall McLuhan: The Medium and the Messenger.* Toronto: Random House.
- Ramnarine, Tina K. 2009. "Musical Performance." Chapter 13, in *An Introduction to Music Studies,* edited by J. P. E. Harper-Scott and Jim Samson. Cambridge: Cambridge University Press.

- Singer, Milton. 1955. "The Cultural Pattern of Indian Civilization." *The Far Eastern Quarterly* 15, no.1: 23-36.
- Taruskin, Richard. 1995 "Resisting the Ninth" (1989). In *Text and Act: Essays on Music and Performance*. New York: Oxford University Press.
- Washington, Meagan. 2014. "The thing is, I stutter." https://www.youtube.com/watch?v=9MegHiL93B0, released May 18. (「人前で話すのが怖い理由」としてＮＨＫテレビ『スーパープレゼンテーション』で 2015年2月18日放映)
- オースティン、ジョン L. 1978 『言語と行為』坂本百大訳　大修館書店
- クック、ニコラス 2011 「パフォーマンスとしての音楽」 マーティン・クレイトンほか編『音楽のカルチュラル・スタディーズ』所収　若尾裕監訳　アルテスパブリッシング
- ゴッフマン、アーヴィン 1974 『行為と演技——日常生活における自己呈示』石黒毅訳　誠信書房
- シェクナー、リチャード B. 1998 『パフォーマンス研究——演劇と文化人類学の出会うところ』高橋雄一郎訳　人文書院
- スモール、クリストファー 2011 『ミュージッキング——音楽は〈行為〉である』野澤豊一、西島千尋訳　水声社
- 高橋雄一郎 2005 『身体化される知——パフォーマンス研究』せりか書房
- 高橋雄一郎, 鈴木健編 2011 『パフォーマンス研究のキーワード——批判的カルチュラル・スタディーズ入門』世界思想社
- バザーナ、ケヴィン 2000 『グレン・グールド 演奏術』サダコ・グエン訳　白水社
- バトラー、ジュディス 1995 「パフォーマティヴ・アクトとジェンダーの構成」吉川純子訳　『シアターアーツ』第3号
- フィッシャー=リヒテ、エリカ 2009 『パフォーマンスの美学』中島裕昭ほか訳　論創社
- 宮入恭平 2008 『ライブハウス文化論』青弓社

- 村田武雄　1956　《ゴルトベルク変奏曲》の録音評,『レコード芸術』第5巻第11号（11月）: 53

【第6章】

- Edison, Thomas A. 1877. "The Phonograph and Its Future." *The North American Review* 126 (May 1): 527-36.
- シャノン, クロード, ワレン・ウィーバー　2009　『通信の数学的理論』植松友彦訳　ちくま学芸文庫　筑摩書房
- 石鍋仁美　2014　「若者50年の足跡⑨「聴く」「歌う」から「創る」へ」『日本経済新聞』11月30日朝刊
- 井手口彰典　2009　『ネットワーク・ミュージッキング——「参照の時代」の音楽文化』勁草書房
- 伊東信宏　1997　『バルトーク——民謡を「発見」した辺境の作曲家』中公新書　中央公論新社
- ウィンジェル, リチャード J.　2014　『改訂新版 音楽の文章術——論文・レポートの執筆から文献表記法まで』宮澤淳一, 小倉眞理訳　春秋社
- 烏賀陽弘道　2005　『Jポップとは何か——巨大化する音楽産業』岩波新書　岩波書店
- 烏賀陽弘道　2008　『カラオケ秘史——創意工夫の世界革命』新潮新書　新潮社
- 恩藏茂　2009　『FM雑誌と僕らの80年代——『FMステーション』青春記』河出書房新社
- 清田仁　2015　「戦後70年ここから変わった4　シンガー・ソングライター——『帰って来たヨッパライ』の衝撃」『読売新聞』8月6日朝刊
- 倉田喜弘　2006　『日本レコード文化史』岩波現代文庫　岩波書店

- グールド, グレン 1990 「レコーディングの将来」 ティム・ペイジ編『グレン・グールド著作集2――パフォーマンスとメディア』所収　野水瑞穂訳　みすず書房
- 佐々木渉, 山本拓馬, 三河祐亮監修 2013 『初音ミク 公式ガイドブック ミクペディア MIKUPEDIA』マガジンハウス
- ジェラット，ローランド 1981 『レコードの歴史――エディソンからビートルズまで』石坂範一郎訳　音楽之友社
- 柴邦典 2014 『初音ミクはなぜ世界を変えたのか？』太田出版
- 谷口文和 2015 「レコードという器――変わりゆく円盤」 谷口文和, 中川克志, 福田裕大『音響メディア史』所収，第9章　ナカニシヤ出版
- 富澤一誠 2014 「時代の空気や心を代弁」『日本経済新聞』11月30日朝刊
- 濱野智史 2008 『アーキテクチャの生態系』NTT出版
- 広瀬正浩 2013 「初音ミクとの接触――〝電子の歌姫〟の身体と声の現前」『戦後日本の聴覚文化――音楽・物語・身体』所収, 第10章　青弓社
- 広瀬正浩 2013 「「対抗文化」の記憶――浦沢直樹『二十世紀少年』における音楽の政治」『戦後日本の聴覚文化――音楽・物語・身体』所収, 第7章　青弓社
- フリードリック, オットー 2002 『グレン・グールドの生涯』改訳版　宮澤淳一訳　青土社
- 細川周平 1981 『ウォークマンの修辞学』朝日出版社
- 細川周平 1990 『レコードの美学』勁草書房
- 増田聡, 谷口文和 2005 『音楽未来形――デジタル時代の音楽文化のゆくえ』洋泉社
- 増田聡 2008 「データベース、パクリ、初音ミク」 東浩紀, 北田暁大編『思想地図 vol.1』所収　NHKブックス　日本放送出版協会
- 松山猛, 高嶋弘之, 亀渕昭信 2014 「ザ・フォーク・クルセダーズを語ろう」『週刊現代』第56巻第33号（10月4日）: 153-5
- 宮澤淳一 2004 『グレン・グールド論』春秋社

- 山崎聡 2014 「はじめての初音ミク——電子の歌姫 誰もが創作者に」『朝日新聞』8月25日朝刊

【第 7 章】

- Bernstein, Leonard. 2005. *Leonard Besntein's Young People's Concerts*, edited by Jack Gottlieb. Pomtom Plains, NJ: Amadeus Press.
- Brody, Martin. 2002. "The Scheme of the Whole: Black Mountain and the Course of American Modern Music." In *Black Mountain College/Experiment in Art*, edited by Vincent Katz Cambridge : MIT Press.
- Cage, John. 1970. "[The New School]."In *John Cage*, edited by Richard Kostelnetz. New York and Washington: Praeger-Publishers.
- Daniels, Dieter, ed. 1991. *George Brecht: Notebooks I: June-September 1958*. Köln: Verlag der Buchhandlung Walther König
- Hansen, Al and Dick Higgins. 1970. "[On Cage's Classes]." In *John Cage*.
- Harris, Mary Emma. 1988. *The Arts at Black Mountain College*. Cambridge, MA: MIT Press.
- Lane, Mervin, ed. 1990. *Black Mountain College: Sprouted Seeds: An Anthology of Personal Accounts*. Knoxville: University of Tennessee Press.
- Rutkoff, Peter M., and William B. Scott. 1986. *New School: A History of The New School for Social Research*. New York: Free Press.
- *New School Bulletin*. 1956. 14 no. 1 (September 3).
- 青柳いづみこ 2003 『リヒテルは語る』の書評 『朝日新聞』7月13日朝刊
- ヴォルコフ, ソロモン編 1986 『ショスタコーヴィチの証言』水野忠夫訳　中公文庫　中央公論新社
- 岡田暁生 2009 『音楽の聴き方——聴く型と趣味を語る言葉』中公新書　中央公論新社

- 国安洋 1981 『音楽美学入門』春秋社
- 郡司正勝ほか編 1979 『図説日本の古典 20 歌舞伎十八番』集英社
- 小島美子監修 2008 『日本の伝統芸能講座 音楽』国立劇場企画・編集 淡交社
- 塩見允枝子 2005 『フルクサスとは何か?——日常とアートを結びつけた人々』フィルムアート社
- ショスタコーヴィチ, ドミートリイ 1983 『ショスタコーヴィチ自伝——時代と自身を語る』 レフ・グリゴーリエフ, ヤーコフ・プラデーク編 ナウカ
- シュヴァイツァー, アルベルト 2009 『バッハ』全3巻 浅井真男, 内垣啓一, 杉山好訳 白水社
- 十二代目市川團十郎 2002 『歌舞伎十八番』河出書房新社
- 白石美雪 2009 『ジョン・ケージ 混沌ではなくアナーキー』武蔵野美術大学出版局
- 西武美術館編 1983 『アールヴィヴァン』第11号(特集「フルクサス」)
- 田中悠美子ほか編著 2009 『まるごと三味線の本』青弓社
- 服部幸雄 1968 『歌舞伎成立の研究』風間書房
- ハンスリック, エドゥアルト 1960 『音楽美論』渡辺護訳 岩波文庫 岩波書店
- ボリソフ, ユーリー 2014 『リヒテルは語る』宮澤淳一訳 ちくま学芸文庫 筑摩書房
- 渡辺保 2009a 「歌舞伎の表現」 服部幸雄監修『日本の伝統芸能講座 舞踊・演劇』所収, 第10章 国立劇場企画・編集 淡交社
- 渡辺保 2009b 『歌舞伎の見方』角川学芸出版

【第8章】

- Adler, Guido. 1885. "Umfang, Methode und Ziel der Musikwissenschaft." *Vierteljahrsschrift für Musikwissenschaft* I Nr. 5.

- Chrysander, Friedrich. 1863. "Vorwort und Einleitung." *Jahrbücher für musikalische Wissenschaft* Ⅰ Nr. 9.
- Matteson, Johann. 1728. *Der Musicalische Patriot*. Hamburg. https://archive.org/details/DerMusicalischePatriot1728
- Kerman, Joseph. 1986. *Contemplating Music: Challenges to Musicology.* Reprint. Cambridge, MA: Harvard University Press.
- Nattiez, Jean-Jacques. 1975. *Fondements d'une sémiologie de la musique.* Paris: Union générale d'éditions.
- Tyson, Alan. 1987. *Mozart: Studies of the Autograph Scores.* Cambrige, MA: Harvard University Press.
- 礒山雅　2008　『モーツァルト＝翼を得た時間』講談社学術文庫　講談社
- ウィンジェル，リチャード J. 2014　『改訂新版 音楽の文章術――論文・レポートの執筆から文献表記法まで』宮澤淳一，小倉眞理訳　春秋社
- ヴォルフ，クリストフ 2015　『モーツァルト 最後の四年――栄光への門出』礒山雅訳　春秋社
- 海老沢敏　1999　『超越の響き――モーツァルトの作品世界』小学館
- 岡田暁生　2009　『音楽の聴き方――聴く型と趣味を語る言葉』中公新書　中央公論新社
- 阮元編　1980　『十三経注疏 附校勘記』中華書局
- 金澤正剛　1998　『中世音楽の精神史――グレゴリオ聖歌からルネサンス音楽へ』講談社選書メチエ 126　講談社
- カーマン，ジョゼフほか 2013　『ニュー・ミュージコロジー――音楽作品を「読む」批評理論』福中冬子訳・解説　慶應義塾大学出版会
- 木村直弘　1995　「音楽分析の問題性――スフィンクスとしてのベートーヴェン《テンペスト》第1楽章」『岩手大学教育学部研究年報』第55巻第1号: 39-58
- 久保田慶一編　2009　『キーワード150 音楽通論』アルテスパブリッシング
- クレイトン，マーティンほか編 2011　『音楽のカルチュラル・スタディーズ』若尾裕監訳　アルテスパブリッシング

- 駒込武, 川村肇, 奈須恵子編 2011 『戦時下学問の統制と動員――日本諸学振興委員会の研究』東京大学出版会
- 近藤譲 2006 『音を投げる――作曲思想の射程』春秋社
- 佐々木敦 2014 『「4分33秒」論――「音楽」とは何か』P ヴァイン
- シューマン, ロベルト 1958 『音楽と音楽家』吉田秀和訳 岩波文庫 岩波書店
- 庄野進 1991 『聴取の詩学――J・ケージから そして J・ケージへ』勁草書房
- 白石美雪 2011 「明治初期の新聞における音楽評論の萌芽――『東京日日新聞』における福地源一郎の社説をめぐって」『武蔵野美術大学研究紀要』第41号: 47-58
- 白石美雪 2012 「演奏批評・楽評と称する批評の形成――1898（明治31）年の『讀賣新聞』の音楽批評」『音楽研究――大学院研究年報』第24輯（国立音楽大学）: 17-32
- ソシュール, フェルディナン・ド 1972 『一般言語学講義』小林英夫訳 岩波書店
- 高橋悠治 2004 『音の静寂 静寂の音』平凡社
- 高橋陽一 2013 『教育通義』武蔵野美術大学出版局
- 竹内敏雄編 1974 『増補版 美学事典』弘文堂
- ドリンカー, ソフィー 1996 『音楽と女性の歴史』水垣玲子訳 学芸書林
- ネトル, ブルーノ 1989 『世界音楽の時代』細川周平訳 勁草書房
- ブラウン, ヴェルナー 1983 『音楽批評――歴史上の、また批評上の立場を決定する試み』松原茂訳 シンフォニア
- プラトン 2009 『国家』上下巻 藤沢令夫訳 岩波文庫 岩波書店
- フリス, サイモン 1991 『サウンドの力――若者・余暇・ロックの政治学』細川周平, 竹田賢一訳 晶文社
- ヘブディジ, ディック 1986 『サブカルチャ――スタイルの意味するもの』山口淑子訳 未来社

- マクレアリ, スーザン 1997 『フェミニン・エンディング——音楽・ジェンダー・セクシュアリティ』女性と音楽研究フォーラム訳　新水社
- メリアム, アラン P. 1980 『音楽人類学』藤井知昭, 鈴木道子訳　音楽之友社
- 吉田賢抗 1960 『新釈漢文大系1 論語』明治書院
- 吉田秀和 2011 『主題と変奏』中公文庫　中央公論新社

【第9章】
- 安倍季昌 1998 『雅楽がわかる本——千年の楽家が伝える雅楽の世界』たちばな出版
- 植木行宣監修 2007 『民俗文化財——保護行政の現場から』鹿谷勲, 長谷川嘉和, 樋口昭編　岩田書院
- 内田忠賢編 2003 『よさこい／YOSAKOI学リーディングス』開成出版
- 大木裕子, 山田英夫 2011 「製品アーキテクチャ論から見た楽器製造——何故ヤマハだけが大企業になれたのか」『早稲田国際経営研究』第42号（早稲田大学WBS研究センター）: 175-87
- 大蔵彌太郎 2006 『舞台裏おもて——歌舞伎・文楽・能・狂言』マール社
- 大嶌徹 2008 「「レコードの街」としての渋谷」『音楽研究——大学院研究年報』第20輯（国立音楽大学）: 61-82
- 沖縄市企画部平和文化振興課編 1998 『エイサー360度——歴史と現在』沖縄全島エイサーまつり実行委員会
- 国指定文化財等データベース［2016］2016年1月22日アクセス　http://kunishitei.bunka.go.jp/bsys/index_pc.html
- 小島美子監修 2008 『日本の伝統芸能講座 音楽』国立劇場企画・編集　淡交社
- サントリー芸術財団［2016］2016年1月22日アクセス　http://www.suntory.co.jp/sfa/

- 坪井善明, 長谷川岳 2002 『YOSAKOI ソーラン祭り──街づくり NPO の経営学』岩波アクティブ新書　岩波書店
- 寺下真理加 2011 「「日本人は強い」激励──シンディ・ローパー来日公演で東日本大震災へ募金」『朝日新聞』3月21日朝刊
- 日本芸術文化振興［2016］「養成事業について」2016年1月22日アクセス　http://www.ntj.jac.go.jp/training.html
- 日本レコード協会編 2014 『日本のレコード産業 2014年版』日本レコード協会
- 日本レコード協会編 2015 『日本のレコード産業 2015年版』日本レコード協会
- 服部幸雄監修 2009 『日本の伝統芸能講座　舞踊・演劇』国立劇場企画・編集　淡交社
- 文化遺産オンライン［2016］　http://bunka.nii.ac.jp/jp/
- 文化庁［2016］「芸術家の顕彰」2016年1月22日アクセス　http://www.bunka.go.jp/seisaku /geijutsubunka/jutenshien/geijutsuka
- 文化庁［2013］「平成25年度　我が国の文化政策」2016年1月22日アクセス　http://warp.da.ndl.go.jp/info:ndljp/pid/8556469/www.bunka.go.jp/bunka_gyousei/pdf/bunkacho2013.pdf
- 文化庁［2014］「平成26年度　我が国の文化政策」2016年1月22日アクセス　http://www.bunka.go.jp/tokei_hakusho_shuppan/hakusho_nenjihokokusho/pdf/bunkacho2014.pdf
- 文化庁［2015］「平成27年度　我が国の文化政策」2016年1月22日アクセス　http://www.bunka.go.jp/tokei_hakusho_shuppan/hakusho_nenjihokokusho/h27_bunka_seisaku/pdf/bunkacho2015.pdf
- 松平誠 1990 『都市祝祭の社会学』有斐閣
- 松平誠 2008 『祭りのゆくえ──都市祝祭新論』中央公論新社
- 三浦裕子 1998 『能楽入門 1　初めての能・狂言』小学館

- 水戸芸術館［2010］「水戸芸術館について」　2016年1月22日アクセス
  http://arttowermito.or.jp/about/about01.html
- 水戸芸術館［2010］「水戸室内管弦楽団」　2016年1月22日アクセス
  http://arttowermito.or.jp/hall/hall_mco.html
- 米山俊直　1986　『都市と祭りの人類学』河出書房新社
- 無署名　2006　「2度目の破綻、日本での成功が仇に」『日経ビジネス』第1356号（9月）
- 無署名　2012　「タワーレコードを子会社化——ドコモ、スマホでCD販売」『朝日新聞』6月12日朝刊

撮影：宮澤淳一

事項索引

【あ】
合方　260, 261
愛染明王　33
愛知県立芸術大学　298
アイデンティティ　161, 190
iPod　8, 199, 215, 329
アイ・ミュージック　147
アウフタクト　38
青山学院大学文学部比較芸術学科　298
〈赤ちょうちん〉（南こうせつとかぐや姫）　222
秋葉原　225, 226
アクースティカル録音
　acoustical recording　205
アクセント　122, 146
芥川作曲賞　309
揚幕　254
『朝日新聞』　296
アザーン　59, 60
足拍子　259
あしらい　140
As Performance　168
『ア・ソング・フォー・ユー』
　A Song for You　197
《安宅》　258
アタバキ　27
アップライトピアノ　99
アップル Apple　214, 215
Apple Store　14
Apple Music　329
『アート・オブ・ピアノ』　239
《アトモスフェール》　10
アナログ　213
アナログ・レコード　329
アニリ　65

雨団扇　255, 256
Amazon　14, 328
アマチュア　188
天照大御神　24, 25
天宇受売　24, 25
雨団扇　255, 256
天手力男　24
天若日子　25, 26
アメリカ音楽学会
　The American Musicological Society　300
荒事　257
《アリア》（ケージ）　155
アリア　74, 76
〈アリラン〉　63
アルス ars　242
アルバム　196, 207
〈ある晴れた日に〉
　（プッチーニ《蝶々夫人》）　72
阿波踊り（阿波おどり）　318, 319

【い】
《イヴェント》（ブレクト）　248
イエニチェリ　93
EMI　209, 210
家元　313
家元制度　312
イカ天　187
移行　261
石丸電気 3 号店　325
Is Performance　168
イタリア歌劇団公演　320
市川宗家　258
市川團十郎家　257

一子相伝　144
一般社団法人日本レコード協会
　325-327
《イーハトーヴ交響曲》（冨田勲）　229
EP　325
〈妹〉（南こうせつとかぐや姫）　222
苛高数珠（いらたかじゅず）　27
イリアンパイプス　104
印刷楽譜　132, 142, 146
印刷譜　291
International Music Score Library Project
　「ペトルッチ楽譜ライブラリー」　18
インターネット　200, 214, 228, 230
インターメディア　251
インディーズ　187, 188
「インド文明における文化的パターン」
　（シンガー）　165

【う】
ヴァイオリンとチェロとオーボエとファゴット
　のためのコンチェルタンテ変ロ長調 Hob.
　Ⅰ-105（ハイドン）　295
ヴァージン・メガストアーズ　330, 331
〈ウィー・アー・ザ・ワールド〉　232
ヴィーナー　141
《ウィリアム・テル》序曲（ロッシーニ）　232
ウェル・テンペラメント（不均等平均律）　36
ウォークマン　199, 212
ウォッシュボード　80
謡（うたい）　260
謡がかり　260, 261
内子座　262
宇宙の音楽（ムシカ・ムンダーナ）　30
《美しくて善良で賢い女よ》（コルディエ）
　147, 148

海幸山幸　25
ウラニア　27
《云何唄（うんがばい）》　142, 143

【え】
エアチェック　211, 214
エアバッグ　102
HMV　12, 14, 225, 330, 331
8トラックテープ　223
英雄主義　181, 182
永楽館　262
エウテルペ　27
《エウリディーチェ》（ペーリ、カッチーニ）
　73
江差追分　140, 141
SACD　328
SPレコード　205, 206, 325
エートス論　294
NHK　163
N次創作　228
NDC→日本十進分類法
『FM CLUB』誌　214
『FMステーション』誌　211, 214
『FM fan』誌　211, 214
FM放送　210
『FMレコパル』誌　211, 214
MD　328
MTS corporation　330
MP3　14, 214, 328
エラト　27
LP　213, 324, 325, 329
レコード（LP）　212
LPレコード　196, 197, 205, 208, 216

演歌　54
演劇研究　159, 172, 290
「エンドレス・ボックス」（塩見）　250
〈延年の舞〉　255, 261

【お】
オイゼビウス　265
追分節　112
大阪音楽大学音楽博物館　18
大阪大学人間科学部　298
大阪大学文学部　298
大阪万国博覧会　321
大薩摩節　257, 260
大相撲　258
大太鼓　255
大鼓（おおつづみ）　254, 259
《奥様女中》（ペルゴレージ）　77
オーケストラ　205, 209
オーセンティシティ／真正性　175
オタク文化　226
オーディエンス　164
オーディオ　210
〈お手をどうぞ〉　265
《オテロ》（ヴェルディ）　76
オノマトペ　61, 136
オープン・リール　210, 324, 325
オペラ opera　40, 73, 78, 207, 288, 320
オペラにおける声　72
オペラ・ブッファ（喜歌劇）　74
おまつり法　315, 318
オリエンタリズム　117
オリシャ　27
オルガン　97

オルゴール　255, 256
『オールナイト・ニッポン』　230
《オルフェオ》（モンテヴェルディ）　73
音圧　125
音価　121, 125
音階固有音　37
『音楽学』　299
音楽学　117, 277, 280-291, 293, 296, 297, 299
音楽学者　283, 285, 290-292, 296
音楽学会　299
音楽記号学　290
音楽記号論　290
『音楽教育学』　300
音楽教育事業　323, 324
音楽教育システム　323
『音楽教育実践ジャーナル』　300
音楽教室　117, 323
『音楽教程』（ボエティウス）　278
『音楽作品の空想的博物館』（ゲーア）　173
『音楽雑誌』　295
音楽史　297
音楽事務所　321
音楽社会学　283
音楽心理学　283
『音楽人類学』　284
音楽人類学　283, 285, 290
音楽ソフト　324, 325, 328, 329
音楽大学　297
音楽的なパフォーマンス　183
『音楽と文学』　296
音楽取調掛　297
音楽の再音楽化／脱意味化　275
音楽美学　297
音楽評論　265, 266, 268, 270, 271, 291, 294
音楽評論家　222, 266, 270, 271, 296

『音楽美論』（ハンスリック） 233
「音楽文化の振興のための学習環境の整備等に関する法律」（平成 6 年 11 月 25 日法律第 107 号） 305
音楽理論 297
音楽理論家 298
音響生理学 283
音具 82, 83, 94
音高 121, 125
音遣い 71
音符 119, 120, 121
音部記号 119, 123
オンライン 215
音律 31, 125

【か】
カイガラムシ 203
外務省 303
カウンター・カルチャー 160, 187, 224
カウンターテナー 73
〈帰って来たヨッパライ〉 219-221, 230
顔見世興行 262
雅楽 62, 90, 93, 108, 136, 137, 312
学習指導要領 303
学習指導要領試案 107
確認 affirm 184
楽譜 116-155, 266, 269, 291
楽理科 297
陰囃子 254, 256
梶本音楽事務所 /KAJIMOTO 321
カシュク 81
カシュク・オユヌ 81
貸しレコード店 212

カーステレオ 223
『カストラート』（映画） 73
カストラート 73, 74, 76
霞里生 296
カセット・テープ 200, 211, 325
『風の丘を越えて 西便制』（映画） 65, 66
『風街ろまん』（はっぴいえんど） 222
楽器分類法 284
楽弓 82
楽家 312
活字印刷術 131
ガット弦 84
河東節（かとうぶし） 257
《仮名手本忠臣蔵》 255
金丸座 262
カーネギー・ホール Carnegie Hall 232
カノン（楽器） 30
歌舞伎 71, 107, 108, 252-255, 258, 262, 312, 316, 317
歌舞伎十八番 258
《カプリッチョ》（R. シュトラウス） 76
カポエイラ 82
カミなき祭礼 315, 319
紙の透かし 291
紙の透かし模様 287
《紙ふぶき音楽》（ブレヒト） 248
ガムラン 138
ガムラン音楽 284
カメラータ 73
カメラータ・トウキョウ 321
カヤグム 136
歌謡曲 43
カラオケ 223, 224, 230
カラオケボックス 223
カリオペ 27

カルチュラル・スタディーズ cultural studies 169, 283, 285, 286, 290, 293
カルナータカ音楽（南インド） 32
カレワラ 88
カワイ 323
環境 198
感情起源説 28
《勧進帳》 254, 258, 259, 261
間奏曲（ブラームス） 176
〈神田川〉（南こうせつとかぐや姫） 222
カンテ・フラメンコ 53
カンテレ 88, 89
カンドンブレ 27
神原音楽事務所 321
カンリン 85, 86

【き】
枴（き） 258
擬音語 136
機械音 21
記号内容（シニフィエ） 289
記号表現（シニフィアン） 289
記号論 289, 290
記述的 descriptive 144
擬態語 136
義太夫 57, 69, 70, 257
義太夫狂言 253
義太夫節 53, 57, 255
吃音障害 158
《きっと雨がふる》（ライヒ） 10
規範的 prescriptive 144
気鳴楽器 98
旧金毘羅大芝居 262

旧東京音楽学校奏楽堂 242
旧約聖書 59
狂言 252, 254, 316, 317
狂言師 317
胸式呼吸 72
共時的言語学 289
強弱 125
強弱記号 123
共同通信社 211
京都市立芸術大学 298
共鳴体 82
享楽主義 181
キョス 95
曲頸四弦琵琶 92
魚板 83
清元節 257
キラーア 60
ギリシャ神話 23
キリスト教 28
儀礼 170, 184-186, 189

【く】
クイア理論 287, 289
グィン 52
『クイーンⅡ』 Queen II 196
偶然性 248, 249
口音（クウム） 136
グーグル 215
箜篌（くご） 92, 93
百済琴 92
口三味線 62, 136, 137
口太鼓 62, 136
クッ 63, 64

事項索引　　357

宮内庁　303
宮内庁楽部　137, 312
国指定文化財等データベース　315
国立音楽大学　298
国立音楽大学楽器学資料館　16
国立音楽大学附属図書館　16
組踊（くみおどり）　313
クラシック音楽 classical music　40, 42, 43, 45, 132, 140, 207, 215
CLUB QUATTRO　225
クラブ文化　329
クラブ・ミュージック　230
グラモフォン gramophone　203, 205, 207
『グラモフォン』誌 *Gramophone*　205
グランドピアノ　99
クリプトン・フューチャー・メディア　226
グルック・ピッチンニ論争　77
クルーニング唱法 crooning style　206
グループサウンズ（略称 GS）　221
クレイオ　27
グレゴリオ聖歌　129, 142
クレッシェンド　123
黒子　258
黒御簾　254-256
軍隊行進曲　95

【け】
磬（けい）　98
慶應義塾大学文学部人文社会学科　298
軽音楽　207
経済産業省　303
形式科 artes formales　278
芸術家の顕彰制度　305

芸術記号論　290
芸術選奨　305
携帯電話　226
携帯用端末　199
啓蒙主義　269, 294
「劇場、音楽堂等の活性化に関する法律」（平成24年6月27日法律第49号）　305
劇団四季　322
下座音楽　254
ケチャ　46, 47
〈結婚しようよ〉（吉田拓郎）　222
《弦楽のためのコロナⅡ》（武満徹）　153
言語起源説（J.J. ルソー，スペンサー）　28
言語行為論　169
《幻想交響曲》作品14（ベルリオーズ）　235
現代文化研究センター　286
鍵盤楽器　128, 129, 132
厳密な学　282, 291
弦鳴楽器　98

【こ】
〈恋とはどんなものかしら〉（モーツァルト《フィガロの結婚》）　76
行為遂行的→パフォーマティヴ
『行為と演技──日常生活における自己呈示』（ゴッフマン）　164
行為としての芸術　245
公益財団法人サントリー芸術財団　308, 309
公益財団法人水戸市芸術振興財団　307
公益社団法人企業メセナ協議会　309
公開演奏会　42
交響曲　185, 207, 288
交響曲第4番ヘ短調作品36（チャイコフスキー）　236

交響曲第5番ニ短調 作品47
　（ショスタコーヴィチ）　236
交響曲第5番ハ短調作品67
　（ベートーヴェン）　207, 217, 236
交響曲第5番嬰ハ短調（マーラー）　236
交響曲第6番ヘ長調作品68《田園》
　（ベートーヴェン）　235
交響曲第6番ロ短調作品74《悲愴》
　（チャイコフスキー）　236
交響曲第8番（旧第9番）ハ長調
　《ザ・グレイト》（シューベルト）　234
交響曲第9番ニ短調作品125《合唱付き》
　（ベートーヴェン）　42, 174, 175
交響曲第98番変ロ長調 Hob. I-98
　（ハイドン）　295
交響詩　40, 236
講式　57
口跡（こうせき）　67
構造主義　290
講談　317
校訂版　291
口頭伝承　135, 136, 139, 142
行動の再現　170, 174
康楽館　262
公立図書館　16
声の文化 orality　135
国際音楽学会 The International Musicological Society　300
国際音楽の日　305
国際ポピュラー音楽学会
　The International Association for the Study of Popular Music　300
国民高等学校 Volkshochschule　245
国民文化祭　305
国立国会図書館　16
国立国会図書館東京本館音楽・映像資料室　16
国立民族学博物館　17

五線譜、五線記譜法 staff notation
　116-135, 139, 144, 145, 147, 154, 155, 272
小鼓　254, 259
コード化　195
詞（ことば）　70
詞ノリ　70
「子供のための音楽教室」　270
コブシ　52
コミュニケーション　23, 45, 116, 193, 194
虚無僧　109
小室ファミリー　225
コーラン　59, 60
《ゴルトベルク変奏曲》BWV988（バッハ）　178, 240
金剛鈴　83
コンサート　176
コンスタティヴ　169
コンセプト・アルバム　197
コンパクト LP　325
コンパクト・ディスク→ CD
《コンポジション 1961》（ヤング）　251

【さ】
採譜　139
細密画　149
サウンド・アート　9, 251
サウンドスケープ（音風景）　21
作品概念　173, 174, 180
『サージェント・ペパーズ・ロンリー・ハーツ・クラブ・バンド』
　Sgt. Pepper's Lonely Hearts Club Band　197
サズ　112, 113
〈さちさちにしてあげる♪〉（小林幸子）　228
雑音　110, 111, 113

「作曲家の個展」シリーズ　309
ザックス・ホルンボステル法　97, 99
サティ・フェスティバル　244
サブカルチャー　286
サマー・オブ・ラブ　229, 230
サワリ　110
『サンギータ・ラトナーカラ』　98
サンギャン　46
サンギャン・ドゥダリ　46
サントリー音楽賞　309
サントリーサマーフェスティバル　309
サントリー美術館　308
サンバ　27
三分損益法　32
三方楽所　312
三方掛合　257
〈山谷ブルース〉（岡林信康）　222
三連符　121

【し】
地　70
地合い　70
《シアターピース第 1 番》（ケージ）　244, 245
CD　196, 213, 325, 329
《THE END》（渋谷慶一郎）　229
J-WAVE　214, 224
J ポップ　43, 224
シェラック shellac　203
ジェンダー gender　161, 169, 288, 289
ジェンダー研究　288, 290
ジェンダー・セクシュアリティ　288
ジェンダー批評　287-290
指揮者　175

磁気テープ　207
磁気録音方式　207
「時空間の器」（近藤）　272
地声　125
自己表現ブーム　223
事実確認的→コンスタティヴ
自主制作盤　221
自然音　9
七自由学科　277, 278
実験音楽　243, 249
実験工房　251
実験的作曲　246
実質科 artes reales　278
実証主義　287
十進分類法（DDC）　39
自動ピアノ　201
篠笛　254
自筆楽譜　287
自筆譜　146, 147, 149, 291, 292
四拍子　254, 255
渋谷系　225
四分音符　121, 122
詩編　59
島唄　52, 53
尺八　108-110
シャーマン　27
錫杖　100
ジャズ　207
ジャズ喫茶　187
シャノン＝ウィーバー・モデル　194, 195
ジャパン・アーツ　321
写譜　291
三味線　57, 58, 110
ジャブ・タール　34
ジャンル　12, 39, 40, 42-45, 47

360

ジャンル論（ファブリ）　44, 45
集音器　206
自由学芸　243, 277
『週刊FM』誌　211, 214
12インチシングル　325
12等分平均律→平均律
重要無形文化財　305, 311
重要無形文化財保持者　107
重要無形民俗文化財　311
自由リズム　112, 136, 139
祝福　184
シュトロー・ヴァイオリン stroh violin　205, 206
シュリンクス　89, 90
純歌舞伎　253
純正ではない音程　125
純正な音程　125
純正律　35, 126
笙（しょう）　62, 98
唱歌　61, 135-137, 139
小節線　123
正倉院　90, 92
象徴主義　251
消費文化　268, 270
声明（しょうみょう）　28, 57, 58, 142, 144, 297
浄瑠璃　67
昭和館　167
職業としての音楽評論家　294-296
所作事　253, 258
『ショスタコーヴィチの証言』（ヴォルコフ）　240
助長行政　302-304, 306
ショルカットゥ　138
シリンダー式蓄音機　201, 203
ジル　94, 95

シンガー・ソングライター　158, 221
新歌舞伎　253
新仮博士　142
真空管　206
シングル・レコード　208
信号起源説（シュトゥンプ）　28
人工物　194
シンコペーション　37
《心中宵庚申》　67
新種の聴き手（グールド）　217, 219, 230
真正性→オーセンティシティ
新進芸術家海外研修制度研修員　305
シントニック・コンマ　36
「新日鐵コンサート」（ラジオ）　308
『新バッハ全集』　291
シンバル　83
審美学　297
《シンフォニエッタ》　15
シンフォニー・コンサート　184, 236
進歩史観　284

【す】
水牛楽団　271
遂行的→パフォーマティヴ
水平的関係　171, 175
《Scapula（肩甲骨）》
　（ケン・イシイ＋チカゲ・イマイ）　10
《菅原伝授手習鑑》　255
すくい　137
図形楽譜　154, 155
スケルツォ第4番ホ長調作品54（ショパン）　238
《助六由縁江戸桜》　257

事項索引　361

須佐之男　24
スッポン　254
スティールドラム　87
スティールパン　86, 87
ステレオ方式　209
ステレオ録音　208, 209
スーパー歌舞伎　253
スペイン坂スタジオ　225
すべての人びとに音楽の歓びを与える　323
《スポーツと気晴らし》（サティ）　151, 152
『スーホの白い馬』　88
ズボン役　76
スマートフォン smatphone　8, 215
スラー　126
スリット・ドラム　83
ズルナ　93-95, 112

【せ】
聖歌　28, 159
聖書　240
性衝動説（ダーウィン）　28
正典 canon　287
西洋音楽史　297
ゼウス　26
世界音楽　47
セクシュアリティ　288, 289, 293
世襲制度　312, 313
説教　57
セッティング setting　203
セリ　254
全音　120
全音符　121
前奏曲ロ短調作品32の10（ラフマニノフ）　239

選択無形民俗文化財　315
セント法　284
施法　140

【そ】
総合芸術　27
総譜（スコア）　129
石鼓（ソッコ）　101, 102
ソナタ形式　185
ソニー　212
ソフトウェア　226
ソリックン　65

【た】
《第1リチェルカーレ》
　（カヴァッツォーニ）　128
大英博物館　203
太神楽（だいかぐら）　313
体系的音楽学　297
太鼓　254
対抗文化　187
太鼓言葉　81, 138
大仏開眼法要　142
大譜表　128, 129
体鳴楽器　98
ダヴィッド同盟　265
ダウル　95
ダウンロード downloading　214
ターキッシュ・クレッセント　100, 101
竹本　255, 257
多重録音　195

ダダ　163
立ち回り　258
タテ　260
タート　33, 34
〈旅の宿〉（吉田拓郎）　222
ダビング dubbing　212, 215
タブラチュア譜（奏法譜）　128
タブラ・バーヤーン　136, 137
ダブルリード　94
ダマル　85, 86
だみ声　53, 54
ターラ　32-34, 140
タレイア　27
タワーレコード　12, 14, 225, 330
短音階 minor scale　36, 37
団塊世代　189
探求　184
単純拍子　37
ダンス・ミュージック　230

【ち】
地域伝統芸能等活用法　315
チェヴゲン　93, 94, 100
地球村　193
チャイム　8, 9, 11
チャッパ　255, 256
チャム　86
チャルメラ　94
チャン　65
杖鼓（チャンゴ）　136
チャンター　102-105
チュイムセ　65
中棹三味線　257

中全音律　35, 36
宙乗り　254
《春香歌（チュニャンヂョン）》　65, 66
長音階 major scale　36, 37
調号　123
調性（長調、短調）　35, 36, 129
《蝶々夫人》　72
著作権法　304
直頸五弦琵琶　92
チリカラ拍子　261
チンドン屋　97

【つ】
《ツァラツストラかく語りき》
　（交響詩、R. シュトラウス）　235
ツィンバロム　109
通時的言語学　289
通信カラオケ　225
ツカサ（司）　53
津軽三味線　110
ツケ　258, 261
ツケ板　258
ツケ打ち　258
TSUTAYA STORES　ホールディングス　331
ツレ　260

【て】
定期刊行物　294
DJ　187, 189, 199, 329
ディスク　203

『ディスク』誌　210
ディスク式蓄音機　203
〈December 1952〉（ブラウン《フォーリオ》）
　　155
DTM　226
DVD　329
DVD オーディオ　328
DVD ミュージック　328
ディレクター　221
ティーン・タール　34
出語り　257
「出来事」　273
テクスト　180
テクストの再現　172, 174, 178
テクネー techne　242
テクノロジー　194
テグム　111
デクレッシェンド　123, 146
デジタル　213
デスヴォイス　54
デスク・トップ・ミュージック→DTM
デスメタル　54
出遣い　67
TED Talks　158
テノール歌手　206
出囃子　254, 257
テープ音楽　9
テルプシコラ　27
電気録音 electrical recording　206
『電車男』　226
天体のハルモニア（ハルモニア・ムンディ）
　　11, 29, 30
デンデン太鼓　86
電鳴楽器　98

【と】
ドイツ・グラモフォン
　　Deutsche Grammophon　209
『東京朝日新聞』　296
東京音楽学校　297, 298
東京藝術大学音楽学部　297
東京藝術大学小泉文夫記念資料室　16, 17
東京藝術大学附属図書館　16
東京高円寺阿波おどり　318
東京コンサーツ　321, 322
東京混声合唱団　321
『東京新聞』　296
東京大学教養学部教養学科　298
東京大学文学部思想文化学科　298
東京大学文学部美学美術史学科　297
東京帝国大学文学部美学美術史学科　298
東京都立図書館　16
『東京日日新聞』　295, 296
道具の音楽
　　（ムシカ・インストゥルメンターリス）　30
東芝音楽工業　221
同人音楽　200, 226
頭声　125
ドゥダ　102
東洋音楽学会　299
『東洋音楽研究』　300
東洋音楽史　297
ト音記号　122
常磐津節　257
トーキングドラム　81, 82, 138
読経　28
独立行政法人日本芸術文化振興会　305
ドーナツ盤　208, 324, 325
飛び六方　261
《トポフォニー・オブ・ザ・テクスト》　10

富本節　257
「TRANSMUSIC」シリーズ　309
《トルコ行進曲》　95
〈ドレミの歌〉（ロジャース《サウンド・オブ・ミュージック》）　121, 125
ドローン　54, 102-106
《ドン・ジョヴァンニ》の〈お手をどうぞ〉による変奏曲（ショパン）　265

【な】
長唄　254, 257, 261
長唄囃子連中　254
長唄連中　254, 259
泣き歌　60, 61
Naxos Music Library　18, 329
ナッカラ　94
ナーティヤ・シャーストラ　98
ナップスター Napstar　214
名取制度　313
7インチシングル　325
浪花節　53
鍋型太鼓　94
男寺党（ナムサダン）　64
ナラティヴ／物語　185
鳴物社中　254

【に】
ニコニコ動画　226, 230
『20世紀少年』　200
〈22才の別れ〉（風）　222
日常生活におけるパフォーマンス　162, 163

二分音符　122
日本音楽学会　299
日本音楽教育学会　300
日本音楽史　297
日本芸術文化振興会　313
『にほんごであそぼ』　317
日本十進分類法（NDC）　39, 40
日本神話　23, 27
日本東洋音楽史　297
「日本の作曲家の作品」　309
日本ポピュラー音楽学会　300
ニューオリンズ・ジャズ　97
ニュー・スクール　246
ニュー・スクール・フォー・ソーシャル・リサーチ　245
ニュー・ミュージコロジー　283, 286, 290, 293
ニューミュージック　43, 222
ニューヨーク大学　159
人形浄瑠璃　57, 66, 71, 253, 255
人間国宝　107
人間の音楽（ムシカ・フマーナ）　30

【ね】
《熱情ソナタ》→ピアノ・ソナタ第23番へ短調作品57
ネットワーク・ミュージッキング（井手口彰典）　219
念仏　28

【の】
ノイズ　195
能　252, 254, 260, 316

能楽　107, 313
能管　254
脳卒中　159
能舞台　254
ノースウェスタン大学
　　Northwestern University　160
ノルムセ　65
ノロ（祝女）　53
ノン・イヴェント　171
ノンレガート奏法　126, 176, 181

【は】
倍音　54
排簫（はいしょう）　90, 93
ハイパーソニック・エフェクト　55
ハイファイなサウンドスケープ　21
『ハイ・フィデリティ』誌
　　High Fidelity　217
ハイ＝フィデリティ　high-fidelity　208
ハイランド・バグパイプ　103, 104
バイロイト祝祭管弦楽団　175
バウハウス　244
博士　142, 144
拍節構造　37
バグパイプ　54, 102-106
パーソナル・コンピューター　226, 230
馬頭琴　88
橋掛かり　254
はじき　137
撥　137
八音　98
撥音　110
八分音符　122

鈸（ばつ）　83
パッケージ　214-216
発車メロディ　8-11
初音ミク　226-230
ハーディガーディ　105, 106
花道　254
河回別神（ハフェビョルシン）グッ仮面劇
　　（タルノリ）　64
パフォーマティヴ　161, 168-170, 181, 184, 190
パフォーマンス　performance　158-190, 288
パフォーマンス・アート　163
パフォーマンス研究　159, 290
パフォーマンスとしての文化　166
『パフォーマンスの人類学 The Anthoropology of Performance』（ターナー）　166
パフォーミング・アーツ　158
パフォーミング・アート　performing arts　163
ハプニング芸術　163
バブル経済　187
浜松市楽器博物館　17
『ハムレット』（シェイクスピア）　240
ハーモニカ　97
囃子　254, 259, 261, 316
隼人舞　25
《春の海》　316
《春の祭典》（ストラヴィンスキー）　146
〈春への憧れ〉（モーツァルト）　292
半音　120
番号オペラ　76
パンソリ　54, 63, 65
パンパイプス　89
パンフルート　89, 90
ハンマー・ダルシマー　109
ハンマーフリューゲル　101

【ひ】

《ピアニストのためのコロナ》（武満徹）　153
pp（ピアニッシモ）　123
p（ピアノ）　123
ピアノ　97, 99, 100, 109, 110
ピアノ協奏曲（ベートーヴェン）　173, 181
ピアノ協奏曲第2番変ロ長調作品83（ブラームス）　237
ピアノ協奏曲第4番ト長調作品58（ベートーヴェン）　239
ピアノ協奏曲第27番変ロ長調 K.595（モーツァルト）　292
ピアノ三重奏曲第1番変ロ長調作品99（シューベルト）　268
ピアノ三重奏曲第7番変ロ長調作品97《大公》（ベートーヴェン）　268
ピアノ・ソナタ ロ短調（リスト）　238
ピアノ・ソナタ第8番イ短調 K.310　181
ピアノ・ソナタ第8番ハ短調作品13《悲愴》（ベートーヴェン）　181
ピアノ・ソナタ第10番ハ長調 K.330（モーツァルト）　181
ピアノ・ソナタ第11番イ長調 K.331（モーツァルト）　181
ピアノ・ソナタ第13番変ロ長調 K.333（モーツァルト）　181
ピアノ・ソナタ第14番嬰ハ短調作品27の2《月光》（ベートーヴェン）　181
ピアノ・ソナタ第16番ハ長調 K.545（モーツァルト）　181
ピアノ・ソナタ第23番ヘ短調作品57《熱情》（ベートーヴェン）　181, 207
《ピアノとオーケストラのためのコンサート》（ケージ）　154, 155
比較音楽学 comparative musicology　283, 284
東日本大震災　307, 319
秘曲　136
ビジネスモデル　324
美術　241-252

美術史家　298
《悲愴交響曲》→交響曲第6番ロ短調作品74《悲愴》
『ピタゴラスイッチ』　163
篳篥（ひちりき）　84, 85, 108
筆跡　146, 287, 291, 293
ヒッピー　229
《火の鳥》（ストラヴィンスキー）　146
批判校訂　174
批判の学　290
「ひびの入った骨董品」（吉田）　266, 267, 271
微分音　112, 113
ピュタゴラス音律　31, 35, 126
ピュタゴラス・コンマ　36
拍子木　258
描写音楽　235
表象　161, 163, 165
表情記号　154
標題　235-240
標題音楽　234-236, 238, 241
評論→音楽評論
評論家→音楽評論家
ピラミッド型フリューゲル　101
ビリンバウ　81-83
琵琶　57, 91, 92, 110
ヒンドゥスターニー音楽（北インド）　32-34

【ふ】

『ファウスト』（ゲーテ）　238
『ファンタジア』（映画）*Fantasia*　209
《フィガロの結婚》（モーツァルト）　40, 42, 74, 76
『フィツカラルド』　72

フィラデルフィア管弦楽団　207, 209
《フィンランディア》（交響詩、シベリウス）　207
フェミニズム批評　287, 288
フォーク　43, 224
フォーク・ミュージック　222
フォノグラフ　201
《フォーリオ》　155
f（フォルテ）　123
ff（フォルティッシモ）　123
《フーガの技法》ニ短調 BWV1080（バッハ）　240
プク　65
複合拍子　37
腹式呼吸　72
複縦線　123
普化宗　109
豊山派声明　142
節　70
婦人共立育児会慈善演奏会　242
巫俗（ふぞく）儀礼　63
舞台芸術・芸能としてのパフォーマンス　162
付点　120
符頭　120
太棹　58, 257
太棹三味線　57, 71
符尾　120
ブフォン論争　77
《フモレスケ》変ロ長調作品 20（シューマン）　268
ブライトコプフ版　174
ブラスバンド　96, 97
ブラック・マウンテン・カレッジ　243, 245
フラメンコ　53
振り鼓　86
プリ・マドンナ・オペラ　74

フルクサス Fluxus　163, 243, 249, 251
フルクサス・キット　250
フレット　113
プロデューサー　228
ブロードバンド　215
プロフェッショナル　187
フロレスタン　265
文化勲章　305
文化芸術グローカル化推進事業　308
文化芸術振興基本法（平成 13 年 12 月 7 日法律第 148 号）　304, 305
文化芸術の振興に関する基本的な方針　304
文化芸術立国　305
文化研究　169
文化功労者　305
文化財　304, 305
文化財保護法　107, 310, 313-315
文化審議会　304
文化政策　302
文化相対主義　284
文化庁　303-305, 309
文化庁芸術祭　305
文化庁メディア芸術祭　305
文化的パフォーマンス　161, 162, 165, 166
文化デジタルライブラリー　314
文献学　282
豊後系（浄瑠璃）　257
豊後節　257
文楽　57, 63, 67, 69, 71, 107, 252, 253, 258, 317

【へ】
平曲　55

平均律（12 等分平均律）　36, 113, 125, 126
平家　55, 57
平家琵琶　55, 57
平家正節（へいけまぶし）　56, 57
平家物語　57
米国議会図書館　203
ヘヴィメタル　54
ヘッドフォン　212
ヘテロフォニー　140
ベトナム戦争　160, 222
《ペトルーシュカ》（ストラヴィンスキー）　146
ベル・カント唱法　73, 74
ベルリン・フィルハーモニック　209
ベーレンライター版　174
《ベンジャミン・ブリテンへの追悼歌》（ベルト）　10
ベンドレ　138, 139
編集作業　216
変拍子　37

【ほ】
ボイス・パーカッション　138
防衛省　303
法器　82, 83, 109
ボーカロイド　226, 228
〈ぼくのおとうさん〉　163
ぼくのおとうさん　164
墨譜　57, 142
ポスト構造主義理論家　169
細棹三味線　257
ポピュラー音楽 popular music　40, 42, 43, 45, 47, 132, 207, 215, 218, 283, 285, 286, 296

『ポピュラー音楽研究』　300
ホーミー　54, 55
法螺貝　83
ポリカーボネート　213
ボリュムニア　27
ポリリズム　38
ボル　93, 94
ボール　136, 137
鳳山仮面劇（ポンサンタルチュム）　64

【ま】
マイクロフォン　206, 209
『毎日新聞』　295, 296
マグネトフォン Magnetofon　208
膜鳴楽器　98
〈まことにこの人は神の子であった〉（J. S. バッハ《マタイ受難曲》）　149
マジャール民謡　292
《マタイ受難曲》（J. S. バッハ）　41, 149
松羽目物　258
《魔法の黄色い靴》（チューリップ）　222
『マーラー全集』　291
マルチトラック（録音）multi-track (recording)　210
マルチメディア　219
回り舞台　254

【み】
見得　258
ミクストメディア　252
〈みくみくにしてあげる♪〉（ika）　228

《三つのライト》(ブレヒト) 247, 248
水戸室内管弦楽団 306, 307
『三宅裕司のいかすバンド天国』 187
ミュージアム 166
『ミュージッキング』(スモール) 183
ミュージッキング 184-187, 189, 225, 290
「MUSIC TODAY」 308
ミュージック・マイナス・ワン 223
未来派 163
ミリオンコンサート協会 321
民族音楽学 ethno-musicology 283-285, 297
民族音楽学会 Society for Ethnomusicology 284
民俗文化財 314, 315

【む】
無形文化遺産保護条約 311
無形文化財 310, 311
ムーサ 26
武蔵野音楽大学 298
『虫のシンフォニー』 10
ムーダン 64, 65
ムネモシュネ 26

【め】
名曲喫茶 210
明治音楽会 296
明治学院大学文学部芸術学科 298
名人芸 180
メイド喫茶 226
メジャー・デビュー 225

メジャー・レーベル 225
メセナ 302, 308-310
mp (メゾピアノ) 123
mf (メゾフォルテ) 123
メタ物語/ナラティヴ 185, 190, 236, 240
メッセージ 193, 195
メディア 116, 131, 192, 193, 328-330
(メディア) 交錯するメディア 199
(メディア) 制度としてのメディア 199
(メディア) 体験としてのメディア 198
(メディア) 表現形式としてのメディア 199
(メディア) 文化としてのメディア 200
(メディア) 四大メディア 193
メディア・アート 252
メトロポリタン歌劇場 199
メヘテル 93-97
メリスマ 57
メルポメネ 27

【も】
盲僧琵琶 57
木魚 83
文字の文化 literacy 135
モダニズムの音楽 246
物語→ナラティヴ
物語としてのパフォーマンス 166
モノーラル 209
模倣起源説 (デモクリトス) 28
《紅葉狩》 257
紅葉山楽所 312
モリンホール 88, 89
《モルダウ》(交響詩、スメタナ) 209
文部科学省 303, 304

文部科学省設置法
　（平成 11 年 7 月 16 日法律第 96 号）　304

【や】
八千代座　262
〈柳の歌〉（ヴェルディ《オテロ》）　76
《矢の根》　257
ヤマハ　226, 323
ヤマハ音楽振興会　323
山伏問答　261
『ヤング・ピープルズ・コンサート』（バーンスタイン）Young People's Conserts　232

【ゆ】
有料音楽配信　328
床　69
雪音　255
You Tube　14, 215, 228, 328
ユニヴァーサル社（ウィーン）　322

【よ】
様式研究　293
様式史　282
YOSAKOI ソーラン　318, 319
よさこいソーラン　318
《義経千本桜》　255
四畳半フォーク　222
寄席　313
〈寄せの合方〉　260, 261

他所事浄瑠璃　257
四谷のちか　296
『読売新聞』　212, 296
四全総　318
《4 分 33 秒》（ケージ）　271-276

【ら】
ライヴ・ヴューイング　199
ライヴ録音　209
ライブハウス　187, 188
LINE　215
ラーガ　32-34, 140, 141
ラーガ・サラスヴァティー　141, 142
ラジオつきカセット・テープレコーダー　211
《ラジオの音楽》　10
ラジカセ→ラジオつきカセット・テープレコーダー
喇叭（ラッパ）　86
螺鈿紫檀五弦琵琶　91
ラブ・アンド・ピース　229

【り】
六芸（りくげい）　277, 279
リズム周期　140
リズム衝動起源説（ヴァラシェク）　28
リート（歌曲）　43
リード　103, 105
リベラル・アーツ liberal arts　243, 299
リュート　128
りん　83
臨時記号　120, 123

事項索引　371

【る】

ルーパク・タール　34

【れ】

レイヴ　230
黎紅堂　212
レガート奏法　126
歴史学　282, 291
レコード（LP）　212
レコード会社　219
『レコード芸術』誌　210
レコード店　324, 329
レーザーディスク　223
レチタティーヴォ　70, 74, 76, 77

【ろ】

浪曲　53, 54, 317
労働起源説（ビューヒャー）　28
録音スタジオ　195
録音テクノロジー recording technology　206
ロサンゼルス・フィルハーモニック　320
ロシア・バレエ団　146
路上ライブ　188, 225
蘆舌　84
ローソンHMVエンタテイメント　331
ロック　43
ロック喫茶　187
ロック・ミュージック　200, 222, 229
ローファイなサウンドスケープ　21
『論語』（孔子）　279

論述としてのパフォーマンス　179-182
ロンドー　147
ロンドン交響楽団　239

【わ】

「枠／器と出来事」　273, 274
ワケ口　260
早稲田大学文化構想学部　298
早稲田大学社会科学部　298

人名索引

【あ】

青柳いづみこ（あおやぎ・いづみこ）　239
中孝介（あたり・こうすけ）　52
アードラー，グイード
　　Adler, Guido　280, 281
アドルノ，テオドール
　　Adorno, Theodor　283, 288
荒井由実［松任谷由実］
　　（あらい・ゆみ）　43, 222
アリストテレス Aristotelēs　278
アルゲリッチ，マルタ
　　Argerich, Martha　127
アルトー，アントナン
　　Artaud, Antonin　245
アルバース，ジョゼフ
　　Albers, Josef　243, 244
アンダーソン，ローリー
　　Anderson, Laurie　288

【い】

石井眞木（いしい・まき）　322
磯崎新（いそざき・あらた）　306
礒山雅（いそやま・ただし）　292, 293
市川猿之助［4代目］
　　（いちかわ・えんのすけ）　317
稲崎舞（いなさき・まい）　147
井上大佑（いのうえ・だいすけ）　223
井上陽水（いのうえ・ようすい）　43, 222
林權澤（イム・グォンテク）　65

【う】

ヴァーグナー，リヒャルト
　　Wagner, Richard　234, 266
ヴァラシェク，リヒャルト
　　Wallaschek, Richard　28
ヴィヴァルディ，アントニオ
　　Vivaldi, Antonio　73
ウィーヴァー，ワレン
　　Weaver, Warren　194, 195
ヴェーバー，マックス　Weber, Max　283
ヴェルディ，ジュゼッペ
　　Verdi, Giuseppe　76
ヴォルコフ，ソロモン
　　Volkov, Solomon　240
ヴォルフ，フーゴ　Wolf, Hugo　43
ヴォルフ，クリストフ
　　Wolf, Christoph　293
浦沢直樹（うらさわ・なおき）　200
ヴント，ヴィルヘルム
　　Wundt, Wilhelm　28

【え】

エヴァンス，ビル　Evans, Bill　39
エーコ，ウンベルト　Eco, Umberto　290
エディソン，トーマス　Edison, Thomas　201
海老沢敏（えびさわ・びん）　293
エリス，アレキサンダー
　　Ellis, Alexander　284
エルンスト，マックス　Ernst, Max　237

【お】

大嶌徹（おおしま・てつ）　329
大田黒元雄（おおたぐろ・もとお）　296
岡田暁生（おかだ・あけお）　237, 265, 266, 274, 275
岡林信康 （おかばやし・のぶやす）　222
奥泉光（おくいずみ・ひかる）　15
小椋佳（おぐら・けい）　222
尾崎豊（おざき・ゆたか）　222
小澤征爾（おざわ・せいじ）　307
オースティン，ジョン L.
　　Austin, John L.　168, 169
オング，ウォルター J.
　　Ong, Walter Jackson J.　135

【か】

カヴァッツォーニ, マルコ・アントニオ
　Cavazzoni, Marco Antonio　128
カウエル, ヘンリー　Cowell, Henry　246
垣ケ原靖博（かきがはら・やすひろ）　321, 322
カッチーニ, ジュリオ　Caccini, Giulio　73
カッファレッリ　Caffarelli　74
加藤和彦（かとう・かずひこ）　221
金澤正剛（かなざわ・まさかた）　278, 279
カニングハム, マース
　Cunningham, Merce　244
カプロー, アラン　Kaprow, Allan　248
カーマン, ジョゼフ
　Kerman, Joseph　280, 286-289, 292
カラス, マリア　Callas, Maria　72
カラヤン, ヘルベルト・フォン
　Karajan, Herbert von　209, 210
カリィ, カヒミ　225
カルーソー, エンリコ
　Caruso, Enrico　72, 206
カルダー, アレクサンダー
　Calder, Alexander　155
川田順造（かわだ・じゅんぞう）　50, 81, 138
神田山陽［3代目］（かんだ・さんよう）　317
カンディンスキー, ヴァシリー
　Kandinsky, Vassily　251

【き】

北島三郎（きたじま・さぶろう）　43
北山修（きたやま・おさむ）　221

【く】

グスターヴォ, ドゥダメル
　Dudamel, Gustavo　320
クック, ニコラス
　Cook, Nicholas　172, 174, 175

グーテンベルク, ヨハネス
　Gutenberg, Johannes　131
国本武春（くにもと・たけはる）　317
久保田慶一（くぼた・けいいち）　35, 118, 280
グラハム, マーサ　Graham, Martha　246
クリュザンダー, フリードリヒ
　Chrysander, Friedrich　280-282
グールド, グレン
　Gould, Glenn　127, 175-182, 216-219, 240
グレインジャー, パーシー
　Grainger, Percy　203
クレンペラー, オットー
　Klemperer, Otto　217
クロ, シャルル　Cros, Charles　201
黒澤明（くろさわ・あきら）　237
クロスビー, ビング　Crosby, Bing　206
クンスト, ヤープ　Kunst, Jaap　284

【け】

ゲーア, リディア　Goehr, Lydia　173
ケージ, ジョン　Cage, John　10, 22, 155, 199, 214-216, 243-246, 248, 249, 251, 252, 271-275
ケン, イシイ　10

【こ】

小泉文夫（こいずみ・ふみお）　16, 17
郷ひろみ（ごう・ひろみ）　43
孔子（こうし）　98, 279, 294
コクトー, ジャン　Cocteau, Jean　237
ゴーゴリ, ニコライ　Gogoli, Nikolai　237
高宗（コジョン）　102
コダーイ, ゾルターン
　Kodály, Zoltán　203, 292
ゴッフマン, アーヴィング
　Goffman, Erving　164
小中村清矩（こなかむら・きよのり）　23, 24
小西康陽（こにし・やすはる）　225

小林幸子（こばやし・さちこ）　228
小林道夫（こばやし・みちお）　309
コープランド，アーロン
　　Copland, Aaron　246
駒井哲郎（こまい・てつろう）　251
小室哲哉（こむろ・てつや）　225
小柳ルミ子（こやなぎ・るみこ）　43
コルディエ，ボード　Cordier, Baude　147-149
コルビオ，ジェラール　Corbiau, Gérard　73
近藤譲（こんどう・じょう）　272, 273

【さ】

西城秀樹（さいじょう・ひでき）　43
財津和夫（ざいつ・かずお）　222
サイード，エドワード　Said, Edward　117
酒井正子（さかい・まさこ）　60, 61
佐川一信（さがわ・かずのぶ）　306
桜田淳子（さくらだ・じゅんこ）　43
佐々木敦（ささき・あつし）　274
佐治敬三（さじ・けいぞう）　308, 309
ザックス，クルト　Sachs, Curt　97-99
サティ，エリック
　　Satie, Erik　151, 152, 244, 246, 275

【し】

シェクナー，リチャード
　　Scheckner, Richard　160, 161, 168, 170, 171, 174
シェッファー，ペーター
　　Schöffer, Peter　131
シェーファー，R. マリー
　　Schafer, R. Murray　21
ジェラット，ローランド
　　Gelatt, Roland　206
シェーンベルク，アルノルト
　　Schönberg, Arnold　172, 176, 251
塩見允枝子（しおみ・みえこ）　249, 250
シーガー，チャールズ　Seeger, Charles　144

慈鎮（じちん）　57
信濃前司行長
　　（しなののぜんじ・ゆきなが）　57
柴邦典（しば・とものり）　229, 230
渋谷慶一郎（しぶや・けいいちろう）　229
シベリウス，ジャン　Sibelius, Jean　207
シャヴィンスキー，クサンティ
　　Schawinsky, Xanti　244
ジャクソン，マイケル
　　Jackson, Michael　232
シャノン，クロード．E
　　Shannon, Claude E.　195
シュヴァイツァー，アルベルト
　　Schweitzer, Albert　238, 240
シュトゥンプ，カール　Stumpf, Carl　28
シュトラウス，リヒャルト
　　Strauss, Richard　76, 235
シュピース，ヴァルター　Spies, Walter　46
シュピッタ，フィリップ
　　Spitta, Phillipp　280
シューベルト，フランツ　Schubert, Franz
　　43, 118, 146, 176, 234, 238, 268
シューマン，ロベルト　Schumann, Robert
　　15, 16, 43, 176, 265-268, 270, 271, 295
シュレンマー，オスカー
　　Schlemmer, Oskar　244
庄野進（しょうの・すすむ）　273
生仏（しょうぶつ）　57
ショスタコーヴィチ，ドミートリイ
　　Shostakovich, Dmitri　236, 240
ショパン，フレデリック
　　Chopin, Frédéric　176, 233, 238, 265
ジョンソン，アルヴィン
　　Johnson, Alvin　245, 246
シーレ，エゴン　Schiele, Egon　237
シンガー，ミルトン　Singer, Milton　165
申在孝（シン・ジェヒョ）　66

人名索引　　*375*

【す】
スカルラッティ, ドメニコ
　　Scarlatti, Domenico　126
杉浦康平（すぎうら・こうへい）　153
すぎやまこういち　221
鈴木邦彦（すずき・くにひこ）　221
鈴木健（すずき・たけし）　161, 162, 166, 168
ストコフスキー, レオポルド
　　Stokowski, Leopold　207, 209
ストラヴィンスキー, イーゴリ
　　Stravinsky, Igor　146, 147, 172
スペンサー, ハーバート
　　Spencer, Herbert　28
スメタナ, ベドジフ
　　Smetana, Bedřich　209
スモール, クリストファー
　　Small, Christopher　183-186, 189, 190, 219, 290

【せ】
ゼルキン, ルドルフ　Serkin, Rudolf　207

【そ】
ソシュール, フェルディナン・ド
　　Saussure, Ferdinand de　289

【た】
タイソン, アラン　Tyson, Alan　292, 293
ダーウィン, チャールズ・ロバート
　　Darwin, Charles Robert　28
瀧淳（たき・じゅん）　321
武満徹（たけみつ・とおる）　153, 155, 251, 322, 325
高嶋弘之（たかしま・ひろゆき）　221
高橋雄一郎（たかはし・ゆういちろう）
　　160-162, 166-168, 171
高橋悠治（たかはし・ゆうじ）　268-271
竹内敏雄（たけうち・としお）　280

竹本義太夫（たけもと・ぎだゆう）
　　67, 255, 257
ダーデルセン, ゲオルク・フォン
　　Dadelsen, Georg von　291
ターナー, ヴィクター
　　Turner, Victor　166
谷崎潤一郎（たにざき・じゅんいちろう）　16
ダリ, サルヴァドール
　　Dalí, Salvador　237
ターロウ, フローレンス
　　Tarlow, Florence　248

【ち】
崔吉城（チェ・キルソン）　64
チェーホフ, アントン　Chekhov, Anton　237
近松門左衛門（ちかまつ・もんざえもん）　67
チャイコフスキー, ピョートル
　　Tchaikovsky, Pyotr　185, 236

【つ】
筒美京平（つつみ・きょうへい）　221

【て】
ディアギレフ, セルゲイ
　　Diaghilev, Sergei　146
鄭玄（ていげん／じょうげん）　279
デモクリトス　Democritus　28
デューイ, ジョン　Dewey, John　243, 245
デューイ, メルヴィル　Dewey, Melvil　39
デュシャン, マルセル
　　Duchamp, Marcel　248
テュードア, デヴィッド
　　Tudor, David　244, 272
デュール, アルフレッド
　　Durr, Alfred　291

【と】
遠山一行（とおやま・かずゆき）　296

トスカニーニ，アルトゥーロ
　Toscanini, Arturo　207
ドニゼッティ，ガエターノ
　Gaetano, Donizetti　74
ドビュッシー，クロード
　Debussy, Claude　251
冨田勲（とみた・いさお）　229
トムソン，ヴァージル
　Thomson, Virgil　246
豊竹咲甫大夫（とよたけ・さきほだゆう）　317
ドリンカー，ソフィー
　Drinker, Sophie　288

【な】
なかにし礼（なかにし・れい）　221
中村勘九郎［6代目］
　（なかむら・かんくろう）　317
ナティエ，ジャン・ジャック
　Nattiez, Jean-Jacques　290

【に】
ニーチェ，フリードリヒ
　Nietzsche, Friedrich　235

【ね】
根岸重一（ねぎし・しげかず）　223
ネトル，ブルーノ　Nettl, Bruno　285

【の】
野村萬斎［二世］（のむら・まんさい）　317

【は】
ハイティンク，ベルナルト
　Haitink, Bernard　239
ハイド，スコット　Hyde, Scott　248
ハイドン，フランツ・ヨーゼフ
　Haydn, Franz Joseph　39, 295
バザーナ，ケヴィン　Bazzana, Kevin　180

元ちとせ（はじめ・ちとせ）　52
橋本淳（はしもと・じゅん）　221
パース，チャールズ・サンダース
　Peirce, Charles Sanders　289
長谷川秀樹（はせがわ・ひでき）　53
パゾリーニ，ピエル・パオロ
　Pasolini, Pier Paolo　237
バックハウス，ヴィルヘルム
　Backhaus, Wilhelm　239
バッハ，カール・フィリップ・エマヌエル
　Bach, Carl Philipp Emanuel　126
バッハ，ヨハン・セヴァスティアン
　Bach, Johann Sebastian　39-42, 118, 126,
　127, 146, 149, 176, 178, 238, 240, 267-270,
　287, 291, 294
バートカンデー，ヴィシュヌ・ナーラーヤン
　Bhatkhande, Vishnu Narayan　33
バトラー，ジュディス
　Butler, Judith　169
葉山，ペギー（はやま，ペギー）　122
バルト，ロラン　Barthes, Roland　290
バルトーク，ベーラ
　Bartók Béla　203, 292
パレハ，バルトロメ・ラモス・デ
　Pareja, Bartolomeo Ramos de　149, 150
ハンスリック，エドゥアルト
　Hanslick, Eduard　233, 234, 238, 266
ハンセン，アル　Hansen, Al　248
ハンフリー，ドリス　Humphrey, Doris　246

【ひ】
ピアフ，エディット　Piaf, Édith　244
ピカソ，パブロ　Picasso, Pablo　237
ヒギンズ，ディック
　Higgins, Dick　246, 248, 250
ピュタゴラス
　Pythagoras　29-32, 35, 36, 126, 277-279
ビューヒャー，カール　Bücher, Karl　28

人名索引　*377*

ヒンデミット，パウル
　Hindemith, Paul　176

【ふ】

ファブリ，フランコ　Fabbri, Franco　44, 45
ファリネッリ　Farinelli
　（ブロスキ，カルロ　Broschi, Carlo）　73, 74
フェリーニ，フェデリコ
　Fellini, Federico　237
フェルメール，ヨハネス
　Vermeer, Johannes　237
フォン・メック，ナジェージタ
　Von Mek, Nadezhda　236
福地源一郎（ふくち・げんいちろう）　295
フーコー，ミシェル
　Foucault, Michel　290
藤田咲（ふじた・さき）　227
プッチーニ，ジャコモ
　Puccini, Giacomo　72
フュークス，ウォルター
　Fewkes, Walter　203
ブラウン，アール　Brown, Earle　155, 295
プラトン　Platon　278, 294
ブラームス，ヨハネス
　Brahms, Johannes　176, 237
フラムリ，ニコラ・エティエンヌ
　Framery, Nicolas-Étienne　281
フリス，サイモン　Frith, Simon　286
ブリテン，ベンジャミン
　Britten, Benjamin　10, 289
ブリューゲル，ピーテル
　Bruegel, Pieter　106
プルースト，マルセル
　Proust, Marcel　237, 238
フルトヴェングラー，ヴィルヘルム
　Furtwängler, Wilhelm　175
ブレヒト，ジョージ
　Brecht, George　246-248, 250
ブレット，フィリップ　Brett, Philip　289

【へ】

ヘシオドス　Hēsíodos　26, 27
ベッリーニ，ヴィンチェンツォ
　Bellini, Vincenzo　74
ベートーヴェン，ルートヴィヒ・ヴァン
　Beethoven, Ludwig van　3, 39, 40, 42, 95, 130, 146, 173-176, 178, 181, 182, 185, 207, 217, 233, 235, 236, 238-240, 244, 268, 286, 287
ペトルッチ，オッタヴィアーノ
　Petrucci, Ottaviano　132
ヘブディジ，ディック
　Hebdige, Dick　286
ペライア，マレイ
　Perahia, Murray　239, 240
ペーリ，ヤコポ　Peri, Jacopo　73
ベルク，アルバン　Berg, Alban　72
ペルゴレージ，ジョヴァンニ・バッティスタ
　Pergolesi, Giovanni Battista　77
ヘルツォーク，ヴェルナー
　Herzog, Werner　72
ペルト，アルヴォ　Pärt, Arvo　10
ベルリオーズ，エクトル
　Berlioz, Hector　235, 265, 266
ベルリナー，エミール
　Berliner, Emile　203, 205
ヘンデル，フリードリヒ
　Händel, Friedrich　73
ベントン，トーマス・ハート
　Benton, Thomas Hart　246

【ほ】

ボエティウス，アニシウス・マンリウス・セウェリヌス・トゥルクアトゥス　Boëthius, Anicius Manlius Severinus Truquatus　30, 278, 279
ボナパルト，ナポレオン
　Bonaparte, Napoléon　74
ホメロス（ホメーロス）　Homerus　26, 27
ホフマン，E. T. A.　Hoffmann, E. T. A.　266, 295

ボリソフ, ユーリー　Borisov, Yury　237-239
ホール, スチュアート　Hall, Stuart　286
ポールセン, ヴェルデマール
　Poulsen, Valdemar　207
ホルンボステル, エーリヒ・フォン
　Hornbostel, Erich von　9, 98, 99, 245, 283, 284
ホロヴィッツ, ウラディーミル
　Horowitz, Vladimir　266, 267
ポワザ, ミシェル　Poizat, Michel　72

【ま】

マエケナス　Maecenas, Gaius　308
マクルーハン, マーシャル
　Marshall McLuhan　159, 193, 198
マクレアリ, スーザン
　McClary, Susan　288
マチューナス, ジョージ
　Maciunas, George　249
マックスフィールド, リチャード
　Maxfield, Richard　249
マッテゾン, ヨハン
　Mattheson, Johann　294
松任谷由実（まつとうや・ゆみ）→荒井由実
マドンナ　Madonna　288
マーラー, グスタフ　Mahler, Gustav　236, 291
マラルメ, ステファヌ
　Mallarmé, Stéphane　251
マルクス, アードルフ・ベルンハルト
　Marx, Adolf Bernhard　280
マルタン, シャルル　Martin, Charles　151
マン, トーマス　Mann, Thomas　237

【み】

美空ひばり（みそら・ひばり）　43
ミドルトン, リチャード
　Middleton, Richard　285
南こうせつ（みなみ・こうせつ）　222

宮入恭平（みやいり・きょうへい）　187-189
都はるみ（みやこ・はるみ）　43

【む】

ムハンマド　Muhammad　59
村井邦彦（むらい・くにひこ）　221
村上春樹（むらかみ・はるき）　15
村田武雄（むらた・たけお）　178

【め】

メリアム, アラン　Merriam, Alan　284, 285
メンデルスゾーン, フェリックス
　Mendelssohn, Felix　41

【も】

モイセイヴィチ, ベンノ
　Moiseiwitsch, Benno　239
モーザー, ハンス・ヨアヒム
　Moser, Hans Joachim　281
モーツァルト, ヴォルフガング・アマデウス
　Mozart, Wolfgang Amadeus　13, 39, 40, 42, 74, 76, 95, 132, 176, 178, 180, 181, 265, 292, 293
森進一（もり・しんいち）　53
森昌子（もり・まさこ）　43
モンテヴェルディ, クラウディオ
　Monteverdi, Claudio　73

【や】

谷河立朗（やがわ・たつろう）　330
ヤコブソン, ロマン
　Jakobson, Roman　45, 245
矢沢永吉（やざわ・えいきち）　222
ヤナーチェク, レオシュ
　Janáček, Leoš　15
山口勝弘（やまぐち・かつひろ）　251
山口百恵（やまぐち・ももえ）　43
山根銀二（やまね・ぎんじ）　296

ヤング，ラ・モンテ
　　Young, La Monte　251

【ゆ】

湯浅譲二（ゆあさ・じょうじ）　251
ユージナ，マリーヤ　Yudina, Maria　240, 241

【よ】

吉田拓郎（よしだ・たくろう）　222
吉田秀和（よしだ・ひでかず）
　　16, 266-268, 270, 271, 296, 307
吉成順（よしなり・じゅん）　42

【ら】

ライヒ，スティーヴ
　　Reich, Steve　10, 132, 133
ラウシェンバーグ，ロバート
　　Rauschenberg, Robert　244
ラフマニノフ，セルゲイ
　　Rachmaninov, Sergei　239
ラベル，ブランドン　Label, Brandon　10
ラムナリン，ティナ・K
　　Ramnarine, Tina K.　190
ラモー，ジャン＝フィリップ
　　Rameau, Jean-Philippe　77

【り】

リゲティ，ジェルジュ　Ligeti, György　10
リスト，フランツ　Liszt, Franz　176, 238, 266
RIKKI（りっき）　52
リヒター，ハンス　Richter, Hans　239
リヒテル，スヴャトスラフ
　　Richter, Sviatoslav　237-239
リーマン，フーゴー
　　Riemann, Hugo　281
呂不韋（りょ・ふ・い）　31, 32

【る】

ルソー，ジャン・ジャック
　　Rousseau, Jean-Jacques　28, 77

【れ】

レヴィ＝ストロース，クロード
　　Lévi-Strauss, Claude　77, 245, 290
レリス，ミシェル　Leiris, Michel　77

【ろ】

ローゼンウォルド，ローレンス
　　Rosenwald, Lawrence　175
ローゼンフェルト，ポール
　　Rosenfeld, Paul　246
ロッシーニ，ジョアキーノ
　　Rossini, Gioachino　74, 232
ローパー，シンディ　Lauper, Cyndi　319

【わ】

ワシントン，ミーガン
　　Washington, Megan　158, 159
ワッツ，ボブ　Watts, Bob　250
ワルター，ブルーノ　Walter, Bruno　217
ワンダー，スティーヴィー
　　Wonder, Stevie　232

協力者・協力団体一覧（掲載順・敬称略）

東京藝術大学	24-25 頁
一般社団法人 荻野検校顕彰会	56 頁
独立行政法人 日本芸術文化振興会	68 頁ほか
一般社団法人 人形浄瑠璃文楽座むつみ会	68 頁
池上直哉	75 頁
藤原歌劇団（公益財団法人 日本オペラ振興会）	75 頁
公益財団法人 サントリー芸術財団	75、308-309 頁
CCJ カポエイラ協会	81 頁
浜松市楽器博物館	81 頁ほか
武蔵野美術大学美術館・図書館	85、247 頁
冨田晃	86 頁
日本カンテレ友の会	89 頁
東京国立博物館	91 頁
国立音楽大学楽器学資料館	103、105 頁
ペギー葉山（太田事務所）	122 頁
株式会社 ヤマハミュージックパブリッシング	122 頁
一般社団法人 音楽著作権協会	122 頁ほか
株式会社 今人舎	138 頁
江差追分会	141 頁
豊山聲明大成刊行会	143 頁
株式会社 ソニー・ミュージックエンタテインメント	177 頁ほか
一般社団法人 岡山県文化資料保存協会 大田ふるさと資料館 Oota 蓄音機ミュージアム	202、204 頁
クリプトン・フューチャー・メディア 株式会社	227 頁
塩見允枝子	250 頁
東京都現代美術館	250 頁
株式会社 宮本卯之助商店	256 頁
公益社団法人 日本俳優協会	259-260 頁
公益財団法人 水戸市芸術振興財団	306 頁
垣ケ原靖博（株式会社 東京コンサーツ）	321-322 頁
谷河立朗（タワーレコード 株式会社）	330 頁

著者紹介

白石美雪（しらいし・みゆき）
　東京藝術大学音楽学部楽理科卒業、同大学院音楽研究科修了。専門は音楽学。ジョン・ケージを出発点に20世紀の音楽を幅広く研究するとともに、批評活動を通じて、現代の音楽創造、日本の音楽状況についての考察を進めてきた。近年は明治期から昭和期にいたる日本の職業的音楽評論の成立をテーマに調査を続行中。
　2009年、『ジョン・ケージ 混沌ではなくアナーキー』（武蔵野美術大学出版局）により第20回吉田秀和賞を受賞。分担執筆に『はじめての音楽史』（音楽之友社）、『武満徹 音の河のゆくえ』（平凡社）など。論文に「美をめぐる問い／武満徹の音楽を手がかりに」、「『音楽とジェンダー』研究ノート——現代音楽の『前衛性』をめぐって」、「演奏批評・楽評と称する批評の形成——1898（明治31）年の『読売新聞』の音楽批評」など多数。
　朝日新聞で音楽会評をレギュラー執筆。横浜市文化財団主催「ジャスト・コンポーズド」シリーズ選定委員をつとめる。現在、武蔵野美術大学教授、国立音楽大学非常勤講師。

横井雅子（よこい・まさこ）
　桐朋学園大学音楽学部作曲理論科卒業、（旧）文部省国費交換留学生としてハンガリー国立科学アカデミー音楽学研究所に留学。帰国後、東京藝術大学大学院音楽研究科修了。専門は音楽学。現在、国立音楽大学教授、立教大学兼任講師。
　中・東欧の音楽文化研究に幅広く取り組み、とりわけロマ音楽の調査を通して民俗音楽、大衆音楽、古典音楽を取り繋ぐ楽師像を探究してきた。近年は楽器研究も手がけ、学際的な調査を展開している。
　主な著書に『音楽でめぐる中央ヨーロッパ』（三省堂）、『伝統芸能復興（フォーク・リヴァイヴァル）——ハンガリーのダンスハウス運動』（アーツアンドクラフツ）、『ハンガリー音楽の魅力——リスト・バルトーク・コダーイ』（東洋書店）、共著に『プロの演奏でつくる！「日本・アジアの伝統音楽」授業プラン』（酒井美恵子と、明治図書出版）、分担執筆に『民謡からみた世界音楽 うたの地脈を探る』（ミネルヴァ書房）、訳書に『ハンガリーの音楽 その伝統と語法』（シャーロシ，音楽之友社）など。

宮澤淳一（みやざわ・じゅんいち）

　1963 年生まれ。青山学院大学国際政治経済学部（国際政治学）、早稲田大学第一文学部（ロシア文学）卒業。早稲田大学大学院文学研究科に学ぶ。2007 年、東京大学より博士（学術）取得。文学研究、音楽学、メディア論。

　著書に『グレン・グールド論』（春秋社、第 15 回吉田秀和賞受賞）、『チャイコフスキー』（ユーラシア・ブックレット、東洋書店）、『マクルーハンの光景』（みすず書房）。訳書に『アンドレイ・タルコフスキー「鏡」の本』（馬場広信と、リブロポート）、『グレン・グールド書簡集』（みすず書房）、『戦争』（彩流社）、『グレン・グールドは語る』（ちくま学芸文庫）、『リヒテルは語る』（同）、『改訂新版 音楽の文章術』（小倉眞理と、春秋社）など。

　早稲田大学、法政大学、慶應義塾大学、武蔵野音楽大学の非常勤講師、トロント大学客員教授などを経て、現在、青山学院大学総合文化政策学部教授、国立音楽大学非常勤講師。

表紙デザイン　白尾デザイン事務所

音楽論

2016年4月1日　初版第1刷発行
2020年11月5日　初版第2刷発行

編者　　　白石美雪
著者　　　白石美雪　横井雅子　宮澤淳一

発行者　　白賀洋平
発行所　　株式会社武蔵野美術大学出版局
　　　　　〒180-8566
　　　　　東京都武蔵野市吉祥寺東町3-3-7
　　　　　電話　0422-23-0810（営業）
　　　　　　　　0422-22-8580（編集）

印刷・製本　株式会社精興社

定価は表紙に表記してあります
乱丁・落丁本はお取り替えいたします
無断で本書の一部または全部を複写複製することは著作権法上の例外を除き
禁じられています

©SHIRAISHI Miyuki, YOKOI Masako, MIYAZAWA Junichi, 2016

ISBN978-4-86463-050-4　　C3073　　Printed in Japan